检察机关适用
认罪认罚从宽制度研究

Research on Procuratorate's Application
of the Lenient System for Admission
of Guilt and Acceptance of Punishment

王新建 著
By Wang Xinjian

法律出版社 LAW PRESS · CHINA
北京

图书在版编目(CIP)数据

检察机关适用认罪认罚从宽制度研究 / 王新建著
. -- 北京 : 法律出版社, 2022
ISBN 978-7-5197-5950-6

Ⅰ. ①检… Ⅱ. ①王… Ⅲ. ①刑事诉讼-司法制度-研究-中国 Ⅳ. ①D925.210.4

中国版本图书馆 CIP 数据核字(2021)第 195385 号

检察机关适用认罪认罚从宽制度研究
JIANCHA JIGUAN SHIYONG RENZUI RENFA CONGKUAN ZHIDU YANJIU

王新建 著

责任编辑 许 睿
装帧设计 汪奇峰

出版发行 法律出版社
编辑统筹 司法实务出版分社
责任校对 杨锦华 王沁陶
责任印制 胡晓雅
经 销 新华书店

开本 710 毫米×1000 毫米 1/16
印张 14.75 **字数** 261 千
版本 2022 年 1 月第 1 版
印次 2022 年 1 月第 1 次印刷
印刷 固安华明印业有限公司

地址:北京市丰台区莲花池西里 7 号(100073)
网址:www.lawpress.com.cn
投稿邮箱:info@lawpress.com.cn
举报盗版邮箱:jbwq@lawpress.com.cn
销售电话:010-83938349
客服电话:010-83938350
咨询电话:010-63939796

书号:ISBN 978-7-5197-5950-6
定价:68.00 元
凡购买本社图书,如有印装错误,我社负责退换。电话:010-83938349

序　言

认罪认罚从宽制度是中国特色社会主义制度下刑事司法制度的重大创新，丰富了刑事司法与犯罪治理的“中国方案”。这一制度的建立和实施，对中国刑事诉讼的基本构造和运行模式产生了深刻的影响，引起了学术界和实务界的共同与广泛关注。虽然有关认罪认罚从宽制度研究的文章层出不穷，但以检察机关为视角进行系统研究的尚为少见，故笔者围绕检察机关这个关键主体对认罪认罚从宽制度展开了系统研究。长期以来，笔者持续地关注这一主题，不仅从事了相关的实践工作，收集了大量的一手资料，发现了一些亟待解决的问题。并且对实践中所暴露出的问题，有针对性地展开理论研究，以理论反哺实践，以期为认罪认罚从宽制度的顺畅运用提供切实的解决方案。在上述目标的指引下，最终撰写形成本书，希冀能为关注这一问题的人士提供一些参考和思路。

综观本书，共分为七个章节，先从宏观层面概括出了统摄检察机关为何以及如何适用认罪认罚从宽制度的基本理论，再从中观层面对控辩、控审关系、证据制度展开研究，最后从微观层面对具体制度的完善提出了构想。具体来说，本书的主要研究思路如下：

第一，从检察视角阐明主要问题。认罪认罚从宽制度是一项集程序与实体为一体的综合性司法制度，无论是在试点期间，还是在全面实施阶段，均涉及诸多亟待澄清的问题。笔者以检察机关的主导责任为主线，以域外的类似制度为借鉴，主要探讨了控辩关系、控审关系、证据制度及监督机制四个方面的内容。其中，控辩关系、控审关系的具体变化，具结书的证据效力以及检察权内控机制的建设等实践难点是本书所关注的重点内容。可以说，本书不仅仅囿于逻辑层面的推演，而是从一个实践视角，切实归纳认罪认罚从宽制度的适用难题。

第二，从检察视角探寻理论基础。现下，呈现了检察机关广泛适用认罪认罚从宽制度的态势，但检察机关适用认罪认罚从宽的理论研究尚不健全，相关理论漏洞亟待修缮，以至于无法为司法实践的展开提供切实的支撑。基于此，笔者从刑事诉讼基本理论出发,注重理论层面的升华与提炼,以客观公正理论、合作性司法理论、控审分离理论、程序正当理论为着力点,探寻支撑检察机关开展认罪认罚从宽制度的理论基础,丰富了该制度的认识视角与共识。

第三,从检察视角提出完善建议。本书以认罪认罚从宽制度实践中所暴露出的难题为基点,提出经过实践检验的完善路径。可以说,这些经验不仅具有针对性,而且也十分具有可行性,值得广泛推广与适用。比如,为了降低羁押率,在山东省东营市人民检察院任职期间,提出了电子手环、刑事执行人权保障等非羁押诉讼的改革。又如,为了提升不起诉的适用率,在山东省菏泽市人民检察院任职期间,探索实行不起诉公开听证制度和起诉必要性审查制度,此两项制度的推行不仅使不起诉率得以提升,而且还使不服不起诉的申诉数量得以下降,综合效果显著。

当然,因研究时间和实践样本的地域性所限,本书还存在一些可以进一步完善之处。尤其是随着认罪认罚从宽制度的深入推行,一些新情况、新问题将不断出现,可以说,对于该制度的研究仍然有广阔的空间。基于此,笔者将会持续关注这一问题,始终坚持实践探索与理论研究的相互融合。

在本书即将出版之际,笔者将表达对一系列人士的感激之情。首先,要感谢我的博士生导师汪海燕教授,在本书写作过程中他给予了专业且认真充分的指导,文章框架才得以更加合理,内容也更加详细。其次,要感谢菏泽市人民检察院和东营市人民检察院的同事们,他们为本书的写作提供了详实的数据支撑,使本书的内容更加丰富。再次,要感谢法律出版社的编辑们,他们在本书策划、封面设计到文字校对等诸多方面都提出了宝贵的意见,为本书的出版提供了极大的便利。最后,还要感谢我的朋友们和家人们的支持与鼓励,这始终是我在工作与研究中努力前行的不懈动力!

王新建

2021 年 12 月 17 日

摘 要

2018 年修改后的《刑事诉讼法》正式确立了认罪认罚从宽原则，并比较系统地规定了认罪认罚从宽制度。随着认罪认罚从宽制度的逐步发展与广泛适用，检察机关在程序启动、具结书签署、量刑建议提出等方面起着关键或主导作用，刑事诉讼程序的重心随之前移至审查起诉阶段。可以说，只有对检察机关适用认罪认罚从宽程序的重点问题予以厘清，才能实现认罪认罚从宽制度在贯彻宽严相济刑事政策、提升诉讼效率、合理配置司法资源等方面的目的。

为更透彻地分析认罪认罚从宽制度，需借助比较法的视野予以分析。目前，具有较为典型认罪协商制度的国家包括美、英、意、德四个国家。在这个四个国家当中，检察机关所起作用大小、可以协商的具体内容、相关配套程序的构建各有其特点。但所反映出的一个总体趋势是，因认罪协商制度的发展，检察机关所发挥的作用逐渐增强，在个别国家中甚至出现了检察权"裁判"的现象，这对缓和紧张的司法资源大有裨益。

检察机关为何以及如何能在认罪认罚从宽制度中发挥关键作用，存有四方面的理论基础：一是检察官客观公正理论，即检察官具有客观中立的义务，能够确保其与辩方展开积极"协商"的同时不会放弃对案件真相的追求；二是合作性司法理论，即需控辩双方在关系相对平等的基础上，由双方对抗转为合作；三是控审分离理论，即使以检察为重心的诉讼结构逐渐形成，也并不能突破以审判为中心的要求，应当在坚守控审分离原理的基础上，实现审查起诉重心与审判中心的逐渐融合；四是程序正义理论，缺乏制约的权力显然是违背程序公正的，为了防止认罪认罚从宽制度的滥用，检察机关应当坚持程序适用与权力监督并重。

控辩关系在检察机关适用认罪认罚从宽制度过程中，不仅事关能否实现平等"协商"，而且对于保障认罪认罚的自愿性以及实现案件的公平正义都有关键作用。因此，需要保障被追诉方的诉讼主体地位、实现控辩双方信息资源的对称以及控、辩方与法官相等的距离。但囿于国家权力对检察机关的强力支撑以及对被追诉方权利的保障不足，控辩失衡成为司法实践的常态。基于此，需要探寻控辩平衡的完善路径，既包括对检察机关权力的制衡，如落实检察机关的客观公正义务、配套完善逮捕程序、规范协商具结过程、构建社会调查程序；又包括对被追诉人权利的保障，如完善值班律师制度、明确认罪认罚撤回权等。

检察机关主导认罪认罚从宽制度也对控审关系产生了不能忽视的影响。鉴于检察机关需要提出确定刑量刑建议、逐步扩大相对不起诉的适用范围以及所提出的量刑建议，人民法院“一般应当”采纳等方面的原因，“以审查起诉为重心”的诉讼格局基本形成。因控审关系彼此消长，由此产生了“以审判为中心”与“以审查起诉为重心”是否相互冲突的担忧。此担忧映射至具体的案例当中，使案件结果处于一个待定状态，对认罪认罚被追诉人的合法权利以及积极性造成了损害。基于此，应当以法官保留原则为底线，使控审关系实现合理化转变，并改革完善相关的配套程序与措施，最终实现控审关系的科学化发展。

检察机关在适用认罪认罚从宽制度时，仍以案件事实的查清为基础，因此也需要完善相关的证据制度。在审查起诉阶段，可主要探索证据开示制度的构建，使检察机关将其所掌握的案件信息向辩方开示，以保障被追诉方的知情权与自愿性。再者，应当明确具结书的证据效力，即具结书本质上并不同于有罪供述，在案件撤回之后并不能将其作为被追诉人曾作出有罪供述的证据使用。最后，为降低案件的证明难度，还应当构建污点证人作证制度。特殊不起诉制度本质上是污点证人作证制度的本土化，但其适用条件被严格限制。基于此，可在特殊不起诉制度的基础上，逐步扩大污点证人作证豁免制度的适用。

权力的扩张与滥用相伴而生，在此前提下，构建检察机关适用认罪认罚从宽制度的监督机制十分重要。为程序监督的质效，不仅需要对认罪认罚自愿性、认罪认罚不起诉等多个方面进行监督，还需要让监督贯穿于侦查、审判、执行的各个诉讼阶段当中。唯有如此，才能避免检察机关滥用认罪认罚从宽程序。

关键词：检察机关；认罪认罚从宽制度；控辩关系；控审关系；证据制度；监督机制

目　录

导　论

一、选题依据

（一）现有的研究概况

相较于域外对认罪协商制度的研究，尽管我国关于认罪认罚从宽制度研究的时间较短，但总体而言，研究成果较为丰富、研究重点较为集中。然而遗憾的是，截至目前，鲜有以检察机关此适用主体为切入点对认罪认罚从宽制度展开的专门性与系统性研究，这无疑为当下的一个研究空白。

具体而言，20 世纪 90 年代，已有研究①开始关注与认罪认罚从宽制度相似的辩诉交易制度。此阶段的研究以介绍域外制度为主要目的，对于开拓我国关于认罪协商制度的研究视野有积极作用。但客观而言，这些研究并不具有细致性与深入性。至 21 世纪初，关于辩诉交易制度的介绍性研究状态一直在持续，但相较于 20 世纪 90 年代的研究，21 世纪初的研究更为细致/深入，学界逐渐认识到辩诉交易制度并非一个完美无缺的制度，其在还原案件事实方面存有极大的不足，是一系列具体的法律制度造就的无奈的选择②。此阶段的研究同时也开始探究辩诉交易制度在我国引入的可行性③，但囿于立法层面的供给不足，在经历过将辩诉交易引入我国的短暂研究热潮之后，最终还是不了了之。在 2005 年至 2015 年的 10 年间，有关

---

① 此阶段具有代表性的文章包括，陈瑞华：《美国辩诉交易程序与意大利刑事特别程序之比较（上）（下）》，载《政法论坛》1995 年第 3 期、第 4 期；祝二军：《美国辩诉交易制度存废之争及其评析》，载《中央政法管理干部学院学报》1996 年第 1 期；孙本鹏：《美国刑事诉讼中的变诉交易制度》，载《中外法学》1996 年第 1 期。

② 参见郑丁足：《美国辩诉交易制度的无奈》，载《政治与法律》2002 年第 5 期。

③ 相关典型性的研究包括：赵亮、张辉：《论辩诉交易制度及在我国公诉中的适用可能》，载《国家检察官学院学报 》2002 年第 4 期；叶青：《聚焦"辩诉交易"》，载《华东政法学院学报》2002 年第 6 期；陈卫东、刘计划：《从建立被告人有罪答辩制度到引入辩诉交易——论美国辩诉交易制度的借鉴意义》，载《政治与法律》2002 年第 6 期；王敏远：《"辩诉交易"及其借鉴分析》，载《政法论坛》2002 年第 6 期；卞建林：《如何看待被告人有罪答辩——辩诉交易的一点启示》，载《政法论坛》2002 年第 6 期。

辩诉交易的研究虽未中断，但相关研究多呈现零散之势，切入视角也各有不同。如有学者对沉默权与辩诉交易的兼容性问题进行了研究，①还有学者将辩诉交易与刑事和解制度进行比较，以探究对被害人权利的保障问题。② 可以说，此阶段关于辩诉交易的研究并不具有系统性，理论层面未出现突破性的进展。

实际上，有关认罪认罚从宽制度研究的"黄金时期"正式开始于 2016 年，这与中央全面深化改革领导小组通过《关于认罪认罚从宽制度改革试点方案》直接相关。以左卫民、吕国凡在 2015 年 4 月《理论视野》发表的《完善被告人认罪认罚从宽处理制度的若干思考》一文为代表，关于认罪认罚从宽制度的研究呈现越发深化与系统化之势。起初，关于认罪认罚从宽制度的研究高屋建瓴，为理论界与实务界勾勒出了一副宏观的认罪认罚图景，较有代表性的文章包括陈光中先生的《认罪认罚从宽制度若干重要问题探讨》、陈卫东教授的《认罪认罚从宽制度研究》、陈瑞华教授的《认罪认罚从宽制度的若干争议》、熊秋红教授的《认罪认罚从宽的理论审视与制度完善》，这些文章主要对认罪认罚从宽的内涵要求、价值追求、适用范围等基本内容进行了厘清。之后的研究大多以上述内容为基本方向，在此基础上更加细致化，主要包括如下专题性的研究：一是有关认罪认罚何以从宽的正当性研究；③二是认罪认罚从宽程序下值班律师制度的研究；④三是认罪认罚从宽制度下的案件证明标准研究；⑤四是认罪认罚从宽制度下的自愿性保障机制研究；⑥五是认罪认罚从

---

① 参见冀详德：《沉默权与辩诉交易在中国法中的兼容》，载《法学》2007 年第 8 期。

② 参见谢鹏：《浅析刑事和解理念对辩诉交易制度的启示——以被害人为视角》，载《法学论坛》2006 年第 4 期。

③ 有代表性的研究包括：左卫民：《认罪认罚何以从宽：误区与正解——反思效率优先的改革主张》，载《法学研究》2017 年第 3 期；赵恒：《论从宽的正当性基础》，载《政治与法律》2017 年第 11 期；高童非：《契约模式抑或家长模式——认罪认罚何以从宽的再反思》，载《中国刑事法杂志》2020 年第 2 期。

④ 有代表性的研究包括：程衍：《论值班律师制度的价值与完善》，载《法学杂志》2017 年第 4 期；闵春雷：《认罪认罚案件的有效辩护》，载《当代法学》2017 年第 4 期；顾永忠、李逍遥：《论我国值班律师的应然定位》，载《湖南科技大学学报（社会科学版）》2017 年第 4 期；姚莉：《认罪认罚程序中的值班律师的角色与功能》，载《法商研究》2017 年第 6 期；汪海燕：《三重悖离：认罪认罚从宽程序中值班律师制度的困境》，载《法学杂志》2019 年第 12 期。

⑤ 有代表性的研究包括：汪海燕：《认罪认罚案件证明标准研究》，载《比较法研究》2018 年第 5 期；肖沛权：《论认罪认罚案件的证明标准》，载《法学杂志》2019 年第 10 期；秦宗文：《认罪案件证明标准层次化研究——基于证明标准结构理论的分析》，载《当代法学》2019 年第 4 期；李小东：《认罪认罚从宽制度证明标准差异化的实证研究》，载《中国刑事法杂志》2019 年第 3 期。

⑥ 有代表性的研究包括：杨帆：《认罪自愿性的边界与保障》，载《法学杂志》2019 年第 10 期；郭烁：《认罪认罚背景下屈从型自愿的防范》，载《法商研究》2020 年第 6 期。

宽制度下的量刑机制研究;[①]六是认罪认罚从宽制度的特殊案件类型适用制度研究。[②] 除此之外,还包括认罪认罚从宽制度配套措施的研究,诸如证据开示制度、酌定不起诉制度等。可以说,认罪认罚从宽制度已经成为一个学术热词,并已经取得了十分丰富的研究成果。

在肯定现有研究成果的同时,也不得不反思,检察机关作为认罪认罚从宽制度的主导责任承担者,在其程序适用过程中仍存在需特别注意的事项与内容。综观所有与认罪认罚从宽制度相关的学术研究,虽然以检察主导责任[③]为主题的研究并不在少数,但仍存在下述问题值得关注与研究:一是理论缺乏与司法实践的充分结合,现有的理论分析与实践样态存有一定出入;二是在强调检察主导认罪认罚从宽制度重要性的同时,对检察机关权力的监督制约关注不足;三是对检察机关适用认罪认罚从宽制度的特殊证据制度未有系统研究,产生了一定的司法适用障碍。

(二)研究的主要价值

认罪认罚从宽虽然是一项全新的刑事制度,但在司法实践中已经被广泛应用。然而,理论研究相较于司法实践呈现一定的滞后性,同时检察机关在认罪认罚从宽制度的适用过程中承担着关键作用。故而,更需要围绕检察机关这个主体对认罪认罚从宽制度展开系统化的研究。具体而言,对该主题展开研究的价值主要体现在以下三个方面。

首先,有利于弥补理论漏洞。虽然以“认罪认罚从宽”为主题的研究,在近三年持续升温,大量文章涉及该主题,但以检察机关视角进行研究的仍然不多。可以说,检察机关适用认罪认罚从宽的理论研究尚不健全,相关理论漏洞亟待修缮。基于此,本书将借鉴域外认罚协商制度及辩诉交易制度,并结合客观公正义务理论、合

---

① 有代表性的研究包括:陈瑞华:《论协商性的程序正义》,载《比较法研究》2020 年第 6 期;陈瑞华:《论量刑协商的性质和效力》,载《中外法学》2020 年第 5 期;熊秋红:《认罪认罚从宽制度中的量刑建议》,载《中外法学》2020 年第 5 期;李奋飞:《量刑协商的检察主导评析》,载《苏州大学学报(哲学社会科学版)》2020 年第 3 期。

② 有代表性的研究包括:汪海燕:《重罪案件适用认罪认罚从宽程序问题研究》,载《中外法学》2020 年第 5 期;汪海燕:《职务犯罪案件认罪认罚从宽制度研究》,载《环球法律评论》2020 年第 2 期;李辰:《认罪认罚从宽语境下职务犯罪案件协商机制的构建》,载《法学杂志》2017 年第 9 期;陈伟:《毒品犯罪案件适用认罪认罚从宽制度状况研究》,载《法商研究》2019 年第 4 期。

③ 汪海燕:《认罪认罚从宽制度中的检察机关主导责任》,载《中国刑事法杂志》2019 年第 6 期;张建伟:《检察机关主导作用论》,载《中国刑事法杂志》2019 年第 6 期;秦宗文:《“检察机关刑事诉讼主导责任论”辨析》,载《法治现代化研究》2020 年第 4 期;赵恒:《论检察机关的刑事诉讼主导地位》,载《政治与法律》2020 年第 1 期。

作性司法理论、控审分离理论、程序正义理论四个方面，对检察机关适用认罪认罚从宽制度的理论基础予以厘清、指明总体上的方向。

其次，有利于指导司法实践。自认罪认罚从宽制度全面实施以来，整体运行较为顺畅有序。但客观而言，由于尚处起步阶段，该制度也存在经验不足、认识不够统一、程序操作不明确等问题和困境。故而，通过分析检察机关适用认罪认罚从宽制度在实践中出现的主要问题，对现阶段我国检察机关认罪认罚从宽制度的实践进行考察和反思，并相应优化程序设计和提出完善路径，这无疑有助于认罪认罚从宽制度在司法实践中的深入贯彻和推进。

最后，有利于实现司法改革目标。完善刑事诉讼中认罪认罚从宽制度，是党的十八届四中全会作出的一项重大改革部署。该制度先后被寄予落实宽严相济刑事政策、法律效果与社会效果统一、提高诉讼效率、合理配置司法资源等价值期待。因此，只有通过认罪认罚从宽制度的理论探究与实践反思，才能为其顺利推进提供支撑，最终实现该制度所承载的一系列价值目标。

（三）可能的创新之处

第一，以检察官视角充分描绘认罪认罚从宽适用现状。笔者基于工作优势，不仅对检察机关适用认罪认罚从宽实践样态有了总体的把握，还收集了一系列的相关数据，诸如控辩关系、控审关系的具体变化状况，量刑建议“一般应当”的采纳率，等等。可以说，本书将不再仅仅囿于逻辑层面的推演，而是立足于实践视角，切实归纳认罪认罚从宽制度适用过程中的难题，并为其完善路径提出了解决思路。

第二，为检察官适用认罪认罚从宽制度提供域外借鉴。过往学界对域外类似制度多倾向于总体性、概括性考察，对于检察机关在其中发挥的作用缺乏系统性研究。十九届四中全会提出推进国家治理体系和治理能力现代化，对新时代检察机关提出了更高的时代要求。为全面发挥检察机关在认罪认罚中的主导作用，有必要对域外国家类似制度中检察官发挥的作用进行考察，本书以此为引并结合我国实际展开论述，以期弥补研究空白。

第三，为检察机关适用认罪认罚从宽制度探寻理论基础。现下，呈现了检察机关广泛适用认罪认罚从宽制度的态势。但相关的基础理论研究相对薄弱且步伐较慢，并无法为司法实践的展开提供切实的理论支撑。基于此，本书将从认罪认罚从宽制度涉及的理论基础入手，以客观公正理论、合作性司法理论、控审分离理论、程序正当理论为着力点，探寻支撑检察机关开展认罪认罚从宽工作的理论基础。

第四,为检察机关适用认罪认罚从宽制度提供完善建议。解决检察机关适用认罪认罚制度所面临的一系列问题是本主题研究的依归,本书将结合司法实践情况,收集整理检察环节适用认罪认罚从宽制度存在的一系列问题;同时根据我国实际情况,从控辩关系、控审关系、证据制度、制约监督机制方面展开论证,以期为认罪认罚从宽制度推行提供可操作性的建议。

二、研究重点

虽然现下关于认罪认罚从宽制度的概念、配套措施、证据制度的研究较为丰富,但并未充分体现出检察机关对其适用过程中的特殊性与重要性。可以说,有些问题仍需要加以深入研究。

(一)控辩关系的转变

认罪认罚从宽制度作为我国司法领域的一项重大制度变革,显著改变了我国的控辩关系,使其从对抗走向协商。此转变已经得到了理论界与实务界的认可。为了顺应该转变的要求,2019 年 10 月 24 日,最高人民法院、最高人民检察院、公安部、国家安全部、司法部(以下简称“两高三部”)联合下发了《关于适用认罪认罚从宽制度的指导意见》,对相关内容被予以细化,对解决控辩关系转变所带来的一系列问题具有积极作用。但是,控辩关系转变的重要性何在、转变过程中的重点问题以及转变所带来的一系列影响都未得到充分的关注。由此引发了一系列问题,诸如程序适用自愿性无法得到保障、控辩失衡威胁“协商”基础、减损被追诉人认罪认罚适用积极性等。为了理顺上述问题,应当以“控辩关系的转变”为逻辑主线,对检察机关适用认罪认罚从宽制度展开细致化的研究。

(二)控审关系的完善

认罪认罚从宽制度的实施造就了“以审查起诉为重心”的诉讼格局。这区别于传统“以审判为中心”的诉讼格局。可以说,控审关系因认罪认罚从宽制度的实施发生了改变。基于此,需要对“以审查起诉为重心”诉讼格局的形成原因,“以审查起诉为重心”与“以审判为中心”的动态关系(博弈还是融合)以及该动态关系所产生的影响予以厘清。客观来说,现有研究已经对上述的内容有所关注并形成了一定的研究成果。但较为遗憾的是,相关研究并未充分结合检察机关在实践中的具体情况。因此,关于控审关系的研究,出现了理论与实践中的“罅隙”。为了对其予以弥合,笔者将基于实践中的相关数据,如量刑建议采纳率、酌定不起诉适用率等,并结合能够体现控审关系的相关案例,描绘一幅现实的控审关系图景,并相应提出可行的完善路径。可以说,以此为本主题的研究重点,不仅对构建科学的控审关系有重要意义,而且也有利于解决一系列司法实践的相关难题。

(三)证据制度的梳理

认罪认罚从宽制度的适用以案件事实的查明为基础。若想实现案件事实的查明,检察机关必须依赖于相关证据的运用。加之,审查起诉阶段的证据制度有其特殊性,但现有研究并未给予充分关注。基于此,本书将对检察机关适用认罪认罚从宽制度的相关证据制度予以研究。结合现有研究成果,最值得研究的内容主要包括以下三个方面:一是证据开示制度。这是因为证据开示主要发生于审查起诉阶段,且有利于弥补值班律师制度阅卷制度的不足,积极作用显著。二是具结书的证据效力问题。这是因为,在审查起诉阶段所需要解决的一个重要问题便是具结书的签署及其证据效力问题,若使该问题一直处于模棱两可的状态,不仅阻碍认罪认罚从宽程序的顺利推进,还容易引发冤假错案。三是污点证人作证豁免制度。认罪认罚从宽制度虽然有利于降低证明难度,但其功效在我国的发挥并不显著,因此需要对污点证人制度引入的可行性与必要性展开进一步研究以此补定认罪认罚从宽制度的不足。

(四)监督机制的构建

检察机关在认罪认罚从宽制度中的主导作用不断强化,这必然导致检察机关权力的相应扩张。如何将认罪认罚从宽制度的主导责任与宪法法律赋予的法律监督职责相融合,防止检察官违反客观公正义务强行适用认罪认罚从宽,是司法实践面临的现实问题。然而,相关程序规则以及理论研究仍然是粗线条的,检察官仍有较大自由裁量权,制度风险并未得到有效防控。故而,有必要对检察机关适用认罪认罚从宽制度的监督制约机制程序进行专门研究,以防止检察机关权力的滥用,并促进公平正义的实现。

三、研究方法

(一)实证分析法

结合实践情况,对检察机关适用认罪认罚从宽制度进行实证分析。实证分析的内容不仅包括对检察机关适用认罪认罚从宽制度后的相关数据统计,具体涉及适用比例、羁押期限、刑罚、量刑采纳率等相关数据;还包括对典型案例的剖析,借此来还原司法实践中的具体样态。以此为基础,总结检察机关办理认罪认罚案件可能存在的问题,并相应提出完善对策。

(二)比较分析法

"他山之石,可以攻玉。"本书将积极、科学地运用比较分析方法,探寻我国认罪认罚从宽制度与其他国家认罪协商制度包括辩诉交易、有罪答辩等制度的异同。一方面,通过比较来分析各国认罪协商制度长处与不足,积极借鉴学习对我国的有益之处,以推动认罪认罚从宽制度的完善与发展。另一方面,也要基于我国的政治、经济、文化等本土资源,综合考量认罪认罚相关问题产生的原因,探讨域外相关措施引入的可行性,防止产生制度上的"水土不服"问题。

(三)历史分析法

历史研究法是指通过系统收集认罪认罚从宽制度纵向发展历程的有关资料,发现制度发展的内在规律,从而对其形成全面而客观的认识。认罪认罚从宽制度是新时代背景下社会发展历程的必然选择,对它的研究需要运用历史分析方法,这不仅有利于全面呈现认罪认罚从宽制度从萌芽、发展以及完善等阶段的嬗变过程,还有利于充分分析与解释认罪认罚从宽制度设立的初衷与现实上的偏离。基于此,为复归认罪认罚从宽的应然形态奠定基础。

(四)文献分析法

本书将采取文献分析方法,针对该主题广泛搜集国内以及域外专著期刊、学术论文、研究报告等。通过对上述内容的整理、归纳与演绎,主要达成两个目的:一是掌握现有已达成的理论共识,以在此基础上对认罪认罚从宽制度展开进一步的深化研究;二是查找现有研究漏洞,为本书的研究重点明晰方向,避免出现对已形成共识内容的重复研究,导致研究价值的降低甚至虚无。

第一章

检察机关适用认罪认罚从宽制度概述

通过对认罪认罚从宽制度的概念、条件与价值追求的梳理,主要实现三方面的目的。首先,基本概念的厘清和界定是制度研究的基础。在对认罪认罚从宽基本概念厘清的基础之上,归纳总结该制度的主要适用条件、构成要素以及运行逻辑,这是理解与研究该制度的前提。其次,通过对认罪认罚从宽制度历史沿革与脉络的梳理,实现对认罪认罚从宽制度从萌芽、发展与确立整个纵向发展历程的了解。唯有如此,才能全面了解认罪认罚从宽制度呈现当下样态的原因。最后,检察机关适用认罪认罚从宽制度有其既定初衷与必然追求,对其予以明晰,不仅能对检察机关如何适用认罪认罚从宽制度予以指导,还将有利于防止认罪认罚从宽制度的具体运行偏离既定的"轨道"。

一、认罪认罚从宽制度概述

(一)认罪认罚从宽制度的概念

2018 年修改后的《刑事诉讼法》对认罪认罚从宽制度从立法层面予以确立,"两高三部"《关于适用认罪认罚从宽制度的指导意见》(以下简称《指导意见》)对其司法适用规则予以了细化。然而,法律规范和司法解释的条文表述较为简洁,对检察机关制度适用这一应用问题的研究,仍需进一步厘清客体的概念,以便更加"清楚地和理性地思考法律问题"。①

认罪认罚从宽的概念,一方面是形式上的规定,指刑事诉讼制度中涉及认罪认罚从宽的相关制度规定,如基本原则、适用范围、量刑建议等;另一方面是实质性的

---

① [美]E. 博登海默:《法理学:法律哲学与法律方法》,邓正来译,中国政法大学出版社 1998 年版,第 486 页。

规定,即上述制度所体现出来的诉讼理念、价值取向和逻辑要求,指刑事诉讼中,犯罪嫌疑人、被告人在辩护人或值班律师帮助下,与侦查机关、检察机关或审判机关达成认罪认罚协议,从而可以在量刑上得到从宽处理。上述两个方面的内容从形式上和实质上界定了认罪认罚从宽的概念。

为进一步阐释,应对其构成要素分别进行分析,再关注三者整体的逻辑关系。

1.认罪

“认罪”是指被追诉人一方面需要自愿如实供述自己的罪行,即对犯罪事实认可;另一方面需要对指控方提出的指控予以承认,也就是说在犯罪事实和罪名上能够与指控方达成一致。对于认罪的把握,还需注意以下三点:一是构成认罪是否需要被追诉人同时具备前述两个方面的要件;二是认罪是否要求被追诉人对主要犯罪事实及司法机关给予的法律评价在客观上均予以承认或认可;三是认罪是仅考量客观表现,还是兼具考量主观心理状态。

关于第一个问题,从被追诉人角度而言,如实供述自己的罪行,是要求其供述要遵循客观事实,而判断其是否如实供述是司法机关的责任,从司法机关的角度而言,这种判断则是依据法律事实来进行的。法律事实与客观事实有时是一致的,有时却不尽相同。指控的犯罪事实同样是法律事实,如实供述自己的罪行和承认指控的犯罪事实所遵循的判断标准是一致的,均是以法律事实作为判断标准,在构成“认罪”与否的评价中,前者是被追诉人在形式上认罪,后者是在实体上认罪,两个要件同时具备才能够体现认罪的要义。

关于第二个问题,认罪要求如实供述主要犯罪事实,还包括供述真实的身份情况,对身份情况的隐瞒不足以影响定罪量刑的,不能否定其认罪表现,这里的认定标准与刑事实体法中自首制度如实供述要件的认定标准是一致的①。但同时需要指出的是,对于被追诉人犯数罪的情况,则要求其如实供述所涉的全部罪名事实,否则不能认定为“认罪”②。此外认罪还要求被追诉人对司法机关关于其行为性质

---

① 《最高人民法院关于处理自首和立功若干具体问题的意见》中关于“如实供述自己的罪行”的具体认定,规定除供述自己的主要犯罪事实外,还应包括姓名、年龄、职业、住址、前科等情况。犯罪嫌疑人供述的身份等情况与真实情况有差别,以是否影响定罪量刑为标准判断是否系如实供述自己的罪行。如实供述主要犯罪事实的认定限于多次实施同种罪行,综合考虑已交代的犯罪事实与未交代的犯罪事实的危害程度,如实交代的犯罪情节与未交代的犯罪情节轻重程度,或者如实交代的犯罪数额与未交代的犯罪数额多少,认定是否为如实供述自己的主要犯罪事实。

② 《指导意见》第6条规定,犯罪嫌疑人、被告人犯数罪,仅如实供述其中一罪或部分罪名事实的,全案不作“认罪”的认定,不适用认罪认罚从宽制度,但对如实供述的部分,人民检察院可以提出从宽处罚的建议,人民法院可以从宽处罚。

的法律评价在客观上予以认可，对于刑事诉讼活动中出现的被追诉人“认事但不认罪”的情况应当予以区别对待，一种是认事但认为自己的行为不构成犯罪的，一般不能评价为认罪；另一种是认事但不认为自己的行为构成司法机关指控的罪名而是构成其他罪名的，这种情况下要求其对司法机关认定意见表示接受，才能评价为程序法中的“认罪”，相较实体法中自首的认定增加了被追诉人对司法机关指控罪名认可的要求。①

关于第三个问题，程序法中关于认罪的表述，无论是“如实供述罪行”还是“承认指控事实”均是行为人面对司法机关讯问犯罪事实以及听取其对指控事实意见时所做出的客观表现，是反映在笔录、具结书等载体中的对事实和法律评价的客观确认。主观心理状态通常需要通过客观表现来判断。然而主观心理状态在事后的表现包括对犯罪事实、行为性质、犯罪原因、犯罪危害、忏悔与否等多层面的主观认知，既体现认罪态度，也体现悔罪态度。对“认罪”理解应根据字面含义，不宜扩大解释。

2. 认罚

“认罚”是指在认罪的前提下，自愿接受司法机关的处罚。

有观点认为认罚是指“接受人民法院裁判给予的刑罚，接受人民检察院提出的量刑建议，或接受公安机关给予的可能处理”。② 这种观点是从“自愿接受所认之罪在实体法上带来的刑罚后果”③的角度出发对认罚进行定义的，并对“认罚”的内容针对刑事诉讼活动的不同环节进行了区分，符合认罪认罚从宽制度贯穿刑事诉讼全过程的立法设计。然而，该观点关于“认罚”的内容的界定是适应试点时期的要求的，伴随实践的发展和立法的完善，对“认罚”的内容应该做更为宽泛的解释。一方面，考量被追诉人认罚的表现不仅要求在实体上自愿接受处罚，还要求在形式上自愿签署认罪认罚具结书。另一方面，对不同阶段认罚内容的理解应赋予其适应新时期要求的含义，具体说来，在侦查环节因处罚的内容尚未进行协商，体现得更多的是自愿认罚的态度，在审查起诉阶段，相较前述定义，认罚的内容还包括接受检察机关拟作出的不起诉决定，在审判阶段则无新的变化。

对认罚的考察，也应进行多维度解构，不仅关注其对处罚的接受，还关注其主

---

① 《最高人民法院关于被告人对行为性质的辩解是否影响自首成立问题的批复》，被告人对行为性质的辩解不影响自首的成立。《指导意见》第6条规定，承认指控的主要犯罪事实，仅对个别事实情节提出异议，或者虽然对行为性质提出辩解但表示接受司法机关认定意见的，不影响“认罪”的认定。

② 张建伟：《认罪认罚从宽处理：内涵解读与技术分析》，载《法律适用》2016年第11期。

③ 陈卫东：《认罪认罚从宽制度研究》，载《中国法学》2016年第2期。

观心理状态，是否真诚悔罪，以及悔罪的表现。认罚的第一个维度表现为被追诉人的认罚态度，即自愿接受司法机关的处罚，与拒不认罚的行为相比，适用程序简化，节约司法资源。认罚的第二个维度表现为认罚行为的实现程度，体现对被害人及社会利益的关注原则，除接受公权力处罚外，被追诉人是否具有退赃退赔、赔礼道歉等有效修复受损法益的行为，是认罚实现程度的考量因素，进而影响从宽的方式和幅度。认罚的第三个维度表现为主观心理状态，即从内心真诚悔罪，被追诉人对过去行为的悔过，对现下责任追究的承担及对未来行为的守法预期，从预防角度降低其再犯可能性。需要指出的是，对于虚假认罚，主观认罚而客观无能力履行，认罚但对程序选择提出异议的情形，需要区别认定，①以主客观相结合综合评价。

3. 从宽

"从宽"是指在法律规定范围内，对认罪认罚的被追诉人可以从宽处理。此处的"从宽处理" 贯穿刑事诉讼始终，包括实体从宽和程序从简两个层面。

一是实体从宽，是指在实体意义上获得从宽处理。根据认罪认罚所处的诉讼阶段和认罪认罚的程度，实体从宽的方式和幅度呈现阶梯化特点。在侦查阶段，从宽的方式包括撤销案件；在审查起诉阶段，从宽的方式包括全案不起诉、部分不起诉，提出从轻处罚的量刑建议，以及刑罚执行方式的从宽建议；在审判阶段，从宽的方式包括在量刑上予以从轻、减轻或者免除处罚，在刑罚执行方式上适用缓刑。这些需根据刑法和刑事诉讼法的最新规定，依据刑事政策，结合犯罪的具体情况，综合考量确定个案从宽的方式和幅度。②

二是程序从简，是指强制措施的从宽和诉讼程序的简化。一方面，认罪认罚是刑事诉讼法增加的社会危险性考虑因素之一，非羁押强制措施的适用体现对自愿认罪认罚被追诉人的程序从简。另一方面，简易、速裁程序适用，更加高效便捷节约

---

① 《指导意见》第7条规定，犯罪嫌疑人、被告人表面上认罚，暗中却串供、干扰证人作证、毁灭、伪造证据或者隐匿、转移财产，有赔偿能力而不赔偿损失，则不能适用认罪认罚从宽制度。确无能力退赃退赔、赔偿损失、履行财产刑的，不影响"认罚"的认定；犯罪嫌疑人、被告人享有程序选择权，不同意适用速裁程序、简易程序的，不影响"认罚"的认定。

② 《指导意见》第9条规定，从宽幅度的把握应当根据犯罪嫌疑人、被告人认罪认罚的主动性、及时性、全面性、稳定性，是否确有悔罪表现，对及时侦破案件、指控犯罪的价值作用以及罪行严重程度等，综合考量确定从宽的限度和幅度；认罪认罚不分先后，但在刑罚评价上，主动认罪优于被动认罪，早认罪优于晚认罪，彻底认罪优于不彻底认罪，始终认罪优于时供时翻；对罪行较轻、人身危险性较小的，特别是初犯、偶犯，从宽幅度可以大一些，罪行较重、人身危险性较大的，以及累犯、再犯，从宽幅度应当从严把握；认罪认罚的从宽幅度一般应当大于仅有坦白，或者虽认罪但不认罚的从宽幅度；对犯罪嫌疑人、被告人具有自首、坦白情节，同时认罪认罚的，应当在法定幅度内给予相对更大的从宽幅度。认罪认罚与自首、坦白不作重复评价。

司法资源,体现出认罪认罚背景下的程序从简。再者,非犯罪化处理的撤销案件或者不起诉兼具实体从宽和程序从简的性质,体现最大限度的从宽。

4. 认罪认罚从宽的逻辑解读

对认罪认罚从宽的认识,不能仅停留在对"认罪"、"认罚"和"从宽"的分析上,还应将此三者结合起来,进行整体的逻辑解读。

首先是"认罪"与"认罚"的关系。"认罪认罚"包括两个行为,"认罪"与"认罚"之间是并且的关系,二者是"同步性"的。① "认罪"与"认罚"虽是两个不同的行为,在刑事诉讼活动中的发生顺序可能也是不同步的,被追诉人一般是先认罪,司法机关拿出具体的认罪量刑协商意见后,才到被追诉人对是否认可并接受处罚进行意思表示的阶段,之前被追诉人即使表示认罚也是概括的。然而实践中,二者是同步的,"认罪"未必"认罚",仅认罪不认罚的,不符合适用条件,自然也不是讨论的对象。而"认罚"的前提是"认罪",即被追诉人"认罚"必然是"认罪"的,不存在"认罚但不认罪"的情形,因此"认罪"与"认罚"是同步的,二者都具备才构成从宽制度的适用条件。

其次是"认罪认罚"与"从宽"的关系。一方面,"认罪认罚"是"从宽"的必要条件,而非充分条件,其主要体现为犯罪嫌疑人、被告人的认罪、悔罪态度,为节约司法资源、化解社会矛盾提供基础。另一方面,"从宽"是"认罪认罚"的可能结果,而非当然结果,仍需结合具体案件情况和法律规定、刑事政策判断认罪认罚是否足以从宽,对于不足以从宽的,依法不予从宽,②这体现出司法机关所倡导的宽严相济刑事政策和社会治理能力的现代化。对于认罪认罚的案件,可以依法从宽处理是刑事诉讼法规定的,也是学界和实务界的共识,但是这种从宽是"可以"而非"应当",对于认罪认罚不足以从宽的情形不能因认罪认罚而降低对其苛责的程度,以体现"该严则严、该宽当宽"的宽严相济刑事政策。

(二)认罪认罚从宽制度的历史沿革

我国认罪认罚从宽制度的构建并非一蹴而就,从中华人民共和国成立初期以来,刑事政策的发展以及刑事立法和司法实践,推动了该制度的形成与确立,其产

---

① 参见陈卫东:《认罪认罚从宽制度研究》,载《中国法学》2016 年第 2 期。

② 《指导意见》第 8 条规定,"可以从宽",是指一般应当体现法律规定和政策精神,予以从宽处理。但可以从宽不是一律从宽,对犯罪性质和危害后果特别严重、犯罪手段特别残忍、社会影响特别恶劣的犯罪嫌疑人、被告人,认罪认罚不足以从轻处罚的,依法不予从宽处罚。

生与发展经历了如下过程。

1. 认罪认罚从宽制度的初级形态

认罪认罚从宽制度是我国惩办与宽大相结合刑事政策在新时期的继承与发展。[①] 该政策由党领导人民在革命时期和中华人民共和国成立初期施行的镇压与宽大政策演变而来，从适用于对敌斗争，逐步发展为适用于刑事犯罪的一项政策。我国于1950年由中共中央颁布《关于镇压反革命活动的指示》，其中明确提出，该政策1956年中共八大一次会议上对该政策名称首次提出，1979年《刑法》第1条明确规定系依据该政策制定，从法律层面对政策予以明确，并以实体法形式规定了自首、立功等法定从宽情节，1996年《刑事诉讼法》修订增加简易程序，在程序法层面贯彻该政策精神，体现程序从简原则。这是我国认罪认罚从宽制度发展的初级形态。

2. 宽严相济刑事政策的确立发展

进入新千年，随着和谐社会的构建，及对"严打"政策的理性反思[②]，宽严相济刑事政策应运而生。宽严相济刑事政策既涉及实体法内容，如我国《刑法》规定的自首、立功、减刑、假释等，又涉及程序法内容，如《刑事诉讼法》规定的刑事和解、简易程序、社区矫正、起诉便宜等。该政策对刑事实体法和程序法的立法进程同样具有导向作用。2011年修订《刑法》，大大减少了死刑的适用罪名，大量增加对非监禁刑的适用，明确缓刑适用条件，丰富了社区矫正的内容，增加了"坦白从宽"条款等，较全面地体现了我国刑事政策向"宽缓"的转变。2012年修订《刑事诉讼法》，宽严相济刑事政策的指导意义再次得到充分的发挥与体现既贯穿于侦查、公诉、审判等环节，又体现在简易程序，刑事和解制度，未成年人诉讼程序等领域。这为认罪认罚从宽提供了思想基础。

3. 认罪认罚从宽制度的试点探索

完善认罪认罚从宽制度是党中央层面决策部署，体现现代司法宽容精神。为落实这项重大改革部署，"两高三部"自2016年11月起，在刑事案件速裁程序试点的18个城市接续开展了为期两年的认罪认罚试点工作。检察机关积极发挥作用，试点结束时，试点地区起诉案件约一半适用该制度办理，主要系检察机关建议适用。案件审查起诉效率高，办案时限短，法院审结案件普通程序适用率低，当庭宣判

---

① 参见吕泽华、杨迎泽：《认罪认罚从宽的制度的根基、困惑与走向》，载《国家检察官学院学报》2019年第3期。

② 参见马克昌：《宽严相济刑事政策的演进》，载《法学家》2008年第5期。

率高，案件抗诉率和上诉率低。[①] 实践探索证明制度“符合国情和司法规律”，有助于实现多元价值平衡。[②]

4. 认罪认罚从宽制度的立法确认

试点工作担负着刑事诉讼法修改完善的重要任务，全面总结可复制的试点经验，对于试点成果转化，在全国范围内提供认罪认罚从宽制度实践样本具有重大意义。经过为期两年的先行探索，试点工作取得了阶段性成效，宽严相济刑事政策得到充分体现，刑事诉讼效率明显提升，息诉服判效果十分显著，当事人权利得到保障；同时积累了可复制的试点经验，以制度为引领细化工作流程规范工作指引，提供法律援助实现控辩平衡，速裁程序与简易程序适用有效实现繁简分流节约司法资源，探索阶梯从宽量刑机制，确保从宽有别，对在全国范围内铺开具有重要意义。修改后的《刑事诉讼法》在第 15 条规定了认罪认罚从宽的基本内涵，连同该法第 81、120、172、173、174、176、190、201、222、226 条共同构成完整的认罪认罚从宽制度体系。这些法条涵盖了认罪认罚后的强制措施适用、审理程序适用、量刑建议及采纳等相关规定。随后，“两高三部”《指导意见》出台，明确了认罪认罚从宽制度的基本原则、适用范围和适用条件、从宽把握、全力保障、司法机关职责、认罪认罚反悔和撤回、特殊主体认罪认罚案件的办理，《指导意见》细化了司法适用规则。最高人民检察院制定监督管理办法，对检察院办理认罪认罚案件做出要求；公布适用认罪认罚典型案例、指导性案例，指导认罪认罚的具体适用。我国认罪认罚从宽制度是我国经过试点推动的刑事协商机制，是我国吸收诉讼合作理念的典范之作，推动由诉讼对抗到诉讼合作的司法包容理念的变迁。基于自愿平等而建立起的认罪协商机制，反映了控辩双方的真实现状与客观需要。

（三）认罪认罚从宽制度的适用范围

从实体层面上看，认罪认罚从宽原则上适用于所有案件。对于一些特殊类型的案件，包括职务犯罪、重罪案件以及共同犯罪案件，亦可以适用认罪认罚从宽制度。但是需要注意的是，认罪认罚只是“可以”从宽，对于个别犯罪手段极其残忍，犯罪行为极其恶劣，犯罪后果极其严重的，即使自愿认罪认罚，但是按照其罪行严

---

① 参见张伯晋、戴佳、史兆琨、李春薇：《共同凝聚中国社会治理的“法治智慧”——检察机关承担主导责任、推动认罪认罚从宽制度全面深入落实纪实（上）》，载《检察日报》2019 年 7 月 12 日，第 1 版。

② 周强：《最高人民法院、最高人民检察院关于在部分地区开展刑事案件认罪认罚从宽制度试点工作情况的中期报告》，中华人民共和国全国人民代表大会常务委员会第三十一次会议，2017 年 12 月 23 日。

重程度不足以从轻处罚的,依法不予从宽处罚,即并非“当然”从宽。

从程序层面上看,关于认罪认罚从宽制度的适用范围,司法实践中有两种不同的观点:一种观点认为,认罪认罚从宽制度只适用于一审程序,二审程序再审程序不适用;另一种观点认为,认罪认罚从宽制度作为刑诉法修订确立的一项普遍适用的制度,在前述程序中均可以适用。笔者持第二种观点,这种观点也得到司法解释的认同。

从立法的本意和行为上看,立法并不排斥认罪认罚从宽制度的二审适用。实际上,认罪认罚从宽作为一项制度,不仅是一项有利于犯罪嫌疑人、被告人的制度,还是一项有利于化解社会矛盾及节省司法资源的刑事司法制度,犯罪嫌疑人、被告人有权选择是否适用这项制度。既然可以选择性适用,那么犯罪嫌疑人被告人就具有在每一个环节选择、在每一个时机选择适用的权利。因此,只要犯罪嫌疑人做出认罪认罚的自愿意思表示,司法机关就无权拒绝适用这项制度,除非是因案件的情况、案件的性质所导致的适用例外。这种排除适用应当在法律文书中作出明示的分析和论证,并有书面记录、必要讨论、研究程序。认罪认罚从宽适用于侦查、诉讼、审判环节。通过认罪认罚,保障犯罪嫌疑人合法权利的有效实现,更有利于轻微刑事案件高效处理,也更有利社会关系的修复,更有利于犯罪嫌疑人、被告人自愿接受处罚悔过自新,减少社会矛盾,避免更大冲突和二次伤害发生。

从罪名上看,认罪认罚从宽制度的适用没有罪名限制。然而,从量刑协商的视角来看,司法实践存在一种适用难度较大的情况,即犯罪嫌疑人、被告人有可能被判处死刑的案件。这类案件中,有的犯罪嫌疑人,自愿认罪认罚,希望获得从宽处理,但是由于其罪行严重,可能判处死刑,而检察机关无法与其签订认罪认罚从宽的具结书,对其作出从宽承诺。因此,被追诉人涉死刑案件在检察环节无法签署具结书获得从宽处理。

二、检察机关在认罪认罚从宽中的地位和作用

认罪认罚从宽制度的确立确有其现实必要性。具体来说,一是不断增长的刑事案件与有限的司法资源之间的矛盾日益突出。危险驾驶等轻罪、轻刑案件入刑,数量居高不下,且通常进入审判阶段,占据了大量的司法资源,案件积压现象严重。二是员额制改革使案多人少的矛盾进一步加剧。员额制改革有其比例的限制,使一部分从事刑事检察和刑事审判工作的人员并未进入员额,因此没有独立办案资格。基层检察机关和审判机关承担绝大多数的案件量检察机关捕诉合一机制的改

革使得员额检察官承担更多的工作任务，审判机关办案量居高不下。加之轻罪、轻刑案件多发，无法集中精力办理疑难、复杂案件，轻罪、重罪案件均久拖不决，难以保证案件质量和效率。三是适用认罪认罚从宽是落实党中央决策部署的要求。认罪认罚从宽制度自修法后在全国推行，最高人民法院、最高人民检察院自上而下积极推动。以检察机关为例，最高人民检察院张军检察长提出了认罪认罚适用比例70%的近期目标，以及制度成熟后80%的远期目标。[①] 在《指导意见》下发之后，各地检察机关结合本地实际纷纷出台认罪认罚从宽实施细则，全力推动认罪认罚从宽深入推进。全面推行两年以来，检察机关六成以上案件适用该制度办结。[②]

(一)检察机关在认罪认罚从宽中的地位

2018 年修改后的《刑事诉讼法》有 13 个条款涉及认罪认罚从宽制度，此 13 个条款中绝大多数与检察机关密切相关；同样，在《指导意见》中，涉及检察机关的规定也占大部分内容。这都直接说明了，检察机关在认罪认罚制度中占有重要地位。具体来说，该重要地位主要表现在三个方面。

第一，“检察机关是案件拟处理意见与辩方的协商者。”[③]在审查起诉阶段，检察机关拥有公诉权，有权对侦查、调查所取得的证据进行审查，形成对案件事实与量刑的一个初步认知，并就此与辩方展开协商，检察机关具有协商的能力和资格。

第二，“检察机关是案件处理结果的实质影响者。”[④]该实质影响力不仅体现于控辩关系上，还体现于控审关系上。就前者而言，当控辩双方协商成功之后，需要签署具结书，具结书对于辩方而言，具有一定的约束力。即“除非发生足以影响案件处理的情形……辩方应按照具结书的意见接受处理。”[⑤]就后者而言，在认罪认罚从宽制度适用过程中，检察机关提出的量刑建议对后续的审判产生一定的作用，即法院“一般应当”采纳量刑建议。

---

① 参见张军检察长在 2019 年全国刑事检察工作会议上的讲话。

② 张军：《最高人民检察院关于人民检察院适用认罪认罚从宽制度情况的报告》，载最高人民检察院官网，2019 年 10 月 17 日。

③ 朱孝清：《检察机关在认罪认罚从宽制度中的地位和作用》，载《检察日报》2019 年 5 月 13 日，第 3 版。

④ 朱孝清：《检察机关在认罪认罚从宽制度中的地位和作用》，载《检察日报》2019 年 5 月 13 日，第 3 版。

⑤ 朱孝清：《检察机关在认罪认罚从宽制度中的地位和作用》，载《检察日报》2019 年 5 月 13 日，第 3 版。

第三，“检察机关（限最高人民检察院）是案件作特殊处理的核准者。”①《刑事诉讼法》第182条规定了特殊不起诉制度。即被告人认罪认罚且符合特殊条件后，最高人民检察院可以核准撤销案件或作出不起诉决定，这是“法律赋予了检察机关对极少数特殊的有罪案件在实体上超常规的出罪权和程序上超常规的分流权”②。

基于此，检察机关在认罪认罚从宽制度中处于主导地位，即检察机关在认罪认罚从宽程序中居于承前启后的枢纽地位，对侦查和审判活动履行法律监督职能，对案件在实体和程序上具有分流权。

（二）检察机关在认罪认罚从宽中的作用

认罪认罚从宽案件的处理，其核心是自愿认罪认罚与量刑协商。检察机关在认罪认罚自愿性的审查与量刑协商过程中发挥着重要作用，具体表现在启动、协商和处理三个阶段中发挥积极作用。

首先，检察机关启动认罪认罚案件程序。侦查人员的告知义务和起诉意见书写明自愿认罪情况，是协商程序发起前的准备，为程序的启动提供条件。至于是否以及如何进行认罪量刑协商，决定权仍在检察机关。审查起诉处于侦查和审判的中间环节，能够及时、综合地评判侦查阶段取得的成果，为起诉至法院做准备，是认罪认罚从宽程序的发起阶段，此阶段由检察机关负责。

其次，检察机关参与量刑协商全过程。检察机关作为控方开展量刑协商，基于案件证据与事实的具体情况，以及犯罪嫌疑人是否自愿认罪认罚，确定协商客体，提出具体的量刑建议。

最后，检察机关的量刑协商具有法律约束力。具体体现在程序法规定的除特殊情形外的审判机关一般应当采纳协商结果。检察机关启动并参与了认罪与量刑协商，在认罪认罚从宽案件的审查结果上也具有法律约束力，对于符合相对不起诉的，可以做出不起诉决定，终结诉讼程序。

由此可见，检察机关在认罪认罚从宽案件的启动、协商和处理三个阶段中发挥积极作用，对该类案件发挥着主导作用，实质影响着认罪认罚从宽的进程。

---

① 朱孝清：《检察机关在认罪认罚从宽制度中的地位和作用》，载《检察日报》2019年5月13日，第3版。

② 朱孝清：《检察机关在认罪认罚从宽制度中的地位和作用》，载《检察日报》2019年5月13日，第3版。

(三)认罪认罚从宽与以审判为中心的诉讼制度的关系

检察机关在认罪认罚从宽中的主导作用,是否会对以“审判为中心”司法格局产生削弱影响,对这一问题需要厘清。笔者认为,实际上二者并不矛盾。一方面认罪认罚从宽需要以审判为中心,另一方面以审判为中心也需要认罪认罚从宽制度作用的发挥,检察机关在认罪认罚从宽制度中的地位和作用不会影响以审判为中心的诉讼制度。

首先,认罪认罚从宽仍需以审判为中心。以审判为中心符合刑事诉讼规律和现实需要。一来审判是检验审前程序成果的终局诉讼环节;二来刑事诉讼活动围绕审判活动展开;三来侦查、起诉环节对证据的收集、固定、审查、运用,要以审判为标准;四来审判在刑事诉讼构造中能够将全部诉讼主体的活动在庭审中进行检验,符合诉讼规律,理应以其为中心。认罪认罚从宽案件因为程序价值选择而不同于控辩对抗案件,虽然其认罪量刑协商前移,但审判程序仍有权对前面阶段达成的协议和量刑建议进行审查并作出终局裁判。

其次,认罪认罚从宽并没有造成“庭审实质化”的弱化。“庭审实质化”是针对庭审形式化、庭审走过场而提出来的。理解“庭审实质化”的要求应结合具体的背景和条件,其提出主要是针对以往刑事诉讼中的以侦查为中心的现象。不能将“庭审实质化”的理解绝对化,将其理解为全部案件都应在庭审过程中举证质证、查明事实。应科学、客观的理解“庭审实质化”,结合诉讼的现实情况与制度安排认识“庭审实质化”,其中重要的就是结合认罪认罚从宽制度来重新定义“庭审实质化”。为了应对刑事办案压力、化解社会矛盾,各国都积极创设认罪认罚、有罪答辩等诉讼程序,丰富刑事诉讼的制度内容。如日本对刑事诉讼案件按照是否认罪认罚进行区分,对认罪认罚案件采用认罪认罚从宽程序,对不认罪案件进行实质庭审。

再次,认罪认罚从宽将案件进行繁简分流,适用不同审判程序,集中优质司法资源到疑难、复杂案件,使“以审判为中心”更好落实。认罪认罚从宽不仅可以将大量简单的刑事诉讼案件进行分流,在审前由检察机关与犯罪嫌疑人进行非对抗式的协商解决,选择不同程序处理,繁简分流、难易分流,实现诉讼经济;也可以集中时间和精力对疑难、复杂案件进行实质化庭审,使“以审判为中心”在不同的诉讼程序中得到不同形式的落实。

最后,检察机关主导作用不会影响以审判为中心。检察机关在认罪认罚从宽制度中的目标与以审判为中心的目标是一致的,二者目的都是实现司法公正。检察机关在认罪认罚从宽案件中进行定罪和量刑的判断仍是与审判的标准一致,案件的事实、证据标准需要与审判的要求对接,定罪和量刑的判断最后仍需要接受审判的检验和确认。

三、我国认罪认罚从宽制度适用价值在检察环节的体现

(一)有利于贯彻宽严相济的刑事政策

宽严相济的刑事政策是指根据犯罪的具体情况,区别对待,该宽则宽,当严则严。① 检察机关适用认罪认罚从宽制度,使宽严相济的理念落实到了每一个具体的司法案件中,对程序结果和实体结果都产生了实质性的影响。具体体现在:一是逮捕价值的重构。一直以来司法实践对于逮捕的认识过于拔高,已超出其本有的"保障诉讼顺利进行"这一价值。传统观念中,认为捕了就得诉,诉了就得判,如果构罪不捕可能会引发被害方上访,如果捕后不诉就更麻烦,这是案件质量出了问题。也正是基于这一近于偏执的认识,虽然最高检近年来强调"少捕慎诉少监禁",但收效甚微,虽然导向已发生变化,但多年来根深蒂固的理念还一时未得以扭转。而认罪认罚从宽制度的适用,可以促使逮捕的价值真正回归本源。二是非羁押直诉有了更大的适用空间。犯罪嫌疑人是否认罪认罚,表明其犯罪后的主观悔过态度。如果罪行较轻,可能判处三年有期徒刑以下刑罚,在侦查阶段自愿认罪认罚,侦查机关认为不羁押不至于危害社会的,可以采取非羁押措施,刑拘直诉或非羁押直诉。速裁程序中非羁押措施的适用率较高。捕后移送审查起诉案件,犯罪嫌疑人自愿认罪认罚,与被害方和解、取得谅解的,检察机关经审查评估,无继续羁押必要的,应及时变更为非羁押措施。三是不起诉程序适用有所提升。认罪认罚制度为轻罪案件适用相对不起诉提供了较大的拓展空间,有利于避免对案件刑事化处理之后所产生的一系列消极影响,这对刑事政策的贯彻大有裨益。四是特殊情形下可对认罪认罚后的案件作撤案处理。对一起刑事案件,立案侦查后,如果在侦查阶段即适用认罪认罚从宽制度,符合 2020 年 9 月 1 日起施行的《公安机关办理刑事案件程序规定》第 188 条第 1 款②之规定的刑事案件可能会被撤销案件。由上可见,认罪认罚从宽制度为实体与程序上的宽缓处理带来了更多可能,而非一概的"从严从重"。

---

① 《指导意见》第 1 条。

② 《公安机关办理刑事案件程序规定》第 188 条第 1 款规定:" 犯罪嫌疑人自愿如实供述涉嫌犯罪的事实,有重大立功或者案件涉及国家重大利益,需要撤销案件的,应当层报公安部,由公安部商请最高人民检察院核准后撤销案件。报请撤销案件的公安机关应当同时将相关情况通报同级人民检察院。"

（二）有利于提升案件诉讼效率

刑事诉讼价值是多元化的，公平、秩序、自由、效率等从不同角度和层次规定了刑事诉讼的价值所在，它们共同构成了刑事司法的价值体系。刑事诉讼的理想状态是多元价值的平衡体现，然而实践中却事与愿违。随着认罪认罚从宽制度的适用，公平和效率的价值得到了相应的平衡。一方面，公平是要强化人权保障，要求被告充分参与，平等对待诉讼两造，使得裁判结果直接在审判程序中形成；另一方面，效率是准确及时惩罚犯罪，节约司法资源，体现程序的经济性。诚如学者所言："'公正为本、效率优先'应当是认罪认罚从宽制度改革的核心价值取向。"①即认罪认罚从宽制度是在程序公平的保障下强调诉讼的效率价值。对效率价值的强调是与实际情况相适应的。这是因为，司法实践中的轻刑案件较多，案件事实与证据较为简单，且被追诉人愿意通过认罪认罚获取宽宥的处罚。基于此，并不需要各个案件均适用具有精密性的普通程序。那么，当控辩双方在诉讼事项上的争议不大时，可以随之加快审查起诉进程，简化庭审的调查、辩论程序，只需着重对案件事实进行确认并对认罪认罚的自愿性、合法性进行审查。在经历上述程序"改造"之后，审限必将相应缩短，诉讼效率的提高是不言而喻的。

（三）有利于合理配置司法资源

在司法实践中，不仅案多人少矛盾突出，而且轻刑案件占据了较多的司法资源，无疑认罪认罚从宽制度的实施对于缓和上述矛盾具有积极作用。一方面，检察机关结合案件情况，在审查起诉阶段适用认罪认罚，不仅能够简化案件办理的文书与程序与降低案件的证明难度，还能使案件选择与之相适应的快速处理程序，让检察官与法官把更多的精力用到疑难复杂的不认罪案件之中，确保对疑难复杂案件的精细处理。另一方面，现下法院较为广泛地适用短期刑罚说明刑罚化现象较为普遍，这导致有限的司法资源难以承载不断扩大的"犯罪圈"，而且刑罚惩戒作用的发挥也不一定能够实现最优的社会治理效果。② 在此背景下，检察机关适用认罪认罚从宽制度，会影响对"犯罪情节轻微"的判断，有利于增加微罪不起诉程序的作出、减少进入审判环节的案件数量，从而实现案件的审前分流以及司法资源的合理配置。

---

① 陈卫东：《认罪认罚从宽制度研究》，载《中国法学》2016 年第 2 期。

② 参见王新建：《认罪认罚从宽制度下相对不起诉的司法适用》，载《国家检察官学院学报》2021 年第 1 期。

(四)有利于充分化解社会矛盾

一般而言,刑事案件对社会矛盾的激化主要体现于两个方面:一是被追诉人对刑罚结果的不满,被追诉人进行上诉或其家属展开涉诉信访;二是未充分维护被害人的利益,引发被害人的质疑甚至造成对被害人的“二次伤害”。然而,认罪认罚从宽制度对于化解上述两方面的矛盾都有积极意义,一是检察机关对自愿认罪认罚的犯罪嫌疑人、被告人,对部分轻微的刑事案件可以作出全案不起诉、部分不起诉、核准撤销案件等非犯罪化处理决定;对于不适宜作出不起诉的案件,也可以提出从轻处罚的量刑、适用宽缓的强制措施、采用缓刑等适用建议。显然,这将有利于缓和被告人及其家属的不满心理,减少与社会的对抗情绪。这一积极作用在实践中得以充分体现,2019 年至 2020 年 8 月,认罪认罚案件“一审后被告人上诉率为 3.9%,低于其他刑事案件 11.5 个百分点”。[①] 二是将被害人的利益恢复作为“认罚”的考量因素。具体来说,检察机关办理该类案件,不仅审查被追诉人形式上是否认罪认罚,而且要将实质上的认罪认罚作为考察重点。即除认罪表现外,还需要结合被告是否具有退赃退赔、赔礼道歉、刑事和解等积极修复受损法益举措,综合考量确定“认罚”及从宽幅度,以此关注被害人及社会利益。在此过程中,不仅有利于鼓励犯罪嫌疑人、被告人正确认知自己的犯罪行为,还有利于补偿被害人精神和经济损失,化解社会矛盾,综合实现降低犯罪嫌疑人或被告人人身危险性和再犯可能性以及化解社会矛盾的目的。

---

① 张军:《最高人民检察院关于人民检察院适用认罪认罚从宽制度情况的报告》,载最高人民检察院官网,2019 年 10 月 17 日。

第二章

检察机关适用认罪认罚从宽类似制度的比较法考察

“在法的问题上并无真理可言，每个国家依照各自的传统自定制度与规范是适当的。但传统并非‘老一套’的同义语，很多改进可以在别人已有的经验中汲取源泉。”[①]客观来说，域外国家已经基于本土资源构建了相对成熟的认罪协商制度。本章选取了四个具有典型性的国家，分别为英美法系中的美国与英国，大陆法系中的意大利与德国。通过比较、分析各国检察机关在其中的作用，归纳出与我国检察机关适用认罪认罚从宽制度的同与不同，并在此基础上抽象出合理因素，以期为完善具有中国特色的认罪认罚从宽制度提供参考与镜鉴。

一、英美法系中认罪协商制度考察

（一）美国的辩诉交易制度——以“检察权裁判”理论为切入

1. 美国辩诉交易制度的概述

辩诉交易最早出现的时间和地点可能还存在争议，但辩诉交易最早取得胜利毫无疑问是在美国。[②] 辩诉交易的胜利既基于这项制度带来的案件处理的高效性，同时其本身又是刑事司法规则发展过程中多方选择的结果。“检察官们因为辩诉交易的高效性和容易获得胜诉而青睐辩诉交易制度。”[③]

19 世纪美国的检察官进行辩诉交易主要是两个目的：一是减轻令他们难以忍

---

① ［美］米尔伊安·R. 达马斯卡：《司法和国家权力的多种面孔——比较视野中的法律程序》，中国政法大学出版社 2015 年版，序言第 11 页。

② 有学者（如王兆鹏）认为辩诉交易最早是 1804 年在美国出现，而 J. S. 科伯恩（J. S, Cockburn）发现 1587～1590 年英国巡回法院存在辩诉交易的明确证据。

③ ［美］乔治·费希尔：《辩诉交易的胜利——美国辩诉交易史》，郭志媛译，中国政法大学出版社 2012 年版，第 27 页。

受的工作量;二是通过辩诉交易更容易地获得胜诉。以英国德尔赛克斯郡为例,“该郡的案件数量从 1829 年斯特恩斯任期结束时的 41 件攀升到 1834 年亨廷顿刚刚任职时的 95 件。经过 1839 年仅仅 42 件案件的间歇之后,亨廷顿的案件量在 1843 年反弹到 101 件。在接下去的 6 年中案件暴涨到 443 件。”①检察官为了降低办案风险,提升胜诉率,证明自身能力进而谋求政治利益,选择辩诉交易成为最有效的手段。

“辩诉交易在 19 世纪早期和中期至少遇到三大障碍使其无法为法院所接受:它无法像对检察官那样去满足法官的需要;它遇到法官基于原则而对没有掌握全面信息的情况下履行自己神圣量刑职责而产生的反感;而且它伤害了某些法官对自己权力的骄傲”②但到了 19 世纪末,法官开始积极参与辩诉交易,这种变化的动机来自民事案件量的激增。社会经济的高速发展,各类案件的逐渐增多,导致全部案件按照诉讼流程进行审判,显得不切实际。由此,随着时间推移控、辩、审三方诉讼主体对于辩诉交易的适用逐渐达成一致。于检察官而言,基于辩诉交易,控辩双方可以针对某些证据不易搜集或者证据难以搜集的案件展开协商,通过对罪名、罪数的讨价还价,换取被追诉人的认罪答辩,最大限度地降低类似案件移送到法院导致败诉的风险;于法院而言,对大量刑事案件适用辩诉交易在一定程度上减轻了工作负担,缓解了办案压力;于被追诉人而言,通过辩诉交易避免了冗长复杂的诉讼程序,能够取得诉讼利益和诉讼效率的最优解。因此,被追诉人与检察官、法院在辩诉交易方面的利益是一致。到 20 世纪晚期,辩诉交易的权力演进发生了变化。1987 年 11 月美国联邦量刑指南的生效使得检察官具有了操纵指控而对被告人量刑的权力。“量刑指南确立了那种能够支撑广泛、有效的指控交易制度的严格的刑罚体系”,③量刑指南掀起了辩诉交易的狂潮。“辩诉交易在各种权力中变得如此稳固,以至于如今虽然其保护人可能以不同的方式分享战利品,但是它已经无法再往前发展,因为辩诉交易已经获胜。”④

---

① [美]乔治·费希尔:《辩诉交易的胜利——美国辩诉交易史》,郭志媛译,中国政法大学出版社 2012 年版,第 27 页。

② [美]乔治·费希尔:《辩诉交易的胜利——美国辩诉交易史》,郭志媛译,中国政法大学出版社 2012 年版,第 233 页。

③ [美] 乔治·费希尔:《辩诉交易的胜利——美国辩诉交易史》,郭志媛译,中国政法大学出版社 2012 年版,第 233 页。

④ [美]乔治·费希尔:《辩诉交易的胜利——美国辩诉交易史》,郭志媛译,中国政法大学出版社 2012 年版,第 233 页。

2. 检察权裁判的产生与发展

检察权裁判并非检察机关的创设，而是“检察权”与“裁判”一词在新的历史条件下顺应刑事发展规律的新现象，是辩诉交易发展的产物。首位提出“检察权裁判”概念的人被认为是美国联邦法官，杰勒德·林奇（Gerard Lynch），“他第一次使用此概念从检察职权的角度解读美国的辩诉交易，并反驳以下颇为传统的假设，即对抗制程序只能围绕法院审判展开”。① 在辩诉交易过程中，检察官与被追诉人展开协商，并就此达成协议，法院对二者之间的协议只作形式性审查，对犯罪嫌疑人进行何种罪行的指控、罪数的指控均由检察官决定。因此在辩诉交易中检察官具有广泛的自由裁量权，他不仅是形式上“审前程序的法官”，而且对案件事实以及定罪的认定具有实质意义上的决定权。检察官的决定权主要体现在检察官在辩诉交易时可以与辩护律师对罪名以及罪数的认定进行协商，而法官并不对此做过多干预，只是在审判阶段对双方的协议内容进行形式审查，检察机关的审前过滤功能进一步强化，在一定程度上赋予了检察官“准法官”的角色。

就检察权裁判的成因而言，可以从三个方面展开论证：首先，司法资源的有限性与数量激增的案件不对等。在美国，经济快速发展的同时，亦伴随着社会矛盾的激化，犯罪数量不断激增，大量的犯罪行为被追诉、大量的犯人被羁押，如何切实解决高犯罪率、高羁押率的社会矛盾，是司法机关面临的现实问题。因此，不断扩大检察官起诉裁量权范围和取消有罪答辩协商的限制成为解决问题的关键，这也在无形中扩大了检察裁量权范围。其次，随着恢复性司法理念的兴起，人们越发重视对人权的保障，通过严厉的刑罚制裁并不能有效解决社会犯罪，这些现实问题引发了司法者对犯罪问题的反思。轻刑化、非犯罪化的刑罚思想促使刑罚理念的转变，检察官通过辩诉交易与被追诉人（辩护律师）进行协商，减少被追诉人罪数、罪名指控，既有助于轻罪者及时回归及适应社会，同时又缓解了监狱刑罚执行的压力。最后，辩诉交易为检察官处理案件提供了新的选择模式，使得检察官在处理案件时存在有多种选择的可能。尤其是认罪案件，检察官通过辩诉交易的处理，在一定程度上使得审判程序得以“前置”，节约了审前分流的时间和资源，从而承担起法院的部分职能。在立法层面，辩诉交易的产生顺应了刑事诉讼程序的发展规律，而且辩诉交易是检察官与被追诉人之间的协商，被追诉人在诉讼中的地位较以往相比有了很大提升，为规范司法权力运用，保障被追诉人的合法权益，避免检察官权力过大

---

① 赵恒：《认罪认罚案件检察机关主导责任的域外镜鉴》，载《中国检察官》2019 年第 9 期。

造成司法腐败,美国在辩诉交易过程中对检察官的权力适用规定了一定限制条件:一是规定检察官的特定义务,如证据开示义务、证据披露义务、认罪协商的告知权,为被追诉人一方展开协商提供有利条件。二是保障被追诉人的合法权益,规定了沉默权、告知权等权利。三是审查机制的健全化,检察权的不断扩张并不会不当限缩法院的审判权,法院对于辩诉交易采取的是必要的审查机制。根据《联邦刑事诉讼规则》的相关规定,法官并不直接参与辩诉交易双方谈判过程中,作为中立的裁判者,其主要作用在于司法审查。即公开询问被告人有罪答辩的作出是否出自真实意愿,是否通晓其享有作无罪答辩、获得律师帮助以及陪审团审判等权利,以及一旦法庭确认有罪答辩协议被告人即放弃上述权利的情况。因此,法官必须就认罪答辩的自愿性亲自询问被追诉人,以便确认其不是受到暴力、威胁或者某种允诺而违背真实意愿做出答辩进而确保认罪协议的合法性。

3. 辩诉交易中检察官的作用

有美国学者认为,检察官统治着美国刑事司法体系,①是辩诉交易的主导者与推动者。按照辩诉交易上升的轨迹对该制度进行追溯和研究,促使我们对辩诉交易的衍生和发展得到了更深层次的理解。案件数量的增多使得全部案件经过陪审团审判变得极为奢侈。因此,“检察官在决定是否对罪犯提出控诉上享有很大的自主权”。②

(1)检察官在辩诉交易中是主要的参与主体

在美国的辩诉交易过程中协商的主体主要集中于检察官与辩护律师,被追诉人自行辩护的情况仅限于自诉的场景,检察官对于辩诉交易的运行享有绝对的控制权,主导着辩诉交易的发展。按照控审分离原则,对于刑事案件的诉讼权完全掌握在检察官手中,检察官拥有决定是否对犯罪进行指控以及针对什么罪名进行指控的自由裁量权,无须担心追诉行为会引发实质性审查。在辩诉交易中,是“检察官——而不是法官或者陪审团——作为事实的核心裁判者。被告人及其辩护律师不在法庭上向法官陈述辩护意见,而是向检察官陈述,检察官……决定针对被告人的哪一项指控是否成立的……检察官应该向被告人科处什么刑罚,来获取他的有罪答辩”。③ 从辩诉交易的会谈到协议签署,检察官在整个过程中不仅是程序的参

---

① [美]斯蒂芬诺斯·毕贝斯:《庭审之外的辩诉交易》,杨先德、廖钰译,中国法制出版社2018年版,第5页。

② 卞建林、谢澎:《美国检察官是辩诉交易中的主导者》,载《检察日报》2016年5月9日。

③ 赵恒:《认罪认罚案件检察机关主导责任的域外镜鉴》,载《中国检察官》2019年第9期。

与者,也是主导程序合法顺利进行的主要作用发挥者。为了取得被追诉人的认罪答辩协议,检察官会通过减少指控或者降格指控的方式进行引导,除非该协议是通过威胁或者强迫的方式取得的,否则这些行为并不被法律所禁止。但是辩诉交易前提是被追诉人认罪,被追诉人一旦认罪就意味着其对某些宪法性权利的放弃,比如不得强迫自证其罪、陪审团审判权以及上诉权等,因此,如何保障被追诉人是在知晓放弃上诉行为法律后果的情况下作有罪答辩,是司法实践面临的现实问题。对于法官而言,作为中立裁判者,并不会主动去促成辩诉交易的适用,如若法官主动参与辩诉交易,必然会影响其对案件的客观、公正立场,被追诉人慑于司法权威,可能存在不得已违反真实意愿作出认罪协议的现象,最终导致司法公信力的降低。因此法官在辩诉交易中作用主要是司法审查,但在司法实践中法官对辩诉交易的参与并未被禁止。在美国部分州中法官会通过变通的方式参与到辩诉交易之中,如有的法官会承诺作出量刑减让,鼓励被追诉人认罪,签署认罪协议促使辩诉交易达成,但总的来说其作用仍是司法监督。

(2)检察官是辩诉交易的程序启动主体

理论上检察官与辩护人均有权提出辩诉交易程序,虽然在各州的具体规定略有不同,但实践中通常是检察官主动提出,被追诉人一方作出接受认罪答辩与否的决定。对于检察官提出的认罪协议,辩护律师可以与检察官讨价还价,针对部分协议的内容提出反对意见,以争取最大的诉讼利益。在辩诉交易中先提出者与应答者在权利方面并无优劣之分,因为认罪协商需要经过两个阶段:一是检察官与辩护律师就指控的内容进行交流,根据双方开示的证据展开分析论证,然后对交易的合理性以及个人利益的最大化进行评估。二是谈判阶段,也称为妥协阶段。虽然检察官在辩诉交易中具有主导地位,在交易中具有更多的谈判筹码,但是辩护人往往会对检察官提出的辩诉交易主动协商。其对协议的内容进行谈判、提出建议并非对辩诉交易的抗拒,而是为在协商过程中取得最大利益增加砝码,最终在审判前对辩诉协议的内容达成一致。法律对检察官与辩护律师的协商未作过多干预,二者既可对量刑进行协商,也可对罪名、罪数进行谈判。一旦控辩双方对答辩协议的内容达成一致,其导致的后果就是被追诉人放弃陪审团审判的权利。在庭审过程中法官只对协议的内容进行形式审查,其审查的事实是根据协议内容认定的事实,而无须对案件全部事实进行核对。为了保障被追诉人的诉讼权利,防止部分检察官为了取得辩诉协议而作虚假的协议内容,美国的《刑事审判标准》对于该类型作出了明确的规定,一方面如果检察官不履行协议内容那么被追诉人可以作出撤回认罪的决定，其先前为达成辩诉协议所作的有罪供述内容，则不能作为认定有罪的证据；另一方面法官对于协议的内容具有监督权，如果检察官对协议的内容不履行也没有正当的理由，法官可以要求检察官取消对该行为的指控，并就案件的事实进行重新量刑。

（二）英国的有罪答辩制度

英国是英美法系对抗式诉讼的起源地，尽管美国刑事司法制度的发展大多数移植于此，但是辩诉交易的发展以及检察官的作用却不尽相同。英国司法体系对于辩诉交易的适用一直存有不同的声音，因此正式法律文本对于辩诉交易的规定并不多见，学界对此也争鸣不断。但随着被追诉人基本权利保障的兴起和司法实践新型需求的出现，有罪答辩制度不断得到发展。“英国有罪答辩制度的全面扩张始于20世纪90年代，追溯该制度的相关判例和成文法的演进过程，英国的刑事司法立法和实践在不断强化认罪行为的制度便利性。”①英国刑事司法制度的演进为我国比较刑事司法研究尤其是当前的认罪认罚从宽制度研究提供了域外借鉴。

1. 英国的有罪答辩制度的确立

一直以来英国对于刑事案件的处理方式以私力救济为主，即以被害人起诉为主，国家司法机关并不会过多参与其中，然而随着刑事诉讼的发展、司法成本增高以及被追诉人对被害人打击报复越发严重，社会治理的困局对于司法制度提出了新的挑战。为应对日益复杂的刑事案件，1855年《简易审理法》规定一些特定的轻微刑事案件可以不经陪审团审理即可宣判。

在20世纪之前，为了在司法审判中获取较为轻缓的刑罚，被追诉人会在一些罪与非罪模棱两可的案件中选择主动认罪，以此获取法官对案件采取简易程序处理的机会。一直到20世纪70年代，被追诉人通过认罪换取协议的达成成了刑事案件中的不成文规定，法院对于二者之间达成的协议会给予一定程度的尊重，对被追诉人判处较轻的刑罚。20世纪70年代出现的“特纳规则”进一步促进了辩诉交易的发展，特纳案件中辩护律师在和法官进行沟通以后会向被追诉人传达一种只要认罪即可获得一种好处的可能，使得被追诉人在利益权衡之下放弃一定的抵抗选择认罪。20世纪90年代至今，针对司法实践的现状，英国刑事司法皇家学院对认罪

---

① 裴炜：《英国认罪协商制度及对我国的启示》，载《比较法研究》2017年第6期。

协商制度的开展提出了两种选择:一种是可以根据被追诉人认罪的时间前后设定不同的量刑幅度,建立符合幅度的量刑折扣递减体系;另一种是法官与被追诉人进行一定的"协商",法官在审判前向被追诉人透漏可能判处的最高刑罚,以促使被追诉人认罪换取较轻的刑罚。

2. 检察官在有罪答辩中的角色和作用

(1)英国检察官的身份

"在过去,英国一直强调私人起诉的作用,虽然警察队伍建立后也承担了一部分的起诉职责,但这更多地被视为确立在对私人权利行使的基础上。随着警察力量的不断壮大,警察成为启动起诉程序的主要主体。但警方既负责案件的侦查工作,又担任起诉者的角色,这种权力分配制度的合理性受到了人们的质疑。"①

为平息群众质疑,英国制定了《1985 年犯罪起诉法》,成立了皇家检察署,强化了检察官对于公诉案件处理的作用。根据该法,警察机关在案件终结以后,对于查处的案件应当移送到检察署,由检察官决定是否起诉。《1985 年犯罪起诉法》是英国刑事诉讼制度上一次权力结构的重组与再分配的结果。当案件达到法定条件符合起诉标准时,将由检察官启动公诉程序。当然,皇家检察署的设立并不排斥警方起诉与私人起诉。警方仍可对某些特定范围的案件进行起诉,如罚款类型案件以及轻微的交通肇事案件,其适用的前提是得到被追诉人的书面认罪。同时私人起诉权并未完全剥夺,私人起诉依然能够进行,但皇家公署起诉可在任何阶段代替私人起诉。

(2)检察官在有罪答辩中的作用

虽然英国皇家检察署 1985 年才创立,但是其在有罪答辩中的作用却越来越重要。首先,检察官负责掌握案件证据,审查侦查证据,接收认罪答辩,对案件是否起诉享有决定权。为了鼓励被追诉人认罪,在司法实践中检察官会以降格指控、减少指控等方式,诱取被追诉人作出有罪答辩。与美国的辩诉交易略有不同,有罪答辩必须由被追诉人本人而不是辩护律师提出,如果辩护律师未经被追诉人同意提出认罪答辩,则法院可以判定该协议无效并发回重审。被追诉人作出有罪答辩之后就不需要经过陪审团审判,法院可以直接进行量刑,整个庭审过程将会变得简单:检察官对指控程序进行简化,只是对被追诉人的各种情况进行宣读,然后辩护律师展示他的减缓请求,法官最后判决。其次,英国的认罪协商中主要分为两种模式:一

---

① 齐树洁:《英国司法制度》,厦门大学出版社 2007 年版,第 485 页。

种是指控协商模式，即被追诉人对检察官的指控选择认罪来换取对自己的降格指控，在英国检察机关的起诉完全独立于辩方，辩方并无权利提出对于刑罚的建议，但是检察机关的起诉必须事先取得法官的确认，具体而言，在被追诉人选择认罪时，检察官可以选择对部分罪名不指控或者降格指控，并在审前将答辩无罪的罪状保留在法院的卷宗之中，做好标记。检察机关对于被追诉人的有罪答辩有权拒绝，然后交给陪审员审判。另一种是事实协商模式。检察官与被追诉人进行协商达成一致意见，然后由检察官对起诉和审判的事实作出模糊化处理，在此基础上向法院递交指控，从而对法院的判决产生影响。由于检察官在此过程中具有较大的裁量权，因此在司法实践中颇具争议。

二、大陆法系中认罪协商相关制度考察

(一)意大利辩诉交易程序

意大利作为是欧洲第一个引进辩诉交易的大陆法系国家，其辩诉交易的适用最为彻底，也最有特色，涵盖了以权利为主导的司法理念。无论是意大利 1989 年正式实施的《刑事诉讼法典》，还是 2003 年立法者对相关法律进行修订，均是以实现诉讼效率最大化为目的，其适用范围也在不断扩大。辩诉交易程序是指在宣布开始第一审法庭审理之前，未提出适用简易审判程序申请的被告人和检察官可以要求法官按照其双方的协议确定应适用的刑罚，法官以判决的形式确认双方的协议人的要求自行判决应适用的刑罚的程序。① 在法庭开庭审判之前，检察官与被追诉人之间通过协商达成协议，被追诉人放弃部分诉讼权利(如接受庭审的审判权)，将双方达成的协议书交给法官进行核准，而法官对案卷卷宗进行最低限度审查。

1. 检察官在辩诉交易程序中的作用与限制

相较之当事人主义的辩诉交易制度的广泛适用，职权主义国家的类似制度建立则显得相对曲折。代表国家公权力对刑事犯罪进行追诉的刑事诉讼制度使得国家意志相对于个人权利处于超然地位，检察官不能为了达成认罪协议随意降低对罪行的指控，法院作为把关的最后一道枢纽，亦有权力对协商程序进行终止。2003 年前意大利《刑事诉讼法》对认罪协商程序的适用范围规定的较为狭窄，主要局限于罚金刑或者最高宣告刑为两年以下监禁刑的刑事案件；2003 年之后认罪协商的范

① 陈超：《权利主导模式下的意大利刑事特别程序研究》，载《河南财经政法大学学报》2015 年第 3 期。

围进一步扩展到单处财产刑或并处最高宣告刑为五年以下的刑罚案件，为防止检察官权力滥用，职业犯罪等特定犯罪类型及惯犯不适用上述程序。但不可否认的是，辩诉交易程序的适用较为明显的提高了检察官办案效率，检察官在刑事诉讼程序中的作用愈加凸显。现行意大利《刑事诉讼法》规定，侦查阶段由检察官掌控，侦查人员应当服从于检察官的指令，使得检察官能够更加全面了解案件事实，增加了与被追诉人协商的砝码，进而提高协议的采纳率。关于认罪协商的时间，检察官和被追诉人在庭审之前的任一时间均可就案件进行协商，并就协商达成的协议向法官提出确认诉求。被追诉人既可以自己提出，也可以委托辩护人提出认罪协商请求，对于被追诉人提出的认罪协商请求，检察官有一种受约束的自由裁量权（la discrezionalitàvincolata）。①

相较于美国的辩诉交易制度，意大利检察官的自由裁量权受到了些许限制。一是侦查标准较以往相比并无较大改观。作为传统的大陆法系国家，受起诉职权主义的影响，任何有罪行为均应立案侦查并加以处罚，因此不能因为协商就任意降低侦查标准。二是协议的内容有所差别。美国的辩诉交易并未对交易的内容进行限制，既可以对罪名、罪数进行协商，也可以对量刑达成一致意见，而意大利的辩诉交易只能对部分犯罪行为进行协商且不能对指控的罪名、罪数进行磋商。三是虽然检察官可以拒绝认可协议的内容，但是被追诉人仍可以直接向预审法官提出确认，预审法官需要检察官说明拒绝的原因并进行审查，如果认为原因不成立则仍可按照事先协议的内容进行判决。

不同于以对抗为主导的英美法系国家法官的消极中立主义，大陆法系国家的法官在诉讼中的作用十分积极并主导着审判活动的开展。美国辩诉交易过程中法官对控辩双方达成的协议只进行形式审查，因此检察官具有成为“审前法官”的趋势。而经过改造具有本土特色的辩诉交易程序仍然具有职权主义的印记，首先，未经法院判决不得确认有罪的诉讼规则仍然贯穿刑事诉讼全过程，如果法官经过对案件审查认定有罪证据不充分或者证据之间存在冲突时，即使控辩双方达成认罪协议，法院亦有权根据现有证据作出适用刑罚的判决。其次，法官对案件进行实质审查而非形式审查，体现出法官的独立性与能动性。虽然法官会对案件进行实质审查，但是为了提高诉讼效率、节约司法资源，其审查的方式是通过公诉机关制作的卷宗进行书面审查，法官对协议的审查结果只有两种，即接受或者不接受，接受则按照协议内容进行判决，不接受则应当按照普通程序进行审判且不能对协议内

① 孙志伟：《意大利认罪协商程序及其对刑事案件速裁程序的启示》，载《河北法学》2016 年第 4 期。

容加以更改,这亦是法官中立性的体现。

2. 被追诉人权利的保障

意大利辩诉交易程序的核心是对被追诉人的权利保障。为保障被追诉人的诉讼权利,从侦查阶段开始到庭审之前,被追诉人均可与检察官一同或者单独申请认罪协商,如若检察官不同意其协议,检察官还需向法官说明不同意的正当理由。为保证被追诉人认罪的真实性,法官还可以直接讯问被追诉人,以确保其是在知晓且真实意愿之上作出的有罪供述,保障被追诉人的每一项诉讼权利均是在辩护人的帮助下得以正确运用。

(二)德国的认罪协商制度

德国认罪协商制度源于司法实践的需要。20 世纪 70 年代初,在德国就出现了一些轻微刑事案件适用认罪协商制度的先例。随着毒品犯罪等疑难复杂案件的增多,越来越多的案件适用到认罪协商制度,认罪协商制度的范围也逐渐从一些轻微刑事案件向故意杀人案件、严重暴力犯罪扩展。

1. 检察官在认罪协商中的角色和作用

根据协商主体与阶段不同,德国认罪协商适用亦存在一定差异。在认罪协商过程中,根据协商的对象不同可分为控辩协商和审辩协商,而在司法实践中多是以控辩协商为主,检察官亦主要在控辩协商中发挥作用。此种类型的协商产生于案件数量激增而检察官办案压力过大的现实背景之下,为了防止检察官成为“案件的奴隶”,2009 年德国《刑事诉讼法》新增了附条件不起诉制度,即检察官对于犯罪情节较轻,危害不大,尚未涉及公共利益的刑事案件,在获得被害人或者被害人家属以及法院同意之后,附加一些条件便可对被追诉人不起诉。如要求被追诉人向公益机构或国库缴纳一笔款额或者履行一定特定义务等。在附条件不起诉制度确立以后,被追诉人(包括辩护人)发现了可以与检察官协商的“筹码”,即考虑通过以认罪的形式,履行某种特定的义务(缴纳罚金或者其他的内容)换取检察官放弃对被追诉人轻罪的起诉,如果检察官认为此种方式也符合自己可能做出的决定,则会做出形式上不接受实质上提出类似相当的条件,最终对被追诉人做出不起诉决定。此后检察官与被追诉人之间的协商范围进一步扩大。被追诉人与检察官的认罪协商可以在检察官提起指控之前,也可在检察官提起诉讼之后法官开庭审理之前。检察官与被追诉人之间的协商主要是在检察官与辩护人之间展开,其协商的前提是被追诉人的自白认罪,检察官在协商过程中会给予被追诉人一定程度的承诺,即在审判过程中为其请求法官减轻处罚。[1] 办案经验丰富的检察官能够认识到一个冗长复杂的案件可能会使自己投入较多办案精力,加重自己的办案负担,因此会在一定程度上接受被追诉人一方提出的建议,达成了附条件不起诉的"约定"。当然检察官对协商的展开并不从属于被追诉人,检察官会综合考虑各种因素提出一个相对满意的协议,辩护人也可能做被追诉人的思想工作,综合考量认与不认的利弊关系,进而劝说其接受检察官的条件,如若被追诉人不接受,检察官则可径直提起诉讼,只不过是耗费办案时间的多少,而对被追诉人而言仍可在审判阶段提起认罪协商。

德国的检察官对于可能判处罚金或缓刑等轻刑的被追诉人,除了可以做出不起诉决定外,还可以通过一种不经审判的书面审核程序请求法院直接定罪处罚。[2] 这一规定的适用主要是应对司法实践中大量存在的轻微刑事案件,根据《德国刑事诉讼法典》第407条之规定,如果被追诉人的犯罪事实清楚,证据充分,可能判处罚金或者缓刑的轻微刑事案件,检察官可以告知被追诉人如果其接受检察官提出的处罚内容,检察官可以书面直接向法官申请作出简易处罚令。对于处罚令的内容二者可以协商,如果在一段时间内被追诉人对检察官申请的处罚令未有异议,则法官可对其直接判处罚金或者免刑而无须经过审判。当被追诉人表示认罪,检察官会把罪名从量刑较高的级别降到量刑较低的级别(如将故意杀人罪改变为故意伤害致人死亡罪),从而使被追诉人可能获得较轻的刑罚。[3]

2. 检察官在认罪答辩中的基本原则

德国的刑事诉讼制度的延伸和发展是以职权主义为蓝本,实体真实主义要求法官必须是以事实为依据,查明案件事实,作出公正裁决。因此检察官与被追诉人之间的协商应当遵循以下原则:一是量刑协商有限原则,即对于协商内容应当有所限制,罪刑法定原则以及罪责刑相适应原则要求检察官与被追诉人之间的协商只能在量刑层面,而不能对罪名和罪数进行协商。同时二者之间对量刑的协商亦不能突破法定的规则,即以应判刑罚的二分之一以下。二是实体真实主义原则。要求检察官应当在认定过程中必须以事实和证据作为量刑减让的前提,不可超越此界限的规定。三是协商公开的原则。为保障被追诉人的诉讼权利,防止司法腐败的发生,检察官与被追诉人之间的协商应当公开进行,并对协商的内容有所记录。在实

---

① 参见曾友祥、杨丽梅:《认罪认罚从宽的实践研究》,载《政法学刊》2018年第3期。

② 李昌盛:《德国刑事协商制度研究》,载《现代法学》2011年第6期。

③ 李昌盛:《德国刑事协商制度研究》,载《现代法学》2011年第6期。

践中如果法官在审查时认定,控辩双方协议的内容与被追诉人所犯罪行以及应当受到的刑事处罚不相适应,或者二者之间的协商事实与查明发现对方的事实不匹配,那么认罪协议将会失去效力。为保障被追诉人的合法权益,如果被追诉人基于自身权益作出的认罪自白被法院撤销,则其所作的有罪供述则不能在审判程序中当作认定其有罪的证据使用,这是现代刑事诉讼制度发展的内在需要,也是实现公正审判原则所必须。此外,为了强化对人权保障的重视,法院在审查以及庭审过程中应当告知被追诉人在任何时候均可为了维护自己的诉讼权利提起上诉寻求司法救济。如果检察官认为法院的判决不公,其有权以此为由提出上诉,这也是检察官的客观注意义务的体现。

三、比较法的反思与总结

(一)检察官角色的异同

域外检察官与我国检察官在产生和法律地位上存在一些差异,但是在认罪案件中均发挥了非常重要的作用,其中一些国家还发挥着主导作用。美国的检察官是集司法、行政一体具有双重属性的地方政府官员,由选民选举产生,对选民负责,大多数情况下,检察官职业是其政治生涯的一块跳板,因此办案质量的高低是认定其政绩的一个重要尺码。为保障其办理案件的成功率,检察官会积极主动地适用辩诉交易制度,通过与被追诉人展开罪名、罪数以及最大幅度的量刑协商,争取获得其有罪供述。法官只是处于中立的地位,并不对案件进行过多干预,对于认罪协议的审查也仅限于形式而非实质,整个诉讼过程由检察官进行把控。因此,从辩诉交易的会谈到协议签署,美国检察官在整个过程中不仅是程序的参与者,也是主导程序合法顺利进行的主要作用发挥者。而英国检察官负责是否接受被追诉人的认罪答辩并掌握案件的进程,对案件继续进入审判还是撤回具有决定权。在有罪答辩中需要对被追诉人的认罪进行审查并且需要考虑被害人的权利。而大陆法系的意大利的辩诉交易中检察官与被追诉人可以在审前的任意时间进行辩诉交易,并向法官提出接受控辩双方协议的请求,但是与美国的辩诉交易不同,被追诉人可以不经过检察官同意而直接要求预审法官直接进行刑罚。预审法官需要根据检察官提供的案件材料对案件进行审查,确保检察官与被追诉人的认罪协议内容以及刑罚的幅度适当。德国检察机关属于具有司法属性的行政机关,浓厚的职权主义传统使得德国的刑事协商的主导掌握在法官手中,检察官可以根据案件的不同情况作出附条件不起诉或者处罚令,被追诉人通过附条件不起诉或者处罚令的形式尽快摆脱诉累。不同于美国辩诉交易中对罪名、罪数的减轻、降格，德国处罚令显得没有那么“贪婪”，较美国的辩诉交易无限范围有所限制。同时法官的实质审查决定了其最终的决定权在法院，检察官只是处于辅助者的地位，无法在认罪协商中给予被追诉人可靠的承诺，但其在法庭上提出的量刑建议一般会得到部分接受。我国检察机关除了在一般刑事诉讼中所扮演的犯罪的国家追诉者、案件的过滤把关者、程序分流的调控者、合法权益的保障者以及司法公正的维护者这些角色之外，还在认罪认罚案件中扮演主导者的角色。① 我国检察机关是案件拟处理意见与辩方的协商者，也是案件处理的实质影响者。

（二）不足与产生的问题

1. 有效辩护有待强化

世界上大多数法治国家均是以正当程序为原则，以司法协商为后续。但是在控辩协商过程中辩护律师的有效辩护有待强化。检察机关的强势地位影响着有效辩护，以美国的辩诉交易为例，检察权在刑事诉讼过程中还具有专业化甚至是垄断化的特征，作为追诉犯罪的正义者，是代表国家（公共利益）对违反刑事法律、侵犯社会或者个人法益行为唯一具有起诉权的机关。这些外在权力的加持使得检察官在展开辩诉交易的过程中拥有强大的话语权，检察官可以就案件的罪名以及量刑与被追诉人以及辩护律师进行协商。对于被追诉人作认罪答辩的，检察官可以放弃对部分罪名、罪数指控的放弃为交换，根据手中的证据与被追诉人进行讨价还价。相比较而言，辩护律师，尤其是公职律师面对现实的问题亦影响着有效辩护，一方面强大的工作量使得公职律师的办案压力远胜于私人聘请律师，超负荷的工作强度与固定的律师费用之间不成正比；另一方面公职律师与检察官以及法官的关系密切，被追诉人对公职律师的信任感较低，这种不信任感在一定程度上影响到公职律师提出法律意见的积极性，因此辩护律师的作用究竟有多大，存有疑问。在辩诉交易中，辩护律师一方面同承办案件的检察官积极谈判协商，为被追诉人争取最大诉讼利益；另一方面又尽量说服被追诉人接受检察官提出的条件以期花费最少的时间做到诉讼效益最大化。与此相对应的德国的刑事协商制度中，协商的主体在于法官与被追诉人（主要是辩护人）一方协商，强大司法裁决权的压制下，被追诉人自白认罪的自愿性、真实性难以保障。意大利辩诉交易程序以检察官与被追诉

---

① 朱孝清：《检察机关在认罪认罚从宽制度中的地位和作用》，载《检察日报》2019 年 5 月 13 日，第 3 版。

人对认罪量刑问题形成合意为前提，然后法官对协议的内容进行审查，确保有罪的人受到公正审判。相比较英美法系的法官中立，德意辩诉交易程序中，法官均有追求客观真实的义务，在一定程度上更能更好保障被追诉人的合法权益。虽然我国的认罪认罚从宽制度中被追诉人没有委托辩护人的由值班律师为其提供法律帮助，但是在控辩力量对比明显失衡，难以有效制约控方的现有背景下，控辩双方协商，尤其是量刑协商对被追诉人具有一定的被动性、妥协性。

2. 程序公正受到质疑

美国辩诉交易中检察官对于案件的协商具有绝对的主导权，使得辩诉交易的公正性受到了质疑，从整体上看，辩诉交易的公正更加依靠于检察官个人层面对于案件的内心公正，而不是一种单纯程序上的规则，司法程序在某种程度上更加服从于个人意志的适用。因此，在辩诉交易过程中司法程序在某种意义上更像是一种“个人权利”的统治。从个体上看，检察官与被追诉人协商过程的隐秘性、主体地位不平等等原因都会导致程序的不公正，导致控辩协商变成检察官获取被追诉人口供，进而固定证据推进诉讼的工具性手段。再者如上文所述，美国是以实用主义为原则，辩诉交易的适用过多强调对个体利益的重视，而忽视了社会、大众利益的保护，使得司法公正性有所缺失。再加上律师在经济效益的驱使下可能“加入”检察官说服的阵营，对于被追诉人权利的保护处于一个“真空”状态。大陆法系中德国学者伯恩德曾提出非正式的协商正式切断了德国刑事诉讼法的命脉。检察官与被追诉人之间进行协商，法官对于案件的审理过于简单导致法官的客观公正义务、直接审理原则虚于空置，被追诉人在协商过程中作用的发挥有待深化。

（三）制度的借鉴与完善

1. 保障犯罪嫌疑人和律师的权利

英国司法制度受欧洲人权法院的影响较大，欧洲人权法院形成了一整套有关刑事司法过程中的弃权行为的评价原则。该评价原则包括：“第一是弃权行为是否以明确无误的方式表达；第二是被指控人是否享有最低限度的保障措施；第三是弃权行为是否是权利主体在合理知晓后果的情况下自愿作出。”①美国辩诉交易中律师对被告人达成辩诉交易的自愿性具有非常重要的作用，辩护律师需要履行“有效法律帮助”的宪法义务。美国辩诉交易中，被追诉人说明正当理由，经法庭同意的

---

① 裴炜：《英国认罪协商制度及对我国的启示》，载《比较法研究》2017 年第 6 期。

可以撤回有罪答辩,且先前行为中的认罪协议不得作为被追诉人的不利证据被法庭采纳。我国的认罪认罚从宽制度中,保障被追诉人认罪认罚的自愿性、真实性、合法性,律师的有效辩护至关重要。司法机关尤其是检察机关在办理认罪认罚案件时应当时刻保持谨慎,以证据裁判为指引,以实质真实主义为目标,切实履行客观公正义务,为辩护律师开展有效辩护提供必要条件。自愿性是被追诉人认罪认罚的核心,保障被追诉人是在其真实意愿下作出的有罪供述,是认罪认罚案件最低限度的公正,因此,律师的有效辩护至关重要。从目前我国司法实践来看,刑事辩护率总体偏低,和其他国家和地区相比还有较大差距,因此需要进一步完善值班律师制度,为推进认罪认罚从宽处理程序奠定基础。检察机关应当通过讯问被追诉人、听取辩护律师(值班律师)意见等方式进行审查。法院对认罪认罚的案件也应该全面审查,听取侦查机关、检察机关的意见以及讯问被追诉人,听取辩护律师的意见等。

2. 提高检察机关作出量刑建议的能力和水平

被追诉人认罪认罚的最大诱因在于能够获得较为明确的庭审预期,因此确保量刑建议与庭审结果保持对应,是认罪认罚从宽制度纵向推进的关键所在。英国修订的《认罪量刑减轻:最终指南》的核心理念就是调节刑罚轻缓幅度来影响被指控人的认罪行为,因此对于从宽幅度,需要体现出梯度化、差异化和均衡化。差异化是指类似案件中认罪和不认罪量刑有差异,要结合人身危险性考虑。均衡化是指量刑不能差异巨大,认罪与不认罪案件不能有断崖式的量刑差异,还要坚持类案不能差异太大。然而确定刑量刑是一个综合性问题,认罪认罚案件确定刑量刑的实现需要多层次、多途径、全方位的共同努力,在量刑中检察应当根据行为性质、犯罪情节、危害后果,以量刑建议为基准,按照认罪认罚的阶段划分量化区间,在此区间范围内进行控辩协商,选择一个既能体现宽大与从严相结合的量刑建议,以实现刑罚的目的。

3. 拓宽被害人救济渠道

在大陆法系国家,被害人享有一定的案件参与权,如在德国被害人可以与检察官一起成为案件的共同原告,但在美国的辩诉交易中,被害人并不参与其中,导致被害人权益保护缺位。《指导意见》第16~18条明确规定了被害方权益保障问题。被害人参与到认罪认罚案件的办理过程中,可以更好地监督认罪认罚程序以及量刑建议的达成,在过程中达成释法说理、息诉罢访的社会效果,进一步增加辩诉交易的合理性。不同于刑事和解制度,认罪认罚从宽制度的启动并不以被害人的谅解为前提，司法机关仍可以适用认罪认罚从宽制度，只不过会对从宽的幅度存在一定影响。我国认罪认罚从宽制度中需要针对被害人设计一些救济渠道，“例如允许被害人就检察机关的量刑建议申请上级人民检察院复议，或者专门针对此类事项申请上级人民法院就认罪认罚案件中的‘量刑从宽幅度’进行审查。”①

① 裴炜：《英国认罪协商制度及对我国的启示》，载《比较法研究》2017 年第 6 期。

第三章

检察机关适用认罪认罚从宽制度的理论基础

检察机关适用认罪认罚从宽制度并非无源之水，无本之木，而是具有深厚理论基础与渊源的。为厘清检察机关适用认罪认罚从宽制度的正当性、必要性与可行性，需对统摄该制度运行的具体理论予以证成。概括而言，检察官的客观公正理论是其发挥主导作用的重要原因；合作性司法理论与控审分离理论是检察机关适用认罪认罚从宽制度的指导思想与要求；程序正当理论是检察机关适用认罪认罚从宽制度所需要坚守的底线。可以说，只有辨明上述基本理论与检察机关适用认罪认罚从宽制度的关系，才能不断完善认罪认罚从宽制度体系，更加充分地发挥制度价值和功能。

一、检察官客观公正理论

（一）理论概述

1. 检察官客观公正义务的产生和发展

检察官客观公正义务是指检察官在刑事诉讼活动中，为追求公平正义，应秉持客观公正立场。以查明案件事实为己任是检察官客观公正执行职务的伦理要求和法律责任。检察官客观公正义务，是世界各国刑事诉讼法的共同要求，是不同法系普遍接受并确立的一项重要职业伦理和行为准则。

现代检察官制度起源于法国，但客观公正理论则起源于德国。关于检察官的具体职责和身份地位，存在“诉讼当事人”和“法律守护人”两派学说。持有前者观点学者认为，检察官系诉讼一方当事人，承担控诉职能，负责收集指控被告人犯罪的事实、证据。与此相对，持有后者观点的学者则认为，检察官承担控诉职能仅是其中一个方面，除此之外，还要承担客观公正审查义务，即发现事实真相，维护公平正义。既要为打击犯罪收集证明指控事实的相关证据，也要为维护被告人利益收集有利证据，此外还要在法院判决后可提出有利于被告人的抗诉。正如萨维尼所说："检察官应担当法律守护人之光荣使命，追诉犯法者，保护受压迫者，并援助一切受国家照料之人民……（在对被告的刑事程序中）检察官作为法律的守护人，负有彻头彻尾实现法律要求的职权。"[①]随后，两派之争以"法律守护人"派的观点确立告终，并在1877年制定的《德国刑事诉讼法》中予以确认。

客观公正理论在德国确立之后，纷纷被世界不同法系的国家和地区借鉴。在同样实行职权主义诉讼模式的法国，要求检察官亦应客观公正地依照事实和法律提起公诉，不能把获得有罪判决作为唯一目标，同时应根据客观查明情况，可以对被告人免予起诉或者对被告人宣告无罪。在实行当事人主义的英美法系国家里，检察官作为一方当事人也要为"寻求公正""实现公正"而努力，而非仅限于控诉职能。如在美国，虽然检察官的角色和定位不同于实行职权主义的德国、法国，但其仍应立足于实现公平正义的目标，这种义务来源于控辩实力悬殊的平衡需要。美国检察官被认为是最有权力的"律师"，他代表着最有权力的当事人——国家政权，在刑事诉讼中，拥有很大的自主性和权力。因此，检察官负有追求公正的义务，其职责本质在于通过为检察权的行使设定限制条件，以保证对抗制程序的有效运作，并通过有效对抗获得正当结果。[②]

2. 检察官客观公正义务的设定缘由

在刑事诉讼中，对检察官设定客观公正义务的背景是什么呢？同样作为刑事诉讼主体，负有打击犯罪第一线责任的侦查机关，和掌握最终裁判大权的法官为什么没有设定客观公正义务？笔者认为，这是由检察官在刑事诉讼中的身份地位、刑事诉讼模式和构造、检察官的特殊职责来决定的。具体来说，主要表现在以下三个方面：

（1）检察官的身份地位决定了检察官的客观公正义务

检察官的"法律守护人"角色确立之后，检察官客观公正理论在世界范围内通过法律形式予以确认。检察官作为国家和公共利益的代表，虽然形式上是一方当事人地位，但实质上是法律守护人的角色，这使得检察官不仅以指控犯罪为目的，同时也以维护公正为职责要求。此外，检察官作为司法官或者准司法官的身份，也决定了其负有客观公正义务。刑事司法活动都是围绕客观公正的价值目标进行，检察官基于司法官的身份，理应在具体的司法活动中保持中立、客观。综上，检察官

---

① 林钰雄：《刑事诉讼法》（上册），中国人民大学出版社2005年版，第107页。

② 参见龙宗智：《检察官客观公正义务的理据与内容》，载《人民检察》2020年第13期。

只有秉持客观公正立场，才能不偏不倚、准确执法，为精准认定事实、适用法律奠定基础，不断提高司法公信力，保持职权和义务的有机统一。

（2）控辩平衡的需要决定了检察官客观公正义务

刑事诉讼的每个环节无不体现着国家权力的运行过程。检察机关代表国家和公共利益，拥有强大的地位优势和资源优势，控辩力量处于天然的不平衡状态。具体而言，一方面，控方通过调取证据等职权行为，获取大量指控犯罪的证据材料，而大部分信息是犯罪嫌疑人、被告人所不为知晓的，即通常所说的“信息不对称”。另一方面，检察官拥有诸多法定权力，比如可以强制取得证据，有申请搜查、逮捕等侦查手段和强制措施的决定权和实施权，即常说的“资源不对称”。基于“信息不对称”与“资源不对称”，控辩双方实力悬殊。为了削弱控辩实力差距，各国采取多种措施以实现控辩平衡之目的。如在刑事诉讼制度中加大控方责任，赋予辩方多种权利。此外，对检察官设定特殊的义务，即明确检察官客观公正义务，对检察官权力行使设置限制条件，避免因一方权力过大打破诉讼平衡，进一步保障犯罪嫌疑人、被告人权利，实现平衡诉讼结构和优化资源配置的效果。

（3）起诉裁量权决定了检察官客观公正义务

世界各国普遍通过赋予检察官起诉裁量权，在检察环节来决定对案件是否提起公诉。如在英美法系国家，起诉裁量权较多体现在辩诉交易制度中。检察官和被追诉方进行辩诉交易时，检察官与被追诉方协商罪名。若被追诉方愿意以认罪的方式来换取检方降低指控罪名或者从轻量刑，双方达成一致意见，则法官采纳双方协议即可不再开庭审理。辩诉交易制度虽然在优化资源配置，提升诉讼效率方面有明显优势，同样也存在弊端：一是过于注重诉讼效率，而丧失了对公平价值的追求；二是赋予检察官过分的裁量权容易导致权力滥用。因此，设定检察官客观公正义务，可以制约起诉裁量权滥用，为检察官设置职业伦理约束防止司法腐败现象发生。

3. 检察官客观公正义务的具体内容

检察官客观公正义务的内涵和外延，学术界已展开充分的探讨，在理论预设和逻辑架构层面没有太大争议。关于其具体内容，有学者将其经典概括归纳为六个方面：客观取证义务、中立审查责任、公正判决追求、定罪救济责任、诉讼关照义务、程序维护使命。[①] 结合我国《刑事诉讼法》、《人民检察院组织法》及《检察官法》等

---

① 参见龙宗智：《检察官客观公正义务的理据与内容》，载《人民检察》2020 年第 13 期。

内容和精神要义,上述六方面的内容同样适用于我国检察机关,且相关精神贯穿于我国刑事诉讼全过程。具体表现为:一是客观全面收集开示对被告人有利和不利的证据,做到打击犯罪与保障人权结合;二是根据案件事实公正的行使起诉权、不起诉权和求刑权,确保起诉的事实经得起法律的检验;三是客观公正地行使法律监督权,不枉不纵,精准执法。综上,检察官客观公正义务使检察机关摆脱了狭隘的当事人主义视角,进而站在客观公正立场,以事实为依据,以法律为准绳,以实现司法公正的目标。

(二)认罪认罚案件中的表现:检察机关的主导作用

随着认罪认罚从宽制度的确立和实施,检察机关在认罪认罚从宽适用中的主导作用更加凸显,这种主导作用更多体现的是一种主导责任,贯穿于刑事诉讼流程,且对案件定罪处理产生实质影响。可以说,检察机关既是认罪认罚程序的启动主体,也是认罪认罚从宽制度的实施主体,更是对适用认罪认罚案件作出相关司法处置(起诉并提出量刑建议、不起诉)的决定主体。① 检察官在履职过程中秉持客观公正立场,体现在认罪认罚案件中检察官主导责任的发挥。在认罪认罚案件办理过程中,检察官站在客观公正立场履行主导责任,实现公正与效率相统一。同时检察官只有切实发挥好主导作用,才能积极全面履行客观公正义务,查明真相,避免冤假错案,确保法律监督职能的全面实现。可以说,客观公正是检察官履行主导责任所秉持的基本立场,由检察机关主导的诉讼程序和环节均以客观公正为最终追求之价值和目标。

1. 侦查阶段主导作用的体现

在刑事诉讼中,检察官承担着指控、证明犯罪的法定职责。检察官作为侦查质量的评价主体,具有保证案件质量的责任。“刑事案件要由检察机关来审查批准逮捕,捕与不捕,采取何种强制措施,检察机关要对案件的走向、证据的收集给予指引,侦查机关要按照检察机关的意见去补充侦查,收集证据、完善事实的认定,这就是通常所说的引导。”②检察官正是通过严格把守案件的事实关与法律关,将“事实清楚,证据确实、充分”的证明标准不断向前传导,使侦查活动更加合法、规范、倒逼案件质量的提高。同时检察机关通过审查认罪认罚是否出于自愿,有无因暴力、威胁、

---

① 吕天奇、贺英豪:《检察机关主导责任视野下深化认罪认罚从宽制度实施之改革路径》,载《国家治理现代化与认罪认罚从宽制度》,中国检察出版社 2020 年版,第 331 页。

② 张军:《关于检察工作的若干问题》,载《人民检察》2019 年第 13 期。

引诱非自愿认罪之情形时,实现对侦查活动合法性的依法监督。

2. 审查起诉阶段主导作用的体现

在审查起诉阶段,认罪认罚进入实质性的推进阶段,因该阶段涵盖了权利告知、程序启动、控辩协商、量刑建议等环节,因此,在这一阶段认罪认罚更具有全面性和深入性。作为认罪认罚核心内容的"量刑协商"由检察机关主导完成,并提出量刑建议。在实体审查方面,不能因犯罪嫌疑人的认罪,而怠于对客观性证据的收集,降低审查标准,更不能忽略对非法证据的排除以及证据真实性、关联性的审查。检察机关作为追诉机关,审查认罪认罚案件,既应秉持客观公正立场,严格把握认罪认罚的标准和范围,重点审查认罪的自愿性和合法性,确保认罪者系有罪之人;也应当以追究刑事责任为前提要件,正确把握案件性质、准确适用法律,精准认定罪名。一方面,检察机关通过审查案件事实、证据及犯罪情节,充分发挥自由裁量权,将一部分情节轻微且犯罪嫌疑人认罪认罚的刑事案件进行分流,纳入不起诉范畴,依法作出不起诉决定。另一方面,检察官根据案件类型对认罪认罚案件进行优化重组,繁简分流,通过速裁程序的适用,大大缩短办案期限,节约诉讼资源。

3. 审判阶段主导作用的体现

认罪认罚案件进入审判环节,因大部分案情简单,被追诉人选择适用速裁程序或者简易程序来审理案件,导致庭审大大简化,举证、质证环节被略去,法庭辩论围绕量刑问题展开。合议庭主要围绕被告认罪认罚是否出于自愿,量刑协商内容是否客观真实进行审查。检察机关作为公诉机关,承担着证明被告人认罪认罚的自愿性、认罪认罚具结书签署的程序合法性、内容真实性等责任。检察机关提起公诉时,一并提出量刑建议,而对量刑建议如何采纳,我国《刑事诉讼法》第 201 条规定,人民法院依法作出判决时,一般应当采纳人民检察院指控的罪名和量刑建议。可以说,庭审前的量刑建议很大程度上决定了案件实质性的处理结果。《刑事诉讼法》第 201 条规定,在学术界和实务界引起了争论。有学者认为,法官对认罪认罚案件失去了最终裁决者的身份,导致审判重心前移。而笔者认为,基于客观公正义务,检察官在尽力查明案件事实、审查证据的基础上,提出精准的量刑建议,正是检察机关秉持客观公正立场的内容和体现,亦是检察机关在庭审中履行主导责任的具体表现。故检察机关在审判环节通过对其提出的量刑建议进行论证说理,被法院采纳,是建立在客观公正立场上的检察主导的具体体现。

(三)客观公正义务于认罪认罚从宽案件中的重要价值

《检察官法》明确要求,检察官应秉持客观公正立场履行职责。同时,在《人民检察院组织法》和相关法律中均对检察官的客观公正立场予以明确，较为全面实现了检察官客观公正义务的法定化。“客观公正”作为检察机关履职的一项重要原则，对约束检察官的职务行为，实现公平正义的价值目标意义重大。可以说，检察官在刑事诉讼程序中的客观公正义务与认罪认罚从宽制度的价值目标相统一，为检察机关开展认罪认罚从宽工作提供了理论保障。在司法实践中，检察机关只有秉持客观公正义务，才能真正落实认罪认罚从宽制度设定的目标。从这个意义上来说，检察官秉持客观公正义务直接影响认罪认罚案件办理的效果。具体体现在以下几个方面。

1. 有利于保障认罪认罚的自愿性和真实性

检察环节充分查明犯罪嫌疑人认罪认罚是否出于自愿，具结内容是否真实与客观公正义务相一致。在侦查阶段，犯罪嫌疑人即被告知认罪认罚从宽的权利；检察机关在审查起诉阶段，应把重心放在审查犯罪嫌疑人认罪认罚是否出于自愿，认罪认罚口供是否存在暴力、威胁、引诱等违法取证的情形。一旦发现有违背犯罪嫌疑人意愿之情形，应当重新告知权利和认罪认罚的后果，对非法取证行为予以纠正，非法证据应当被排除，确保证据来源合法性、真实性和客观性。

2. 有利于充分听取辩护人和被害人意见

在审查起诉环节，检察机关依法听取犯罪嫌疑人、辩护人、被害人等各方意见与检察官客观公正义务具有契合性。一方面，检察官依法告知被告人认罪认罚从宽的各项权利和法律后果，对诉讼程序的选择权，经济困难时对法律援助的申请权，保障犯罪嫌疑人、被告人的基本诉讼权利，实现控辩平衡。另一方面，在认罪认罚具结书签署阶段，检察官需就犯罪事实、罪名和量刑意见充分听取犯罪嫌疑人、辩护人、值班律师的意见，需对辩护人和犯罪嫌疑人提出的意见应高度重视，秉持客观公正立场，查明事实真相，确保犯罪事实清楚、证据确实、充分，程序合法。检察官依法履职阶段，实质就是秉持客观公正立场查明案件事实的过程。但与此同时，检察机关也要充分听取被害方意见，将是否赔偿被害人损失并取得其谅解作为量刑情节，区分情况酌情从宽，提出适当量刑建议。对于虽然赔偿被害人但未取得其谅解的情形，要具体问题具体分析。犯罪嫌疑人积极赔偿，但仍未达到被害人预期，因被害人的诉求明显不合理导致对犯罪嫌疑人不予谅解的，不影响对其从宽处理。

3. 有利于全面审查事实证据行使好起诉裁量权

检察机关在审查起诉时应全面审查和认定证据，坚持证据裁判原则，这与客观公正义务相一致。办理认罪认罚从宽案件时，检察官应全面收集开示对被告人有利的证据和不利的证据，严格按照证据要求，全面收集、审查和认定证据。既要审查有利于追诉的证据材料，又要注意可能导致无罪的证据材料，防止有所偏废、随意取舍。检察官应当做到凡提起公诉的认罪认罚案件都应当达到“证据确实、充分”的标准。防止因认罪而降低证明标准的现象发生。即使被告人认罪，但因案件事实不清、证据不足，符合不起诉条件的，应当依法作出不起诉决定。坚决防止因审查标准不严，将不符合起诉条件但被迫认罪认罚的案件起诉到法院。

4. 有利于提出精准均衡的量刑建议

认罪认罚从宽制度要求检察机关起诉时，一并提出量刑建议，不仅要提，更要精准的提。量刑建议的提出反映了检察机关对案件情况的整体把握，不仅要对案件事实与证据认真审查，更要对案件的量刑情节全面分析，由此，为了提高确定刑量刑建议的采纳率，检察官应秉持客观公正义务全面细致审查案件。我国《刑事诉讼法》第 201 条规定，对于检察机关提出的量刑建议，法院一般应当采纳，同时《指导意见》也要求量刑建议必须精准、均衡，这就对检察机关审查案件提出了更高的要求。在对被告人量刑方面，检察官应贯彻宽严相济的刑事政策，秉持客观公正立场，全面审查案件事实，根据其所犯罪行的严重程度，结合被告人认罪认罚从宽的具体情况，参考量刑指导意见及类案的判决情况，提出确定刑量刑建议。确保罚当其罪，准确裁量刑罚，避免罪刑失衡。

5. 有利于防止司法腐败的产生

检察官公正廉洁执法与其秉持客观公正义务内涵相一致。在认罪认罚案件办理过程中，检察官的主导作用不仅体现在程序参与的地位上，而且体现在对案件实质处理的结果上。毋庸讳言，检察机关因认罪认罚从宽制度的实施，主导作用逐步凸显，权力扩张导致腐败之风险随之增大。如果不能秉持客观公正立场，检察官将可能面对金钱、权力、人情等因素围猎。只有严格恪守检察官客观公正义务，坚持法定证明标准，以事实为依据，以法律为准绳，自觉把《人民检察院办理认罪认罚案件监督管理办法》作为认罪认罚案件办理的内在要求，抵制钱权等外在因素的诱惑和干扰，才能清正廉洁执法。

二、合作性司法理论

（一）理论概述

1. 相关的理论辨析

刑事诉讼模式，又称为刑事诉讼构造，是刑事诉讼主体（公检法）职能定位及法律关系的基本构造及格局。在以往的刑事诉讼理论中，许多学者对刑事诉讼模式问题展开了深入研究并取得了进展。先后有美国帕克教授提出的“犯罪控制模式”与“正当程序模式”，美国学者费斯提出的“家庭模式”等，这些观点均从不同角度对刑事诉讼制度作出了类型化分析。[①] 纵观人类历史，从职权主义到当事人主义，强调诉辩平等对抗、审判中立裁判是传统诉讼模式的基本特征，强化庭审功能、通过诉辩对抗发现真相与推进诉讼是传统诉讼模式的运行路径。[②]

对抗式司法包含着无罪推定、程序正义等传统刑事诉讼预设，其预设国家权力与被告人相互对立。对抗式司法模式中，控辩双方相互抗衡，立场相对。检察机关为指控犯罪积极所为，被追诉方则为对抗控方指控进行辩护。对抗式司法中的控辩双方处于对立状态并具有紧张关系，这种理论奠基于国家追诉主义。犯罪行为从民事侵权中分离出来，国家建立专门追诉机关统一追诉犯罪行为，控诉机关与被告人在诉讼立场和诉讼目标上处于直接对立的地位。

随着经济社会的发展，人们的价值需求逐渐趋于多样化，刑事协商理念迅速发展。旨在强调协商、对话的合作式司法模式应运而生。传统的“对抗式司法”模式逐渐向“合作性司法”模式转变。“所谓‘合作性司法’，是指控辩双方为最大限度地获取共同的诉讼利益而放弃对抗的诉讼模式。作为一种‘最低限度的合作’，被告人自愿作出有罪供述，是控辩双方进行合作的前提和基础。”[③]在合作式司法模式中，被告人自愿认罪，控方采取轻缓追诉措施，双方在一定程度上达成了协商。该模式运行下的控辩双方由对抗转变为合作，风靡全球的诉辩交易、认罪协商等，都是合作式司法的表现形式。

2. 合作性司法理论的发展背景

在传统的对抗式司法模式下，控诉机关要投入大量司法资源，全面细致调查取证，被告人及其辩护人则尽可能利用各种手段进行防御，审判机关则要严格依照程序规定，精细化审判。然而，随着社会复杂性的提高，对抗式司法的固有缺陷逐渐凸显，其既表现在司法资源的投入产出问题，同时也表现在被告人认罪案件中诉讼程序的冗余性，此外还表现在对被害人诉讼参与缺乏重视。美国司法实践广泛运用

---

① 参见陈瑞华：《司法过程中的对抗与合作——一种新的刑事诉讼模式理论》，载《法学研究》2007年第3期。

② 参加樊崇义、何东青：《刑事诉讼模式转型下的速裁程序》，载《国家检察官学院学报》2020年第3期。

③ 陈瑞华：《司法过程中的对抗与合作——一种新的刑事诉讼模式理论》，载《法学研究》2007年第3期。

的辩诉交易制度,因控辩双方对定罪和量刑均可进行“交易”,给控方指控带来便利,在节约资源,提高办案效率方面效果显著控辩合作的趋势明显增强。同时,随着被害人主体权利保护意识的加强,在20世纪70年代,西方国家兴起了“恢复性司法运动”,从维护被害人利益的角度,致力于修复被破坏的社会关系,标志着传统的对抗模式有所弱化。无论是“协商性司法实践”的发展,还是“恢复性司法理念”的产生,均旨在强调在刑事司法中进行一定的妥协、协商来解决纠纷。因此,这种体现合作与互惠的诉讼理念可以统称为“合作性司法理念”。“合作性司法理念以合作为基本结构要素,参与的程序主体和合作形式更为广泛,刑事案件处理结果呈现轻型化和多样化。”[①]这一新理念不同于以往的对抗关系,强调以更加简约的方式来解决纠纷,从而实现程序从简。

3. 合作性司法理念司法实践中的具体表现

在我国刑事司法实践中,合作性司法理念最初可在《刑事诉讼法》中简易程序规定中找到端倪。根据法律的规定,简易程序适用的前提条件是被告人自愿认罪。因简易程序案件的庭审过程,相较于普通程序明显简化,在被告人认罪的基础上,控辩双方对抗程度也明显弱化。同样地,在我国刑事和解制度也体现了合作性司法理念,有学者将该制度定义为“私力合作模式”。[②] 我国《刑事诉讼法》将当事人和解制度作为单独一章进行规定,反映出该类案件的广泛存在及和解制度的大量实践应用。这不仅体现在轻伤害案件的办理过程中,同时也体现在未成年人犯罪、过失犯罪以及侵财类犯罪,比如盗窃罪、抢劫罪等等罪行均可适用。刑事和解制度,对于化解社会矛盾,实现办案“三个效果”的统一,促进和谐社会的构建发挥着重要的作用。此外,速裁程序试点工作在认罪认罚从宽制度试点前先期进行,对完善认罪认罚从宽制度进行了有益探索,积累了一定经验。因速裁试点工作取得良好实效,试点范围逐步扩大,并将其纳入认罪认罚从宽制度,适用范围扩大至三年有期徒刑以下刑罚的全部案件,后通过立法以制度化确立。速裁程序及认罪认罚从宽制度从法律层面上的确立,体现出多元化合作性刑事司法格局已在我国形成。

---

① 谭世贵:《论刑事诉讼模式及其中国转型》,载《法制与社会发展》2016年第3期。

② 参见陈瑞华:《刑事诉讼的私力合作模式——刑事和解在中国的兴起》,载《中国法学》2006年第5期。

(二)认罪认罚案件中的表现:控辩平等协商

1. 认罪认罚从宽制度与司法合作理念相契合

刑事诉讼法对认罪认罚从宽制度试点所总结的实践经验予以制度化。认罪认罚从宽制度强调控辩协商理念,体现了刑事案件轻缓化的趋势。该制度高度契合我国国情和司法实践需要,给控辩双方关系提出了新的要求,即从不平等的对抗转为控辩协商,以加速诉讼进程。从试点情况来看,认罪认罚从宽制度是我国的特色刑事协商机制,是我国吸收司法合作理念的典范之作,是诉讼对抗理念向诉讼合作理念转变的具体体现。因为有控辩双方的合作,缓和了对抗,在理念与程序上不同于对抗式司法,认罪协商机制反映了控辩双方的真实现状与客观需要。作为合作性司法的一种表现形式,认罪认罚从宽制度机制的构建原理也应与合作性司法的理念相一致,程序构建奠基于合作性司法的模式之上。

2. 认罪认罚从宽制度中控辩协商的具体表现

从我国《刑事诉讼法》的规定来看,实施认罪认罚从宽制度主要分为四个阶段,权利告知、程序启动、控辩协商、量刑建议。其中控辩协商是认罪认罚的核心环节,体现协商性司法的特点。具体来说,表现在以下三个方面:一是《刑事诉讼法》明确规定,犯罪嫌疑人、被告人认罪认罚的,控辩双方可以在量刑方面展开对话,依法从宽处理;二是犯罪嫌疑人、被告人在控辩协商时具有自由选择的权利,即充分保障被告人知情权和确保认罪认罚的自愿性和合法性;三是在法定量刑幅度内,检察机关有一定量刑裁量权,同犯罪嫌疑人、辩护人或者值班律师协商时存在较大的量刑妥协空间。

3. 认罪认罚从宽制度中控辩平等协商的模式

"我国刑事诉讼法确实确立了一种检察机关主导的认罪认罚程序,而这种程序也确实异于美国的辩诉交易。但是,在这一程序中,一种由检察机关与嫌疑人、被告人就量刑问题展开对话,达成妥协并产生协议的控辩协商机制已经得到确立。"①从我国《刑事诉讼法》的相关规定来看,并没有给出控辩双方在定罪标准、指控罪名和指控罪数等方面较大的协商空间和妥协空间,但检察机关和犯罪嫌疑人、辩护人可以在具结过程中,关于适用刑种与量刑幅度进行协商,检察机关综合考量多种因素提出量刑建议。其中既包含讨论和沟通的过程,也包含通过相互妥协达成协议的

---

① 陈瑞华:《论量刑协商的性质和效力》,载《中外法学》2020 年第 5 期。

过程。由此,我国确立的控辩协商模式有以下三个特点:一是充分考虑司法效率,控辩双方的合作减少了对抗所带来的时间、资金等的投入,成为司法机器高效运转的润滑剂;二是程序灵活实用,不再在庭审中斤斤计较案件细枝末节,而是注重程序的灵活性,保障被告人的自愿性,突出整个司法机器的整体运转效率;三是充分考虑综合效果,既考虑客观事实真相,也考虑被害人主张,同时还综合考虑社会效果。

(三)司法合作理念于认罪认罚从宽案件中的重要价值

1. 有利于提高诉讼效率,实现公正高效司法

公正与效率是刑事诉讼追求的两大价值目标,如何妥善的处理公正与效率之间的关系,一直以来都是两难问题。传统的对抗式司法模式强调在程序正义、庭审对抗的基础上查明案件真相,保障司法公正。而合作性司法理念则体现了控辩双方关系缓和,双方为了各自利益而进行协商妥协,控方实现提高效率、降低证明难度等效果,辩方实现从轻处罚的后果。两大诉讼模式和理念的发展融合,体现出公正和效率两大价值此消彼长的发展历程。随着社会经济发展与社会主要矛盾的变化,当今世界刑事司法的重心亦发生变化,在确保司法公正的前提下,逐渐向节约司法资源,提高诉讼效率转变。比如在认罪认罚从宽制度实施过程中,合作性司法理念得以进一步体现,控辩双方不再像传统对抗式司法模式中那样发生激烈冲突,而是通过协商走向缓和。一方面,被告人对犯罪事实供认不讳,对罪名没有异议,有利于侦查机关尽快收集客观性证据,起获犯罪工具,追缴赃款赃物,极大地提高了办案效率。另一方面,合作性司法不仅实现了量刑协商,体现实体从宽,实现了审理程序协商,体现程序从简。即在控辩协商过程中,通过对案件适用简易程序和速裁程序,并与犯罪嫌疑人达成具结,导致庭审程序大大简化。有力推动了"简案快办,繁案精办",为不同类型案件的及时有效处理提供科学依据。

2. 有利于保障当事人权利,促进社会矛盾化解

在传统的对抗式司法模式下,过于强调犯罪的社会危害性而忽略犯罪的法益侵害性,被害人作为被侵害的一方当事人,其诉求常常被忽视。作为合作性司法理念中"私力合作模式"表现的刑事和解,在认罪认罚案件中,对促进社会矛盾化解,修复社会关系发挥着重要的作用。《刑事诉讼法》明确要求检察院在适用认罪认罚从宽制度过程中,要听取被害人的意见,涉及犯罪事实、罪名及法律规定、从宽处罚等事项。根据司法解释,双方当事人可以就赔偿损失等民事侵权责任进行和解,还可以就是否同意对犯罪嫌疑人、被告人从宽处理等刑事处罚方面进行协商。可见,

听取被害人意见，对于引导被告人和被害方积极进行沟通、谅解，为被害人获得救济提供主要保障。在司法实践中，司法机关将被追诉人是否与被害人达成和解协议或者赔偿损失，是否取得对方谅解作为"认罚"的具体表现，作为对被告人量刑的重要考虑因素，充分保障了被害人的合法权益。① 可以说，合作性司法理念所包含的刑事和解要素，与认罪认罚从宽制度的价值一定程度契合，对消弭社会戾气，促进社会和谐具有重要意义。

3. 有利于优化诉讼结构，提升社会治理能力和水平

英美法系的辩诉交易制度、德意等国的认罪协商机制，反应出现代刑事司法由对抗到合作的一种趋势。刑事和解制度的发展，反映出诉讼构造的转换，而认罪认罚从宽制度正是这一转变的重要形式和载体。认罪认罚从宽制度体现的诉讼合作理念和内容，在不同程度上对诉侦关系、诉辩关系、诉审关系产生着影响。如在诉审关系中，因检察机关提出的从宽量刑建议法院一般应当采纳，进而导致诉的一方地位得到显著提升；在侦诉关系中，检方通过提前介入从而引导侦查的现象非常明显，通过对侦查活动的监督实现对证据的审前过滤；在诉辩关系中，检察机关和辩护律师从对抗走向合作，通过协商就量刑达成一致意见。综上，认罪认罚从宽制度的确立，进一步丰富了诉讼程序的类型，有利于推动刑事诉讼程序的层次化改造。此外，我国正处于新的历史时期，一部分矛盾以违法犯罪、群体性聚集，暴力抗法等形式进入刑事视域，而认罪认罚从宽制度通过合作性司法理念的引领，为进一步发挥刑事司法惩罚警示功能和教育矫治功能，确保办案"三个效果"有机统一，提供了有利的契机和可行的路径，对提升社会治理能力具有重大意义。

三、控审分离理论

（一）理论概述

1. 控审分离理论的基本内涵

在刑事诉讼法律关系中，控审关系处于核心地位。控审分离是现代刑事诉讼构造的基本形态，也是刑事诉讼程序中的基本准则。随着刑事诉讼历史的发展，控审分离理论的内涵也在不断丰富完善中。纠问式诉讼是在国家追诉原则确立后出现的一种诉讼形态，由法官一人主导刑事程序进程，无追诉者与审判者之分。因法

---

① 参见熊秋红：《比较法视野下的认罪认罚从宽制度——兼论刑事诉讼"第四范式"》，载《比较法研究》2019 年第 5 期。

官独揽追诉审判大权,自行侦查追诉权力无所节制,被告沦为纠问法官追诉活动的客体,毫无防御权可言,几乎无招架之力。①后纠问式诉讼弊端凸显,冤假错案大量产生,被弹劾式诉讼取而代之,刑事诉讼程序由此分为控诉、审判,由检察官行使控诉职能,而法官之权力被削弱为单纯之审判官。在侦查、审判分离的结构下,检察官独立于法官,"无控方起诉、则无法官之裁判",即通常所说的"不告不理"原则确立。自此,检察官作为案件审前程序的审查者,承担控诉职能,法官由主动变为中立裁判者,控审分离理论雏形已然确立。

从控审分离的内涵来看,其具有形式结构和实质内容两方面的意义。前者指控诉和审判职能应分开,分别由两个机关行使,不能集中在同一机构或者同一人身上。检察院独立于法院行使控诉职能,法院作为独立的审判机关,二者互不干涉、互不影响。而控审分离的实质内容则是在程序方面的"不告不理"以及"诉审同一"。"不告不理"要求检察官未提起公诉之事或人,审判不得启动。"诉审同一"是不告不理的必然结果,其要求检察机关起诉的犯罪事实与法院审判范围保持一致,法官不能超出起诉的范围进行审判。综上,控审分离之两方面内容相互依存,互为支撑,不可分割。

2. 控审分离的理论基础

控审分离原则作为现代刑事诉讼的基本准则,其理论基础既源于权力制衡理论。分权思想早在古希腊时期产生萌芽。亚里士多德提出了政体三要素学说。之后,洛克的《政府论》、孟德斯鸠的《论法的精神》,分别对分权论做了不同程度的阐述,丰富了权力制衡理论的内涵,其核心主张在于国家权力不能集中在一个机构或者个人身上,而应分别由不同的机构行使,通过机构之间相互分工,互相制约,从而限制权力行使,保证权力不被滥用。

此外,控审分离原则的理论基础还来源于人权保障理论,其集中体现在对被追诉人的权利保障上。在控审不分的诉讼模式下,被告人面对代表强大国家权力的集控诉和审判为一体的法官,其权利无法得到保障,诉讼利益极易受到侵害,两者处于天然不平衡的状态。为保障公民权利,必须将控诉和审判职能分离,并实现权力的相互监督和制约,确立被告人的主体地位,使其权利得到保护。

3. 我国控审分离原则的立法体现

我国控审分离的原则最初体现于1979年《刑事诉讼法》中,确立了公、检、法分

① 参见林钰雄:《刑事诉讼法》(上册),中国人民大学出版社2005年版,第42~43页。

工负责,相互制约的诉讼格局。随着《刑事诉讼法》的修改完善,控审分离原则予以继承和发展。首先,控审分离原则要求控审职能分离。这一点在《刑事诉讼法》第5条予以明确。其次,作为控审分离原则程序要求的"不告不理"同样在刑事诉讼法中有所体现。它要求人民检察院负责审查起诉,人民法院对检察机关提起公诉案件,应当决定开庭审判。法院在受理案件时,认为符合法定起诉条件的,进行立案启动诉讼程序。在审理中,法官只能就起诉书指控的犯罪事实和对象进行审理,如果发现遗漏被告人或者犯罪事实,也只能通过建议的方式向检察机关提出,而不能直接进行审理,其直接体现了无控告则无审判的原则和精神。

(二)认罪认罚案件中的表现:检察主导与审判中心并重

1. 以审判为中心的诉讼制度改革释义

《中共中央关于全面推进依法治国若干重大问题的决定》最早提出推进"以审判为中心"的诉讼制度改革。"两高三部"《关于推进以审判为中心的刑事诉讼制度改革的意见》对以审判为中心的诉讼制度改革进一步作出明确要求。如何准确把握以审判为中心的诉讼制度改革要义,笔者认为,应注意以下几点:一是以审判为中心并非强调以法院这一机构为中心,而是指以审判职能为中心,原因在于只有审判才能决定刑事诉讼的结局;二是证据裁判原则决定了证据是诉讼的核心,因当庭出示的证据才能作为裁判的依据,故以审判为中心归根结底是以证据为中心;三是以审判为中心不是法院一家的事,审判程序为控辩各方搭建了一个平台,控辩审三方是主角,只有各方均履行好各自职责,法院才能做出公正的裁判;四是以审判为中心并未降低对侦查、起诉收集证据和指控犯罪的标准,如果不能以充分的事实和证据支撑起诉的事实,就可能面临"败诉"的风险。

2. 认罪认罚与庭审实质化的关系

刑事诉讼以审判为中心,而审判应当以庭审为重点。"庭审实质化"要求诉讼证据出示在法庭、案件事实查明在法庭、诉辩意见发表在法庭、裁判结果形成在法庭,确保庭审在公正裁判中发挥决定性的作用。庭审实质化的提出主要针对原先刑事诉讼中的以侦查为中心的现象,故不能绝对机械化地认为全部案件都应在庭审过程中举证质证、查明事实。科学、客观的理解"庭审实质化"要求结合诉讼的现实情况与制度安排认识"庭审实质化",其中重要的就是结合认罪认罚从宽制度来重新定义"庭审实质化"。对刑事诉讼案件按照是否认罪认罚进行区分,对认罪认罚案件采用认罪认罚从宽程序,对不认罪案件特别是疑难、复杂案件作为典型进行实质庭审。在不同的审理程序中区分层次，简繁分流，集中力量办理疑难、复杂案件，实现“繁案精审、简案快办”，真正将“庭审实质化”的价值和功能在刑事诉讼程序中予以体现。

3. 检察主导与审判中心并重

随着认罪认罚从宽制度正式实施，检察机关的刑事诉讼主导地位开始从审前阶段扩展到审判阶段。“承认认罪认罚案件应遵循以审判为中心并不否认检察机关的主导责任。相反，对于一般案件而言，检察机关的主导责任在此类案件中更加凸显。”①这种主导地位不仅体现在检察机关主导程序选择，还体现在检察机关主导认罪协商过程、主导量刑建议的提出等，通过发挥主要作用，影响案件结果与审判模式。在办案过程中，检察机关通过发挥主导作用，不仅指控犯罪事实，还要提出量刑建议，庭审环节予以简化，法庭审判可能由几十分钟缩短至几分钟，那么，检察机关诉前主导作用是否导致刑事诉讼中心发生转移？检察主导和审判中心是否存在冲突？对此学术界和实务界对此展开了“主导”和“中心”的争论。笔者认为，检察主导和审判中心并不矛盾，某种程度上来说，二者是一体两翼的关系。

首先，检察主导和审判中心两者的最终目标一致。检察主导是检察机关为有力推进制度落实对自身的定位，是基于以审判为中心的诉讼制度改革之下的检察定位。以审判为中心是刑事诉讼结构发展的客观需求，两者各有作用，既不可或缺，又不可代替。检察机关在认罪认罚从宽案件中进行定罪和量刑的判断仍与审判的标准一致，案件的事实、证据标准需要与审判的要求对接，案件的定罪和量刑仍需要接受审判的检验和确认。两者目的都是实现司法公正，使人民群众在每个案件中都感受到公平正义。

其次，检察主导和审判中心两者相互作用。一方面，以审判为中心要求裁判结果形成在法庭，检察机关为了保证指控的案件事实符合审判要求，提出的量刑建议被法庭采纳，必须以更高标准和更严要求履行主导责任，并保障量刑建议的合意性与准确性。如果量刑建议明显不当，法院将直接不予采纳。另一方面，检察主导直接作用于审判中心，通过提出量刑建议，对审判产生了实质影响力，为更好地发挥审判中心作用奠定基础。

最后，检察主导和审判中心相辅相成。一方面，检察机关发挥主导作用与审判发挥“中心”作用并行不悖。《刑事诉讼法》第 190 条规定，在法庭审理阶段，审判长

---

① 汪海燕：《认罪认罚从宽制度中的检察机关主导责任》，载《中国刑事法杂志》2019 年第 6 期。

具有查明被告人认罪认罚自愿性和认罪认罚具结书内容的真实性、合法性的职责。因认罪认罚案件在开庭审理前，检察机关对案件事实、证据和量刑情节均进行了全面细致的审查，并在起诉时一并提出了量刑建议，庭审将围绕被告人认罪认罚是否自愿、具结内容是否真实有效，重点展开调查核实，庭审履行上述职责的过程正是以审判为中心的体现。另一方面，检察主导与审判中心互相作用。检察机关主导作用发挥的越充分，审判效率越高，越能体现以审判为中心的价值和功能。

（三）控审分离原则于认罪认罚从宽案件中的重要价值

1. 有利于保障权利，实现控辩平衡

在认罪认罚案件中，控审分离原则在保障被告人权利，实现控辩平等协商方面的价值得以充分体现。检察机关既要审查犯罪嫌疑人的供述是否客观、真实，有无刑讯逼供等违法取证行为，又要充分告知犯罪嫌疑人认罪认罚的相关权利和后果，保障认罪认罚自愿合法。同样地，在认罪认罚具结过程中，即量刑协商环节，检察机关要充分听取犯罪嫌疑人或者辩护人的意见，并在律师见证下签署认罪认罚具结书，辩方的地位有所提高。而到了审判阶段，法官居于中立裁判地位，庭审重点围绕量刑情节及幅度展开辩论。这充分说明在控审分离原则下，审判机关作为中立的裁判机关，认罪认罚案件即使检察机关主导，审判环节仍然是诉讼活动的中心。审判法官仍是最终的裁决者。控审分离原则通过确立控辩审三方结构，削弱控辩实力差距，从不同角度、多个环节保障了被追诉者的权利。

2. 有利于控辩相互制约，实现公正司法

司法的终极目标就是实现公平正义，司法公正正是控审分离原则所不懈追求的目标。诉讼公正价值体现于程序正义理论，而程序正义的前提同样是控审分离，通过控审分离以相互制衡，进而实现程序正义之目的。在认罪认罚案件中，控审之间具有相互制约关系，对于保障案件公正处理具有重要作用。第一，检察机关将查明的案件事实与被追诉方达成认罪认罚具结协议，提出精准的量刑建议，限定了法院审理的范围，一定程度上对案件的处理结果产生了实质影响。第二，而在审判阶段，法官既审查被追诉人认罪的自愿性、真实性及明智性，被告人是否在明知认罪认罚带来的后果情况下，作出的真实意思表示；又对量刑建议综合案件事实、情节进行审查，刑罚选择是否符合罪行法定和罪责刑相适应原则，从宽量刑幅度是否符合法律规定。综上，检察机关和法院通过各自行使职能，在相互制约，相互作用下实现司法公正的最终目标。

3. 有利于繁简分流，节约司法资源

在现代刑事诉讼中，检察机关与法院通过控审职能的相互作用，体现控审分离原则的价值，认罪认罚从宽制度对此有所体现。认罪认罚从宽可以将大量简单的刑事诉讼案件进行分流，在审前由检察机关与被告人进行非对抗式的协商，选择不同程序处理，繁简分流、难易分流，将时间与精力聚集至实质化庭审，通过认罪认罚案件办理模式，构建起多层次的诉讼体系，实现节约司法资源，提高诉讼效率的目的。

认罪认罚从宽制度对实现“简案快审、繁案精审”提供了具体方案。通过选择适用适当的审理程序，规范完善不同程序之间的转化衔接，努力以较小成本取得较好的法律效果。① 审前分流的主要目标是控制进入审判程序的案件总量，“在程序上，犯罪嫌疑人、被告人是否自愿认罪将作为程序分流的实质要件，决定案件的走向及适用什么样的程序。”②其中既包括审查起诉与不诉的分流，还包括审判程序的繁简分流。前者的依据是起诉裁量权，检察机关在审查起诉阶段，通过行使不起诉裁量权，做出不起诉的决定来终结案件诉讼进程，有效减轻法院压力。后者则是根据具体案情及被告人的认罪态度来选择案件审理程序，实现有效分流，保障审判权高效运转。

四、程序正义理论

（一）理论概述

1. 程序正义理论的缘起与发展

正义在司法领域中被视为人类始终追求的崇高理想和价值。早在 13 世纪的英国，程序正义被描述为“自然正义”原则，其规定任何人未经合法审判，不得对其进行非法逮捕或监禁。自然正义原则在《大宪章》中以法条形式确立，对王权构成有效限制，随后在美国，程序正义被描述为正当程序原则，并在宪法修正案与司法实践中予以确立。从程序正义理念发展的历程来看，其作为保障性措施，被广泛用于平衡控辩双方实力差，保障当事人权利，从而实现司法公正的最终目标。近年来，随着人权保障的呼声越来越高，程序正义理念同样被国际性法律文件接受，获得了国际社会普遍认可，成为各缔约国不可抗拒的法律责任。

---

① 参见孙道萃：《认罪认罚从宽制度研究》，中国政法大学出版社 2020 年版，第 38 页。

② 吴宏耀：《论认罪认罚从宽制度》，载《人民检察》2017 年第 5 期。

2. 程序正义的独立价值

司法作为解决社会纠纷的手段和平台，其最高目标就是公平正义，而程序正义与实体正义共同构成了刑事诉讼活动追求的价值目标。相对于重视裁判结果的实体公正而言，程序正义具有其独立价值和意义。这一点，罗尔斯在其所著的《正义论》中对程序正义进行了类型化分析，后对法学领域产生了巨大影响，引起学者对程序正义广泛关注。如有学者指出："他的理论对于人们的深刻启示在于，在对一种至少会使一部分人的权益受到有利或不利影响的活动或决定作出评价时，不能仅仅关注其结果的正当性，而且要看这种结果的形成过程或者结果据以形成的程序本身是否符合一些客观的正当性、合理性标准。"①在法学领域，关于程序正义的探讨经历了程序本位主义和程序工具主义之争。两者主要是围绕法律程序独立价值进行探讨，但从程序正义理论本源来看，"正义不仅应得到实现，而且要以人们看得见的方式加以实现"，这句广泛流传的格言不仅揭示了程序正义具有保障实体正义的功能和意义，同时也揭示出其本身具有独立价值，其能够保障人的尊严和人格，让人们成为自己命运的决定者。

3. 程序正义理论的实践表现

自 20 世纪末以来，随着我国法律制度的进步和司法改革的推进，程序正义理念在《刑事诉讼法》的修改和完善中予以体现。通过在诉讼环节中对被告人获得律师帮助权的加强，赋予被告人庭外调查及参与死刑复核程序的相关权利，不断增强对犯罪嫌疑人、被告人的权利保障。"对于一审法院违反法律规定的诉讼程序，可能影响'公正审判'的，二审法院可以作出撤销原判、发回重审的裁定。这使法院违反程序正义的审判行为，可能承受被宣告审判无效的法律后果，即受到相关的程序性制裁。"②同时，检察机关作为法律监督机关，在庭审期间，发现违反法定程序情形，通过庭后提出纠正意见的形式进行审判监督，对一审判决确有错误影响定罪量刑的情形依法提出抗诉，亦属于通过监督办案保障程序正义的具体体现。综上，程序正义理念的设定，有利于保障当事人权利，发现实体真实，确保公平正义目标的实现。

（二）程序正义理念于认罪认罚案件中的表现：办案和监督目标并重

认罪认罚从宽制度的产生和发展，对传统的以审判为中心的程序构造和模式

---

① 陈瑞华：《程序正义论——从刑事审判角度的分析》，载《中外法学》1997 年第 2 期。

② 陈瑞华：《论协商性的程序正义》，载《比较法研究》2021 年第 1 期。

产生了一定的冲击,但从两者最终的诉讼目标来看,具有高度契合性。从办案程序来看,被追诉人通过认罪,与控方达成协商,获取较轻刑罚的诉讼过程,既体现实体从宽,又体现程序从简。但认罪认罚案件办理程序,仍建立在"以审判为中心"的格局之上,以保障当事人权利为核心,体现出程序正义理念。检察机关为充分履行法律监督职能,保障认罪认罚案件协商性之程序正义,应准确理解和把握监督与办案的关系。

1. 监督与办案的关系

检察机关不仅是司法办案机关,更是行使监督职能的法律监督机关。"在办案中监督、在监督中办案"的检察理念反映了新时代检察职能拓展的基本遵循,监督与办案内在统一于检察职能。随着认罪认罚从宽制度推进,检察机关在刑事司法中主导作用的发挥,需要办案与监督进行融合,以此充分体现新时代检察机关的职能。在办案中监督,要求以法律监督为本位和目标开展工作,克服片面办案,孤立办案等错误倾向。另外,检察机关通过一系列监督活动保障案件的正常办理、法律目标的有效实现。同时,在监督中办案,意味着以办案为手段实施法律监督,在法律监督中注重办案,通过办案彰显法律监督实效。

2. 发挥法律监督职能的目的

检察机关不仅通过办案发挥其主导作用,更要在办案中秉持客观公正立场,以法律监督手段确保认罪认罚从宽案件办理的程序正当性。具体表现在:一是要充分发挥法律监督职能,确保犯罪嫌疑人认罪认罚的自愿性、合法性及有效性。我国《刑事诉讼法》和《指导意见》均规定了被告人权利告知、律师帮助等预防性措施,并且要求检察机关和法院先后对认罪认罚的自愿性、明智性、真实性、合法性等进行认真审查。此外,还专门设计了程序转换机制,允许被追诉人认罪认罚后反悔。① 检察机关还要审查犯罪嫌疑人是否受到刑讯逼供,对认罪认罚是否了解,权利告知是否履行充分。在审查起诉阶段,应充分听取其意见,确保认罪认罚的自愿性和真实性。一旦发现在侦查阶段有违法取证情况,检察机关应及时排除非法证据,保障当事人合法权利。二是要充分发挥法律监督职能,保障量刑协商的正当性。作为认罪认罚阶段重要环节,控辩协商正当性主要体现在,被追诉人在明知、明智的状态下对指控犯罪事实和罪名的承认,对检察机关量刑建议的同意以及对案件适用程序的自主选择等,为保障上述权利的实现,检察机关应充分履行监督职能,确保程

---

① 参见孙长永:《认罪认罚从宽制度实施中的五个矛盾及其化解》,载《政治与法律》2021 年第 1 期。

序正当。此外,我国《刑事诉讼法》及《指导意见》明确规定了充分听取双方当事人、辩护人、值班律师、代理人等意见,规定律师见证权,并要求检察机关对量刑建议进行充分说理。三是要充分发挥法律监督职能,确保案件办理效果。在认罪认罚从宽案件办理中,检察机关告知程序选择权后,均应听取犯罪嫌疑人、被告人的相关意见。一旦适用速裁程序和简易程序审理,法庭辩论将围绕具有争议的事实或者量刑展开,这与传统的对抗式庭审模式显然具有差异,但仍然要受到以审判为中心的程序约束,法庭必然要对被告人认罪认罚自愿性及合法性进行审查,检察机关在庭审中不仅履行出庭公诉的职责,还要履行法律监督职责,对于庭审中违反法定程序的,依法提出监督意见,而对于裁判违反法律规定程序,不采纳量刑建议的,可以依法提出抗诉,通过监督手段对认罪认罚案件办理程序检视制约。

(三)程序正义理念于认罪认罚从宽案件中的重要价值

在认罪认罚案件中,通过权力和权利相互作用,实现对权利的保障和权力的监督。因此,其意义和价值主要有以下表现:

1. 有利于保障被告人权利

一是通过证据开示确保犯罪嫌疑人、被告人对证据的知悉权。我国刑事诉讼法赋予公诉机关相对于被追诉人绝对优势地位,控辩双方力量的悬殊体现在诸多方面,如强制措施的适用,案件信息的获取方面等。而认罪认罚从宽制度的适用,应充分保障被追诉人对相关信息的知悉,据此才能保证其理性地作出认罪认罚的决定。为了保障犯罪嫌疑人、被告人对证据的知悉权,《指导意见》要求,人民检察院可以针对案件具体情况,探索证据开示制度。通过证据的开示,让犯罪嫌疑人和辩护人对指控的事实和证据有了全面把握,在获取信息方面更大限度地保障控辩平衡,实现实体正义。

二是依法告知权利,保障犯罪嫌疑人选择权。认罪认罚程序正义价值要求被追诉者在选择适用程序时,必须出自真实的意愿,而作出决定后,还可随时有程序反悔的机会。司法机关对于被追诉者的自愿选择和程序反悔,都应给予高度尊重。我国《刑事诉讼法》对认罪认罚权利告知作出了明确的规定,要求侦查机关、检察机关在侦查阶段和审查起诉阶段充分告知认罪认罚的内涵及可能导致的后果,同时要求在审判阶段,审判法官对认罪认罚自愿性合法性进行充分审查,确保权利知悉。同时因犯罪嫌疑人思想观念发生变化,需要撤回认罪认罚具结内容的,赋予其相关权利,法院不能因其撤回认罪认罚而对其从重处罚,来消除被追诉人选择撤回行为的后顾之忧。

三是法律帮助,保障律师有效参与。辩护权作为被告人受到强大控方追诉的防御权,是犯罪嫌疑人、被告人所享有的“不可克减”的一项基本权利。因犯罪嫌疑人、被告人在证据获取、承诺后果等方面具有天然的劣势,对实体等方面利益进行权衡时,无法准确作出最有利于自己的选择和判断,而此时法律援助自然成为认罪认罚从宽制度程序正当化的一项重要保障。实现对被告人辩护权利的保障,一方面,为其提供法律咨询,实现对案件法律后果充分的知悉权;另一方面,辩护人通过审查事实和证据、量刑情节,权衡利弊,引导其认罪认罚,实现双赢、多赢、共赢的效果。

2. 有利于规范程序运作

一是规范量刑程序,保障量刑精准客观。检察机关对认罪认罚案件提出量刑建议,其本质上是“求刑权”的具体体现,这种获得法律授权的“量刑建议”是控辩协商的重要组成部分。在对事实和证据没有异议的基础上,独立的量刑程序自然成为诉辩双方争议的焦点。在我国刑事司法实践中,量刑建议早于认罪认罚从宽制度之前,一般在刑罚较轻的案件中以幅度刑的形式提出,“建议”流于形式,效果并不理想。而随着认罪认罚从宽制度试点以来,效果显著。两年的试点为量刑建议提供了可行的方案。认罪认罚从宽制度确立以后,对于一般案件要求应当提出精准的量刑建议,同时要求提出量刑建议时应当说明理由和依据,加强说理性。因此,检察机关为了全面提高案件办理质效,应当尽快细化常见罪名的量刑指导意见,统一裁量基准,强化量刑说理,不仅让被追诉人尽快对自己罪行所判刑罚有了确定的心理预期,尽快的自愿的签署具结;同时让法院对量刑建议予以认可,采纳量刑建议,最终实现诉判同一。真正起到有效的减少上诉率,节约司法资源效果,实现公正与效率的有机统一。

二是以审判为中心,保障裁判形成在法庭。在认罪认罚案件审判过程中,虽然庭审程序简化,但无罪推定原则仍应得以贯彻和遵循。随着庭审程序的简化,重心也会随之发生转移,但最终裁决仍然坚持事实为依据,以法律为准绳的标准。被告人在庭审中享有程序反悔权利,如果按照普通程序审理,被告人仍可以就实体问题、定罪、量刑等问题发表意见,提出异议。审判环节仍然是诉讼的中心环节,作为保障刑事诉讼底线正义的必要环节,被告人的最后陈述不可或缺,体现了最后给予被告人补充陈述的机会,在程序上保障了被告人权利,实体上保障公平正义。

三是保留被告人上诉权利,保障二审程序。被告人是否享有不受约束的上诉权,虽然在学术界有限制说和全面保留说等不同的声音,但综合考虑多种因素,《刑事诉讼法》仍然予以保留,未做任何限制。即在认罪认罚案件中,被告人享有完整的上诉权,主要基于以下理由:一是受传统刑事司法观念的影响,我国各级法院始终把实现司法公正作为最高的职责,尤其是要尽力避免冤假错案的产生。如果某个认罪认罚案件由于某些原因造成事实认定错误,那么被剥夺了上诉权的被告人将无法通过上诉途径实现事后救济。二是在改革过程中,不能一味追求效率,被告人上诉并不会必然导致二审法院的审判压力增大,相反剥夺被告人上诉权可能会以牺牲公正为代价。三是从试点经验来看,对于被告人在判决前享有反悔权并没有太多争议,那么上诉权作为表达反悔的一种方式,理应也不应被剥夺,对上诉权的剥夺实质上是对被告人反悔权的剥夺。综上,通过对被告人上诉权的保障,实现对认罪认罚事实、证据的双重把关,对被告人认罪认罚自愿性和合法性的双重审查,有力确保认罪认罚案件程序正义的实现。

第四章

检察机关适用认罪认罚从宽制度之控辩关系

2018年《刑事诉讼法》较为系统地规定了认罪认罚从宽制度，这显著改变了我国的控辩关系，使其从对抗走向协商，控辩协商机制得以确立。毋庸置疑，协商机制的运行以控辩平等为基础。控辩平等的实现不仅需要控辩双方信息资源的对称、被追诉方的主体地位有所保障，还需要法官与控辩双方具有同等距离。遗憾的是，囿于各种因素的限制，司法实践中控辩失衡的样态较为普遍的存在。那么，控辩失衡的具体表现为何，形成原因为何都是本章所欲解决的问题。唯有如此，才能为复归控辩平衡的应然样态提供可行的完善路径，以保障控辩协商程序的顺畅运行。

一、认罪认罚案件中控辩平衡的应然图景

（一）控辩双方的信息资源对称

1. 信息资源对称的范围

自愿性是被追诉人认罪认罚的首要要素。从文义理解，自愿是尊重自己内心意愿不受强迫的行事。《指导意见》明确规定检察机关对认罪认罚自愿性、合法性的审查义务，并列举了六个方面作为判断标准。据此，有学者认为，“自愿性建立在知情与明智的基础上”。[①] 有学者认为，自愿性包括“认识的明知性、评估的理智性和选择的自由性”。[②] 还有学者认为，自愿性是指“被追诉人有关认罪认罚的意思表示是自由、自愿作出的”。[③] 上述观点具有一定的趋同性，均认同意志自由是自愿性的必要要素。笔者同意上述观点，同时认为，厘清自愿性的司法逻辑与推进意志自

---

① 汪海燕：《被追诉认罪认罚的撤回》，载《法学研究》2020年第5期。

② 参见谢登科、周海东：《被告人认罪认罚自愿性及其实现机制》，载《法学研究》2018年第4期。

③ 董林涛：《论认罪认罚程序中的被追诉人同意》，载《法学杂志》2020年第9期。

由的保障，首先应当保证意思表达的正确性，换言之即被追诉人对其表达是否正确具有判断力。具体到认罪认罚中，根据《指导意见》第 27 条的规定，检察机关需要听取被追诉人关于事实证据、定罪量刑、程序选择等意见。[①] 据此，判断能力包含六个方面：一是知悉事实、证据；二是准确判断罪名；三是理解法律适用；四是明晰量刑情节；五是合理选择程序；六是明知认罪认罚的性质和后果。严格来讲可以分为两个部分：其一是事实、证据的认识部分；其二是法律的专业判断部分。

传统的刑事诉讼制度建立在"对抗式"的基础上，控方往往利用事实、证据、法律适用等信息资源优势，处于强势地位，迫使被追诉人屈从性认罪服判。认罪认罚从宽制度虽然改变了以往的"对抗"模式，走向"协商"，但基于当前我国法律并未赋予被追诉人阅卷权，被追诉人的知情权仍难以得到保证；同时值班律师辩护的形式化，也进一步加剧了控辩失衡的现状。被追诉人基于从轻获判的利益驱动，可能在不能正确判断认罪认罚的性质和后果的情况下，基于趋利避害的本能，选择同控方达成认罪认罚具结，从而客观上影响了认罪认罚的自愿性。作为控辩协商的"中国方案"，显然不应违背协商性司法的本质。落实认罪认罚从宽制度就必然要在事实、证据和法律专业判断两个部分达到信息资源对称，实现控辩平衡。

2. 信息资源对称的具体内容

（1）事实、证据的信息资源对称

事实、证据的知情权是认罪认罚的真实性及自愿性的前设条件：其一，被追诉人理性评估认罪认罚后果的基础；其二，有助于正确判断行为性质和法律适用；其三，为协商认定量刑情节提供依据；其四，能够进行充分、有效的辩护；其五，督促检察机关正确履职，从而获得公正的程序处理和诉讼结果。

被追诉人获悉事实、证据，主要通过以下三个途径：一是检察机关权利义务告知，被追诉人一般可以获悉案件基本信息；二是辩护人核实证据，会见被追诉人核实证据时，辩护人可能将阅卷获取的证据信息告知被追诉人；三是检察机关进行证据开示，检察机关可以将认定事实的部分证据材料出示给被追诉人并予以解释。但上述法律规定均较为模糊，如证据开示制度也仅以"可以""探索"作出原则性规定，具体证据开示的内容、程度均未有明确要求，实践中难免引发争议，从而导致证据

---

① 参见《指导意见》第 27 条规定："犯罪嫌疑人认罪认罚的，人民检察院应当就下列事项听取犯罪嫌疑人、辩护人或者值班律师的意见，记录在案并附卷：（一）涉嫌的犯罪事实、罪名及适用的法律规定；（二）从轻、减轻或者免除处罚等从宽处罚的建议；（三）认罪认罚后案件审理适用的程序；（四）其他需要听取意见的情形。"

开示制度有“名存实亡”之虑。而辩护人能否向被追诉人传递证据信息也存在争议,特别是在共同犯罪中,其行为往往有帮助“串供”之嫌,因此操作中也往往较为谨慎,从而导致被追诉人难以通过检察机关乃至辩护人获取足够的事实、证据,难以为其认罪认罚的自主选择提供保障。

实现事实、证据信息资源对称的应然图景,理应是被追诉人具备阅卷权,能够直接获悉事实、证据。从比较法来看,无论英美法系还是大陆法系国家,阅卷权均是被追诉人辩护权的权利。我国有学者也认为阅卷权是被告人作为当事人的权利。[①]但是阅卷权在我国并未以任何司法文件的方式予以规定,现行刑事诉讼法律法规反而对被追诉人庭前的证据获悉有所限制。笔者认为,被追诉人具备阅卷权是司法发展的方向,目前可以在现有法律框架下,对辩护人的证据核实权和检察机关的证据开示制度进行扩大解释,保证被追诉人能够通过检察机关或者辩护人充分获悉事实、证据,保证其证据先悉权,变向实现“阅卷”的结果,从而实现控辩事实、证据资源平衡。

(2)法律判断的信息资源对称

事实证据、定罪量刑、程序选择等,是认罪认罚从宽制度中法律判断的一般内容。实现控辩平衡,就意味着被追诉人不仅需要知情控方的决定,也要知情控方作出决定的依据。但我国的刑事诉讼法律法规以及《指导意见》均只规定了检察机关的权利告知义务,并未对检察机关告知被追诉人作出上述相关法律判断进行强制性义务规定。从而导致司法实践中,个别检察官单方决定通知被追诉人及辩护人后,被追诉人只能选择接受控方意见,否则不予适用认罪认罚从宽,严重背离控辩协商的制度设计。

法律判断资源对称的应然图景,应当包括以下几个方面:其一,检察机关告知被追诉人认定其构成犯罪的事实、证据、法律依据与理由;其二,检察机关告知被追诉人认定其罪名、法律适用、量刑建议、适用程序的论证过程;其三,检察机关对被追诉人提出的异议充分解答;其四,为监督检察机关的意见提供足够的法律援助;其五,被追诉人的异议能够被依法采纳。简言之,达成具结,被追诉人认同检察机关的定罪量刑不仅能知其然,还能知其所以然,并能进行有效防御。

---

① 参见陈瑞华:《论被告人的阅卷权》,载《当代法学》2013 年第 3 期;杨波:《被追诉人阅卷权探究——以阅卷权权属为基点的展开》,载《当代法学》2012 年第 1 期;韩旭:《刑事诉讼中被追诉人及其家属证据知悉权研究》,载《现代法学》2009 年第 5 期。

(二)被追诉方具有诉讼主体地位

1. 控辩协商的必然要求

传统刑事诉讼,是对抗性的诉讼模式,注重被追诉人对诉讼过程的实质参与,通过对控方事实、证据、法律适用的知晓与辩护,充分保障自己的合法权益。但是,在认罪认罚从宽制度中,控方指控的事实、罪名均不属于控辩协商的范围,控辩双方实质仅对量刑协商。换言之,被追诉人同意认罪认罚具结,就势必放弃自己对事实和定罪的抗辩权。而从刑事诉讼本身的构造来看,控方依托国家资源在诉讼中处于主动、强势的地位,容易对被追诉人形成压制,被追诉人往往不具有充分表达自己意愿的空间,而是屈从控方的认定和指控。

由此,如何保障控方在放弃定罪抗辩权的同时,还能保证最终实现司法公正,就必须保障被追诉人不仅在形式上同意控方的指控,并且在实质上同意认罪认罚的作出是真实的自愿选择。简言之,被追诉人对认罪认罚的选择应当是意志自由、选择自由、放弃自由的综合体现。一方面,控方必须为被追诉人自愿选择尽到诉讼关照义务。① 另一方面,被追诉人在控辩协商的过程中,能够以"协商者"的身份交换意见,充分参与控方指控和量刑产生的过程,最终自主选择认罪认罚和诉讼程序。"协商者"的定位,就必然要求赋予被追诉人诉讼主体地位,如此才能在具结前与控方真正进行充分协商,实现认罪认罚的自愿性、真实性、合法性。

2. 被追诉人主体地位的应然图景

(1)被追诉人人格得到尊重。尊重和保障人权是我国《刑事诉讼法》的基本原则,理应贯穿控方主导认罪认罚从宽。首先,转变司法理念,改变以往对抗性思维,从对抗走向协商,对被追诉人从审问改为说服。其次,平和履行职务。充分认识到认罪认罚是被追诉人权利而非义务,把理性、平和的工作理念贯穿到认罪认罚的每一项工作中。最后,强化诉讼关照义务。在权利义务告知、充分听取意见、提供法理帮助、具结协商等各个认罪认罚的环节均做到文明规范,营造较为舒缓的协商环境,确保具结的合法性与真实性。

(2)控辩平等协商。认罪认罚的基础是控辩双方达成合意,且合意是被追诉人自愿达成的真实意思表达。在认罪认罚的过程中,基于现有刑事诉讼的规定,被追诉人能够通过同意或拒绝的方式实现对认罪认罚的选择,乃至影响诉讼进程,体现

---

① 参见《人民检察院刑事诉讼规则》第 267 条规定:"人民检察院办理犯罪嫌疑人认罪认罚案件,应当保障犯罪嫌疑人获得有效法律帮助,确保其了解认罪认罚的性质和法律后果,自愿认罪认罚。"

了趋于平等的控辩关系。就其权利而言，主要包括程序的选择权和实际结果的处分权。被追诉人认罪认罚实际意味着对事实和定罪的抗辩权，实际结果的处分权一般通过量刑减让的方式得以体现。量刑情节是否全面乃至穷尽，客观上决定了量刑减让的准确性，对此需要健全被追诉人对量刑情节的异议权，既要求被追诉人有权对检方量刑提出异议，又要求控方收集、整合案件之外更为广泛的量刑要素，包括被追诉人的文化程度、性格特征、成长经历、犯罪动机等，丰富乃至穷尽量刑素材，实现量刑的精准化。

(3)赋予被追诉人认罪认罚撤回权。在协商性司法程序中，被追诉人基于对话、协商和妥协而获得了诉讼主体的资格。[①] 通过必要的诉讼让步，被追诉人换取了实体利益的最大化。基于趋利避害的本能，受困于司法素养，不排除被追诉人可能违背意愿签署认罪认罚具结的可能。或者出现了事实、证据的变更，被追诉人需要重新达成认罪认罚具结。这就需要被追诉人既有自主选择认罪认罚从宽的权利，也能进行必要的反悔，且这种反悔不应承担法律的负面评价。有学者认为，任何法律价值都可以转为一种权利。而"权利作为获得某种利益的资格，都是可以放弃的"。[②] 笔者同意该观点，只有权利可以自主选择放弃，才能避免权利变成义务，才能确认认罪认罚是被追诉人对诉讼权利的处置。也只有赋予被追诉人可以放弃权利的权利，才能真正实现被追诉人自主、自愿选择进行认罪认罚具结。

(三)控、辩方与法官的距离相等

1. 司法改革的必然要求

(1)顺应以审判为中心的刑事诉讼制度改革

以审判为中心与庭审实质化相辅相成，确定了审判在认定案件事实、定罪量刑中的决定性作用。在我国，控方不仅以国家强制力为保障，在司法资源和权力配置上明显优于被追诉人；同时是法律监督机关，对审判方进行监督，在诉讼过程中处于强势地位。认罪认罚从宽制度中，被追诉人放弃抗辩权，庭审程序化，控辩失衡趋于加剧。但办案工作虽大量前移至诉前，定罪量刑仍需审判方最终裁判。因此，庭审对定罪量刑起实质性、决定性的诉讼原则并未发生改变。显而易见，控辩审三方关系中，控辩双方与审判方的距离相等是能否实现平等保护的关键。

---

① 陈瑞华：《论协商性的程序正义》，载《比较法研究》2021年第1期。

② 陈瑞华：《论协商性的程序正义》，载《比较法研究》2021年第1期。

(2)落实认罪认罚从宽制度的必然选择

认罪认罚从宽制度中,在协商的框架下,控辩双方基于平等地位达成合意,并签署具结书。审判方对达成具结的量刑建议一般应当采纳,以判决的形式予以确定。基于一般应当采纳的原则,一方面要求控辩双方进行最直接、最充分的协商,确保具结的自愿性、合法性,增强认罪认罚适用的稳定性和可预期性;另一方面需要审判方对认罪认罚自愿性、合法性进行审查,确保被追诉人在知情和明智的情况下,自愿放弃事实、定罪等实体抗辩权,认可检察机关的指控和量刑,从而真正兑现依法从宽的承诺。同时控辩双方即便达成具结,仍存在审判方不采纳控方指控的罪名和量刑建议的例外情形,审判方仍需独立审查、裁判,也充分反映审判方对于控辩双方而言,应当位于居中位置。

2. 控、辩方与法官距离相等的应然图景

控辩双方与审判方的距离相当,必须保证审判方居于中心、独立位置。基于辩方在刑事诉讼中的先天不足,在司法理念、权利保障、实质裁判上理应向辩方有所倾斜,如此才既能实现程序形式层面的控辩对象,又能实现裁判结果层面的控辩对象。

其一,坚持无罪推定的原则。适用认罪认罚从宽制度,被追诉实际放弃无罪抗辩的权利,转而是定罪量刑的请求权。案件在法庭调查的过程中,特别是轻刑案件,一般不再适用普通程序,控辩缺少对抗,法庭调查容易流于形式,从而导致控方怠于审查的可能性增加,先入为主认定被追诉人有罪的可能性增加,可能有悖于未经审判先行定罪的原则,裁判可能偏向指控而偏离公正,无法实现控辩与审判等距,难以实现司法公正。这就需要审判方更新司法理念,时刻警惕有罪推定的侵蚀,坚守“任何人未经审判不能认定有罪”的原则,在定罪量刑之前,始终保证被追诉人完整的诉讼人格,为被追诉人搭建控辩平等对抗的平台,确保被追诉人实质参与诉讼过程,充分提出辩护意见。

其二,严格自愿性审查。《指导意见》对审查的重点以列举的方式予以明示。①具体而言,在审查重点上,是保证被追诉人在权利知悉、明智自愿的情况下认罪认罚;在审查方式上,通过讯问排除非法供述,确认被追诉人意志自由选择认罪认罚;在程序处理上,发现被追诉人违背意愿作出认罪认罚具结的,可以转换诉讼程序重新审理,也可以依法履行认罪认罚程序,提供平台推动控辩双方重新达成认罪认罚

① 参见《指导意见》第28、39条。

具结,全面保障被追诉人的合法权益。

其三,对定罪量刑实质裁判。被追诉人认罪认罚从宽后,认可控方关于事实、定罪的指控,双方就量刑协商并达成具结,为审判方定罪量刑提供实质性依据。但需要明确的是,不论是被追诉人对事实、罪名抗辩的放弃,还是控辩双方对定罪量刑充分达成合意,均不能免除或削弱审判方对事实、证据乃至法律适用的审查,并据此裁判。审判方不采纳量刑建议的五种情形中,除"虚假自愿"和"影响公正审判"的兜底性条款外,其余三种情形均是强调对事实、证据、法律适用的审查。① 应当明确,所有案件的裁判标准都是同一的,都要保证事实清楚,证据确实充分。否则,审判程序的监督、把关作用就会失守。② 因此,对认罪认罚从宽的案件,审判方同样应对事实证据、法律适用、定罪量刑等方面要进行全面的、实质的审查,切实履行司法审判的职责,确保被追诉人依法获取公正裁判。

二、认罪认罚案件中控辩平衡的重要价值

(一)控辩平等协商的基础

1. 认罪认罚视野下的控辩立场

认罪认罚从宽制度作为协商性司法的体现,有别于传统的对抗性程序正义理论,是控辩双方基于合意对案件实体问题作出处分基础上的当事人主义诉讼模式。③ 有学者提出,协商性的程序正义,"属于一种基于结果控制而实现的诉讼价值"。④ 笔者认为,被追诉人在认罪认罚过程中尽管需要同意控方指控的事实、罪名和法律适用,但并不意味着只参与诉讼结果的塑造和决定,其仍具有对事实证据、定罪罪名、适用法律提出异议并被控方采纳的权利,控辩之间对量刑的协商仍建立在对事实证据、法律适用对抗的基础上。《指导意见》第 27 条明文规定,控方应就涉嫌的犯罪事实、罪名及法律适用、量刑情节等听取被追诉方的意见,未采纳辩护

---

① 参见《刑事诉讼法》第 201 条规定:"对于认罪认罚案件,人民法院依法作出判决时,一般应当采纳人民检察院指控的罪名和量刑建议,但有下列情形的除外:(一)被告人的行为不构成犯罪或者不应当追究其刑事责任的;(二)被告人违背意愿认罪认罚的;(三)被告人否认指控的犯罪事实的;(四)起诉指控的罪名与审理认定的罪名不一致的;(五)其他可能影响公正审判的情形。"

② 参见胡云腾:《正确把握认罪认罚从宽 保证严格公正高效司法》,载《人民法院报》2019 年 10 月 24 日,第 5 版。

③ 参见陈瑞华:《刑事诉讼的公力合作模式——量刑协商制度在中国的兴起》,载《法学论坛》2019 年第 4 期。

④ 陈瑞华:《论协商性的程序正义》,载《比较法研究》2021 年第 1 期。

意见的，应当说明理由。[①] 换言之，控辩双方达成认罪认罚具结，被追诉人对事实、罪名和法律适用的异议可能不被控方采纳，需要放弃部分抗辩权，但是达成具结，仍建立在对事实证据、定罪罪名、法律适用对抗的基础上，只是最终“求同存异”形成具结结果。在此基础上，认罪认罚中的控辩立场应当具有以下三个特点：

其一，协商与对抗的辩证统一。控辩协商虽然由控方主导，但被追诉人仍当然享有辩护的权利，参与并控制诉讼过程，并对最终诉讼的结果产生实质性影响。控辩双方协商展现的不是控方单方决定，被追诉人单方服从，而是建构协商和对抗的辩证统一关系。从诉讼结果上看，被追诉人之所以能够接受控方的指控，并最终形成合意，其本质仍在于控方的量刑建议符合被追诉人的预期，从而放弃对事实证据、定罪罪名、法律适用等抗辩权，也就是说，放弃抗辩权的前提仍是基于最终实体获益。因此，控辩协商必然以保障控辩对抗为前提，是建立在对抗基础上的协商。

其二，协商目标的一致性。控辩协商虽然通过被追诉人放弃部分权利的抗辩权形成最终的合意，但最终目标仍是实现刑事诉讼公平、秩序、自由、效率的多元化价值，通过对事实证据的正确认定和采信，对法律的正确适用，依法充分考量量刑情节，合理抉择诉讼程序，实现繁简分流，促进社会关系修复，乃至在此基础上更好地实现刑事诉讼惩治和预防犯罪的目的。笔者认为，控辩双方虽然立场不同，但是目标趋同，关键是如何推动双方形成实现认罪认罚从宽制度价值的更大合力。

其三，形成合意的正当性。认罪认罚从宽制度的核心是量刑协商机制的建立，其中主要包括三个环节：一是侦查阶段，控方监督侦查机关开展认罪教育；二是审查起诉阶段，控辩双方通过协商达成具结；三是审判阶段，对自愿、合法的认罪认罚具结通过裁判的方式予以确认，其中达成认罪认罚具结又处于最为核心的位置。从我国刑事诉讼法律法规对认罪认罚具结的司法审查义务规定看，被追诉人自愿、合法具结是认罪认罚具结的关键和根本。控辩双方选择合作、对话和协商，达成互惠的协议，签署具结书，必然是被追诉人有效参与和真实意思表达，控方同样负有保障被追诉人自愿、合法具结的义务。不难得出，控辩协商形成合意的正当性是控方追诉犯罪、被追诉人有效辩护的共同立场。

---

① 《指导意见》第 27 条规定：“犯罪嫌疑人认罪认罚的，人民检察院应当就下列事项听取犯罪嫌疑人、辩护人或者值班律师的意见，记录在案并附卷：（一）涉嫌的犯罪事实、罪名及适用的法律规定；（二）从轻、减轻或者免除处罚等从宽处罚的建议；（三）认罪认罚后案件审理适用的程序；（四）其他需要听取意见的情形。人民检察院未采纳辩护人、值班律师意见的，应当说明理由。”

2. 平等武装与平等保护

司法实践中，随着控方诉前主导权的不断扩张，认罪认罚从宽制度逐步形成了“确认核准模式”。“所谓确认核准模式，是指检察官主导的量刑建议在获得辩方确认的基础上，经由法官核准并作出裁决的诉讼模式。”①被追诉人参与并影响诉讼过程和结果的作用相对有限。笔者构建控辩平衡的应然图景，即是认为被追诉人认罪认罚必然是知情明智、意志自由的选择，并经居中审判实现裁判公正，其中信息资源对称是基础，被追诉方具有诉讼主体地位是核心，控、辩方与法官的距离相等是关键，三者相辅相成，共同构建被追诉人在认罪认罚中的刑事诉讼格局，以确保控辩双方基于平等协商实现具结合意。

(1)平等武装

控辩双方攻击防御手段均等，才能平等参与诉讼。即控方行使公诉权的同时，辩方也应具有应诉权，以实现对控方进攻的防御。认罪认罚从宽制度作为控方主导下的协商性制度，更应该强化被追诉人在诉讼中的应诉权。

其一，实现诉讼地位的平等。认罪认罚从宽作为协商性司法，协商的最基本要素就是双方能够基于平等的地位进行协商。控诉方代表国家，具备充分的司法资源，而被告人作为个人，两者力量对比悬殊。② 因此，要实现控辩平衡，必然需要给予被追诉人更多的权利保障，确保控方和被追诉人在刑事诉讼中成为平等主体。被追诉方具有主体地位，是控辩协商的应然基础。

其二，实现权利义务的均等。控辩双方信息资源对称，实现了双方能够平等参与认罪认罚，确保被追诉人在知情明智的情况下做出有效抗辩，并要求控方负有更多的义务去保障被追诉人的合法权益。从而进一步促进被追诉方的诉讼主体地位，实现控辩双方权利义务的均等，保障被追诉人在理性评估、意志自由的情况作出认罪认罚选择。

其三，实现诉讼能力的对等。平等武装是形式平等和实体平等的统一，如果没有信息资源对称和控辩审三方等距，则仅具其形而无其实，平等武装也将无从实现，三者共同实现了控辩能力的对等。信息资源对称保障被追诉人进攻防御的目的性，诉讼主体地位保障进攻防御的有效性，控、辩与审判等距保障被追诉人进攻防御具有与控方指控同等被审判采纳的可能，从而实现被追诉人自愿、合法认罪

---

① 吴思远:《我国控辩协商模式的困境及转型——由“确认核准模式”转向“商谈审查模式”》，载《中国刑事法杂志》2020 年第 1 期。

② 参见冀祥德:《控辩平等论》，法律出版社 2008 年版，第 51 页。

认罚。

(2)平等保护

平等武装实现控辩双方平等参与诉讼,但最终实现公正需要审判方提供平等保护。[①] 换言之,控辩平等依赖于在审判方面前的平等,需要审判方保持中立原则,不偏不倚的公正裁判。可以说,控、辩双方与审判方等距能建构平等武装,进而给予被追诉方平等保护的堡垒。

其一,审判方的引导作用。现代刑事诉讼中,审判中立是公正审判的前提。认罪认罚从宽制度中,检察机关无论在程序上还是在实体上都居于主导地位。[②] 审判方与控辩双方距离相等,能够避免未审先判的发生,对认罪认罚自愿性进行实质审查,引导控方更好履行诉讼关照义务,在平等的基础上进行协商。

其二,审判方的保护作用。对控辩双方平等保护历来是程序正义的源泉。纠纷解决者不应有支持或反对某一方的偏见。[③] 认罪认罚从宽制度中,基于被追诉人对事实证据、定罪罪名、法律适用的抗辩权的妥协和放弃,控辩双方达成的认罪认罚具结,可能影响被追诉人罪轻乃至无罪的司法判断。针对被追诉人更易发生的权益损害,审判方更应主动承担更严格的审查义务,坚持证据裁判原则,依法作出公正判决。

(二)自愿认罪认罚的支撑

认罪认罚从宽制度使控辩双方从"对抗"走向"合作",与传统的对抗性诉讼模式相比,具有不同的内涵和构成要素,但都"强调维护被裁判者的主体地位,尊重其人格尊严"。[④] 控辩平衡的实现,保障被追诉人在知情明智的情况下,正确真实表达自己的意愿,具有与控方平等协商的机会和可能,参与和决定认罪认罚具结的过程并对放弃权利和实体获益之间进行理性选择,直至塑造诉讼结果,实现诉讼主体地位。鉴于此,笔者认为,控辩平衡构建了自愿认罪认罚的根基。

1. 契合协商性司法的要求

刑事诉讼的历史有三个阶段:一是传统社会压制型诉讼;二是产业革命后的权

---

① 参见谢佑平、万毅:《理想与现实:控辩平等的宏观考察》,载《西南师范大学学报(人文社会科学版)》2004 年第 3 期。

② 朱孝清:《检察机关在认罪认罚从宽制度中的地位与作用》,载《检察日报》2019 年 5 月 13 日,第 3 版。

③ 参见[美]马丁·P. 戈尔丁:《法律哲学》,齐海滨译,三联书店 1987 年版,第 240 页。

④ 陈瑞华:《论协商性的程序正义》,载《比较法研究》2021 年第 1 期。

利型诉讼;三是近现代出现的协商型诉讼。[①] 在协商型诉讼模式中,控辩双方由对抗转变为合作,被追诉人认罪认罚,检察机关作出从宽处理建议。诉辩交易、有罪答辩、认罪认罚从宽等,都是协商性司法的表现形式。这种模式需要着重注意两个要点:一是协商的效力,强调协商的认可程度,达成协议需要得到规则的约束力保障;二是协商的自愿性,特别是被追诉人的自由意志的法律保障。这种模式有以下三个特点:一是充分考虑司法效率。控辩双方的合作减少了对抗所带来的时间、资金等的投入,成为司法机器有效运转的润滑剂。二是程序灵活实用。不在庭审中斤斤计较案件细枝末节,而是注重程序的灵活性,保障被追诉人的自愿性,突出整个司法机器的整体运转效率。三是充分考虑综合效果。既考虑追求客观事实真相,也考虑被害人主张,同时还综合考虑社会效果。

协商性司法以控辩双方合作缓和对抗,在理念与程序上会出现与对抗式司法所不同的方面。认罪认罚从宽制度是协商性司法的一种表现形式,其机制的构建原理也应与协商性司法的理念相一致。在信息资源、诉讼地位、权益保护三个方面实现控辩平衡,对协商的效力和自愿性均提供了坚实保障。被追诉人在明知、明智、自由的情况下选择和决定自愿认罪认罚,自主处分自己的实体权利,参与并塑造最终的裁判结果。

2. 凸显了诉讼主体的地位

控辩双方"通过对话、协商和达成妥协,来直接塑造案件的诉讼结果,这本身就使得各方成为自身利益和命运的主宰者,成为平等的诉讼主体"。[②] 笔者赞同该观点,认罪认罚基于被追诉人的自愿选择,其不仅决定了最终结果,也实质参与了过程,充分体现了其在认罪认罚过程中的主体地位。

首先,认罪认罚均需经被追诉人同意才能开展。被追诉人同意控方指控的事实、罪名、法律适用,并对量刑形成合意,控辩双方才能达成具结。

其次,认罪认罚程序的适用是被追诉人自由选择的结果。被追诉人自由决定是否放弃部分诉讼权利,是否进行诉讼让步,是否积极争取实际利益,实现了对认罪认罚具结的控制和把握。

最后,认罪认罚适用后被追诉人可以反悔和撤回。《指导意见》第 11 节分别对

---

① 参见樊崇义、常铮:《从对抗到协商——认罪认罚从宽制度下控辩关系的转型及功能发挥》,载《研究生法学》2020 年第 2 期。

② 陈瑞华:《论协商性的程序正义》,载《比较法研究》2021 年第 1 期。

被追诉人不同阶段反悔与撤回认罪认罚以及检察机关监督责任进行明文规定[1]，进一步确定了被追诉人对认罪认罚选择的自由性和自主性。

控辩平衡的三项要求，为被追诉人自由、自主选择认罪认罚提供了坚实保障，同时对被追诉人正确选择进行规范指引，对被追诉人权益救济予以支撑。在控方主导认罪认罚的过程中，能够更好规范控方的主导作用的方式在于发挥程序的限制作用，而非对被追诉人真实、正确、自愿的意志进行压制。被追诉人不仅可以在认罪认罚诉讼程序与控方平等对话、协商；也可以选择主动通过放弃权利实现与控方的“交易”，以此换取对自己的从宽处理，获取实体利益，从而更好实现诉讼中的主体地位。

3. 有利实现理性选择

“所谓理性选择，是指在任何可能影响人的利益的法律决定过程中，利害关系人对于任何权利都可以自由地加以行使。”[2]控辩平衡，不仅在形式上保障了被追诉人的诉讼主体地位，也在实质上尊重被追诉人尊重内心意愿，对诉讼程序和诉讼结果进行理性选择。理性选择有以下三个重点：

其一，理性选择以正确判断为前提。理性选择其本质是评估的理性，理性建立在正确判断的基础上，控辩平衡要求控、辩双方具有对称的信息资源，辩方在认知明知的情况下，对放弃部分抗辩权利和适用普通程序之间作出合理的评估和判断，从而能够以最小的成本，获取最大的量刑减让实体利益。

其二，理性选择以能力相称为基准。被追诉人法律判断的能力存在差异，诉讼能力有所不同，但实现理性选择的标准一致，均需在诉讼过程实质与诉讼结果预期知晓的情况下，基于理性表达作出合理选择。控辩平衡保证被追诉人通过辩护人、值班律师的积极参与，在信息自愿对称的基础上，以平等武装实现平等保护，理性处分实体权利。

其三，理性选择以意志自由为根本。具结书具有法律效力，自愿性、合法性是最基础的要素，换言之，如果被追诉人的选择没有自由，那么协商过程便存在压迫性，认罪认罚从宽制度不仅背离了协商的本质，也必将失去最基本的正义。控辩平衡是被追诉人在控辩协商过程中诉讼主体地位的具体展现，审判方必须居中公正裁判，对自愿性、合法性进行实质审查，保证了被追诉人能够自主参与诉讼，自愿认罪认罚。

认罪认罚协商具结后，被追诉人实际放弃了审判阶段的事实证据、定罪罪名和

---

① 参见《指导意见》第 51 ~54 条。

② 陈瑞华：《论协商性的程序正义》，载《比较法研究》2021 年第 1 期。

法律适用的抗辩权,这种放弃必然是在考量诉讼结果的实体获益后理性选择的。但是这种理性不仅仅是最终结果选择的理性,而是在诉讼过程中的每一个环节均能够进行理性选择,控辩平衡保障被追诉人对每一个诉讼环节充分参与,并自主作出选择,符合理性选择理论下的程序正义。

4. 契合功利主义哲学

被追诉人认罪认罚,从功利主义的角度讲,即是在对部分实体权利让步的情况下,通过博弈获取最大的利益。在这个过程中,被追诉人基于对程序和结果的全面评估合理作出决策,控方在节省司法资源与实现诉讼效果的权衡中,选择量刑减让,彼此都能利益兼顾、趋利避害。有学者提出,这可以达到一种"利益兼得"的效果,各方以最小的让步,获取最大限度的实体收益。[①] 认罪认罚从宽制度具有功利主义哲学的基础,控辩平衡同时为控辩双方的功利决策提供了决策依据、谈判基础和选择权,从而实现双方诉讼利益的最大化。

其一,决策依据。认罪认罚从宽制度最根本的目的是追求最大幅度的量刑减让,但是量刑减让必须具有目的性和针对性,减少错误决策的风险。有些情况下,被追诉人基于证据原因或者法律适用,可能轻罪或者无罪。如果控辩失衡,则可能导致决策依据不足,从而导致被追诉人作出不利于自己的判断,违背认罪认罚从宽制度尊重和保障人权的基本原则,控辩双方均无法趋利避害与利益兼顾。控辩平衡能保证被追诉人能够对不利于自己的诉讼提出异议,也为控方防止错误决策提供了依据,为认罪认罚从宽制度的正确实施提供更为坚实的保障。

其二,谈判基础。基于功利博弈,被追诉人能够主动认罪、早认罪、彻底认罪、稳定认罪,既是控方指控犯罪的最优选择,也是被追诉人实现量刑减让最大化的积极追求。双方开展实质性谈判越早,则越符合双方的利益。控辩平衡从权利义务告知到最终签署具结协议书,认罪认罚程序的各个环节都为控辩双方平等协商提供了平台,能够保障双方及时开展博弈。从而有效提高了认罪认罚的适用率,也实现了控辩协商的最佳诉讼结果。

其三,选择权。整体效用最大化是功利主义的应有主义,控辩协商之所以能够具结,则是基于控辩双方都在功利的博弈中,通过对话,相互妥协,并最终达成一致意见,均作出符合自己利益的选择。我国认罪认罚从宽制度的设计虽然赋予了被追诉人提出事实证据、定罪罪名和法律适用的意见的权利,但是最终达成具结必须

---

① 参见陈瑞华:《论协商性的程序正义》,载《比较法研究》2021 年第 1 期。

要认同指控的罪名、程序和量刑建议,对被追诉人的抗辩权进行了限缩。同时,《指导意见》第5条虽然规定认罪认罚没有适用范围和适用条件的限制,但并非绝对适用,司法机关仍具有是否从宽的最终决定权。① 控辩平衡基于对被追诉人的合法权益保障,对各方诉讼利益进行了兼顾,一方面保证被追诉人能够正确作出有利于自己的选择,另一方面也保证控方、审判方对不应从宽的案件作出选择,确保诉讼结果的公正。

(三)案件公平正义的保障

1. 价值维度:落实宽严相济的刑事政策

宽严相济是我国的基本刑事政策。该严则严,当宽则宽,不仅实现量刑平衡,也最直观的影响到人民群众对公平正义的感知。被追诉人通过主动认罪获取从轻处罚,从本质上体现了控辩双方的协商互动。2011年《刑法修正案(八)》以法律的形式明确坦白从宽的原则。② 认罪认罚从宽制度是落实宽严相济刑事政策的重大举措,对认罪坦白从宽进行了吸收,并进而规定认罚的,可以在坦白的基础上获取进一步从宽处理。③ 同时明确从宽结果的产生不依赖于控方的"单方确认",而是基于双方的控辩协商。

控辩平衡为控辩双方通过协商对话落实宽严相济的刑事政策,提供了最为广阔、最为公正的平台。一方面,基于控辩双方平等武装与平等保护的要求,控方的诉讼主导地位使控方被赋予更多的诉讼保障义务,以此确保认罪认罚依法从宽,实现案件公正办理。2019年1月至2020年8月,控方及时履行告知义务,保障被追诉人认罪认罚知悉权,将认罪认罚作为社会危险性的重要依据,值班律师提供法律帮助124.6万人次,认罪认罚案件不捕率高于整体刑事案件18.3个百分点、缓刑率高于整体刑事案件6.9个百分点。④ 另一方面,控辩平衡能够保障被追诉人真实表述事实和提出意见,通过最直接、最充分的协商,为有效甄别被追诉人的主观恶性和行

---

① 《指导意见》第5条规定:认罪认罚从宽制度没有适用罪名和可能判处刑罚的限定,所有刑事案件都可以适用,不能因罪轻、罪重或者罪名特殊等原因而剥夺犯罪嫌疑人、被告人自愿认罪认罚获得从宽处理的机会。但"可以"适用不是一律适用,犯罪嫌疑人、被告人认罪认罚后是否从宽,由司法机关根据案件具体情况决定。

② 《刑法》第67条第3款规定:"犯罪嫌疑人虽不具有前两款规定的自首情节,但是如实供述自己罪行的,可以从轻处罚;因其如实供述自己罪行,避免特别严重后果发生的,可以减轻处罚。"

③ 参见《指导意见》第9条。

④ 张军:《最高人民检察院关于人民检察院适用认罪认罚从宽制度情况的报告》,载最高人民检察院官网,2019年10月17日。

为的社会危害性提供依据，有助于实现办案中的罪刑适应，依法提出符合人民群众心理预期的量刑建议。

2. 程序维度：更具效率的公正

（1）孟广虎案带来的启示

早在 2002 年 4 月，“中国辩诉交易第一案”孟广虎案，由于证据难以收集到位，控辩双方达成辩诉交易，控方建议对孟广虎适用缓刑，孟广虎认罪并承担民事赔偿责任。后开庭审理时，审判长在查明辩诉交易自愿性基础上，未经法庭调查直接转入定罪量刑，休庭合议后，当庭宣判孟广虎缓刑。控辩审三方对案件的结果都很满意，且被害人得到了赔偿对被告人予以谅解，审判取得了良好的社会效果。

有观点认为，孟广虎一案作为“辩诉交易改革试验”的成果，具有一定的偶然性，并不一定具有较强的典型性和普遍性。① 有学者认为，辩诉交易制度有利有弊，优点是诉讼效率高，尊重、维护被告的人权，存在效率突出、兼具公正的特点，弊端是对程序和实体的公正有较大的牺牲。在中国如果把辩诉交易作为试点，应当限于部分较轻刑事案件，并建立起相关配套的制度，如律师辩护制度、证据开示制度等。②

通过“辩诉交易”方式处理的孟广虎故意伤害一案，是我国司法机关进行的一次大胆的探索。虽然取得了良好的社会效果，但由于这一案件的审判程序与我国传统的诉讼理念相背离，并没有被制度化和规范化，引入辩诉交易的改革努力最终浅尝辄止。这其中有诸多影响因素，如我国现有的刑事实体法、刑事诉讼法及证据制度的现实情况。但该案通过司法实践与探索所体现出的“认罪从宽”“程序简化”“刑事和解”“量刑协商”等价值取向，反映了我国诉讼模式由传统的对抗式向合作式的转变，而这一点与我国推行的认罪认罚从宽制度是高度契合的。

（2）更具效率的公正

“效率和公正是辩证统一的。”③波斯纳法官提出，“公正在法律中的第二层含义是指效率”④办案环节越少，办案时间越短，案件质效就越高，就越能保障被追诉人的合法权益，带来的公平正义的感知就越强。认罪认罚从宽制度推动繁简分流，对

---

① 参见杨艺、王华永：《从“孟广虎案”浅谈辩诉交易》，载 http://www.doc88.com/p-0087227115829.html，最后访问日期：2020 年 10 月 5 日。

② 熊秋红：《解读“辩诉交易”第一案》，载中国法学网，http://www.iolaw.org.cn/faxuexi/shownews.asp?id=598，最后访问日期：2020 年 10 月 5 日。

③ 杨宗辉：《论我国侦查权的性质——驳“行政权本质说”》，载《法学》2005 年第 9 期。

④ 波斯纳：《法律的经济分析》，汪祖兴译，法律出版社 2000 年版，第 35 页。

轻罪案件实现程序从简,合理配置司法资源,有力提升了诉讼效率。2019 年 1 月至 2020 年 8 月,适用认罪认罚从宽制度,普通程序审理的仅占 23%,比 2018 年下降 20 个百分点。① 程序简化的同时,带来对审判虚化的疑虑,产生对案件实体公正的质疑。而控辩平衡的设计,则保障控辩之间能够在诉前形成有效对抗,被追诉人有足够的防御手段避免被错误定罪量刑,最终合意的形成是对抗到统一的结果,从而实现协商的实质化。相较传统的对抗性诉讼模式,能够最大限度地实现实体公正,为认罪认罚从宽制度的落地提供了有力支撑。

3. 实体维度:及时有效惩治犯罪

保证准确、及时地查明犯罪事实,正确应用法律,惩罚犯罪分子,保障无罪的人不受刑事追究是我国刑事诉讼的基本任务,也是案件公平正义的集中体现。② 控辩平衡基于认罪认罚从宽制度,通过被追诉人在知情明智情况下的正确判断和真实意愿,形成控辩合意达成具结,并最终决定诉讼成果,一方面增强了被追诉人对诉讼过程和诉讼结果的参与度;另一方面有助于被追诉人增强接受教育矫治的自觉性,更好地认罪悔罪,在节省司法资源的同时,能够更为有效地惩治犯罪。

其一,便于收集固定证据。当前刑事诉讼逐步树立以客观证据为导向的证明标准,但是不能据此否定供述在定罪量刑方面的关键作用。认罪认罚的案件,由供到证的情形更为明显。特别是多人共同犯罪、团伙作案,往往存在相互推诿、责任不清,甚至形成攻守同盟、掩盖犯罪,造成案情疑难复杂,浪费司法资源。认罪认罚从宽制度能够引导被追诉人通过主动认罪实现从宽,实现"突破口供",便于案件事实的查证。四川省检察机关办理的一起 4 人贩毒案,主犯始终不认罪,经过耐心细致释法说理,另外 3 人自愿认罪认罚并当庭指证,促进案件得到依法处理。③

其二,便于及时追诉犯罪。认罪认罚案件中实现控辩平衡,被追诉人基于对事实证据、法律适用、定罪量刑、程序选择的全面衡量,理性抉择是否适用认罪认罚。2019 年 1 月至 2020 年 8 月,适用认罪认罚从宽制度占同期办结刑事犯罪总数的 61.3%,量刑建议采纳率为 87.7%。一审后上诉率 3.9%,低于其他刑事案件 11.5

---

① 张军:《最高人民检察院关于人民检察院适用认罪认罚从宽制度情况的报告》,载最高人民检察院官网,2019 年 10 月 17 日。

② 参见《刑事诉讼法》第 2 条。

③ 张军:《最高人民检察院关于人民检察院适用认罪认罚从宽制度情况的报告》,载最高人民检察院官网,2019 年 10 月 17 日。

个百分点。[①] 从适用结果看,一方面,实现案件繁简分流,轻罪案件实现简易程序、速裁程序办理,重大疑难复杂案件适用普通程序审理,通过协商实现案例的分流与程序的简化;另一方面,被追诉人基于对诉讼结果的正确评判,与控方达成具结,也有力促进认罪认罚的稳定性,减少了反悔翻供上诉的情形,节省司法资源的同时,提升了诉讼效率。

其三,便于实现认罪悔罪。被追诉人自愿认罪认罚,有助于更好推动真诚悔罪、服判改造。认罪认罚的集中表现是自愿接受处罚。司法实践中,一般表现为被追诉人主动赔礼道歉,赔偿损失,退回赃款赃物等。[②]一方面,被害人能够及时获赔,最大程度地挽回损失,修复了社会关系,化解了社会矛盾;另一方面,被追诉人往往能够与被害人达成和解、取得谅解,依法获取从宽处罚,从而实现惩治和挽救的并重,消弭其对社会的对抗心理,促使更为彻底地认罪悔罪。如海南省办理的破坏环境资源案件,促成当事人认罪认罚的同时,对履行生态修复义务的被追诉人提出轻缓的量刑建议,极大提升了当事人及家属做好"消除污染""补植复绿""增殖放流""还砂入海""货币补偿"等生态修复的积极性和主动性。[③]

三、认罪认罚案件中控辩失衡的实践样态

(一)检察机关诉讼关照义务履行欠佳

检察机关的诉讼关照义务是指检察官在其职责范围内,有义务协助被追诉人充分行使其诉讼权利。[④] 认罪认罚从宽制度是以检察机关为主导的程序设计,相关制度较为详细的对被追诉人的诉讼权利作出规定,但因尚在起步阶段,立法亟须不断完善,检察机关在司法实践中的履职同样存在偏差。

1. 检察机关协商的理念转变不足

控辩双方充分协商达成具结,被追诉人同意是必要条件。但从权利本位上讲,基于控方可以决定是否适用认罪认罚从宽,被追诉人的权利更多表现为认罪认罚

---

① 张军:《最高人民检察院关于人民检察院适用认罪认罚从宽制度情况的报告》,载最高人民检察院官网,2019 年 10 月 17 日。

② 参见《指导意见》第 7 条规定:"认罚"考察的重点是犯罪嫌疑人、被告人的悔罪态度和悔罪表现,应当结合退赃退赔、赔偿损失、赔礼道歉等因素来考量。犯罪嫌疑人、被告人虽然表示"认罚",却暗中串供、干扰证人作证、毁灭、伪造证据或者隐匿、转移财产,有赔偿能力而不赔偿损失,则不能适用认罪认罚从宽制度。

③ 参见翟小功:《海南"检察蓝"坚守"生态绿"》,载《法治日报》2020 年 9 月 13 日。

④ 参见龙宗智:《刑事诉讼中检察官客观义务的内容及展开》,载《人民检察》2016 年第 Z1 期。

从宽的请求权。控方主导认罪认罚,但理念转变不够及时,客观影响了认罪认罚从宽制度的落实。

其一,适用不平衡。笔者对认罪认罚从宽制度在 H 市认罪认罚开展两年以来的落实情况进行考察,截至 2019 年 10 月当时该市关于认罪认罚工作的总体推进程度在全省处于领先地位,但依旧问题重重。一是适用认罪认罚的理念不统一,适用标准不一致,集中表现为适用率最高的县区只有 60%,适用率最低的县区只有 20%。二是不能够充分适用。认罪认罚没有罪名和诉讼阶段的限制,但 H 市只集中在了少数几类罪名上适用,如危险驾驶罪,轻微的故意伤害罪,盗窃罪,交通肇事罪,对于大多数罪名并没有适用认罪认罚从宽制度。而从适用的程序来看,绝大多数案件是在检察环节启动认罪认罚程序,在侦查阶段认罪认罚的告知率不超过一半,而在法院审判阶段启动认罪认罚的少之又少。

其二,对"从宽"的理解狭隘。从当前司法实践看,控辩双方协商具结关注和交流的重点往往放在量刑优惠上,以至于很大程度上认为对被追诉人的从宽就是刑期上的减少、量刑上的优惠,忽视了诉讼程序的选择适用。特别是一些被追诉人自愿认罪认罚且社会危险性较低的案件,未能及时进行羁押必要性审查,直至法院判决后方才结束羁押措施,未能将从宽贯穿在认罪认罚的全过程。

其三,适用效果不佳。以 H 市为例,控方存在量刑建议是否侵犯法院裁判权的疑虑,量刑协商不够充分,提出确定刑量刑建议的仅占案件的 60%,提出区间量刑的占 40%,并且有 10% ~20% 的案件法院改变了认罪认罚具结书的内容,有 7 件案件在签署认罪认罚具结书、法院判决后,被告人提出上诉。

其四,检察裁量权适用不足。以 H 市为例,依旧存在重罪重刑思维,不能充分发挥制度的分流作用。从判决的结果看,绝大多数认罪认罚案件,量刑在有期徒刑三年以下的轻罪案件,未能依法充分适用不起诉。

2. 具结程序关照义务履行不足

一是权利义务告知不到位。认罪认罚从宽从侦查阶段即可做出宣示,需要进行认罪教育。被追诉人如果能够从侦查阶段就认罪认罚,就能更好地推动早认罪优于晚认罪,更好发挥有效惩治犯罪、节省司法资源、提升诉讼效率的制度价值。检察机关作为法律监督机关,具有诉前主导地位,应推动被追诉人尽早认罪认罚。"截至 2020 年 1 月至 7 月,全国认罪认罚适用率超过 80%"①,但"侦查阶段认罪认

---

① 张军:《最高人民检察院关于人民检察院适用认罪认罚从宽制度情况的报告》,载最高人民检察院官网,2019 年 10 月 17 日。

罚的案件仅占认罪认罚案件总数的 28.5%”。[①]

二是未能充分保障法律帮助。被追诉人受困于法律素养，达成认罪认罚具结需要辩护人或者值班律师给出专业性咨询，成为知悉案件的辅助。但当前值班律师的辩护往往流于形式，更多强调的是认罪认罚具结时值班律师的见证率，而非辩护意见。在司法实践中，侵犯被追诉人法律帮助权的案例层出不穷。“2020 年 1 月至 12 月，全国检察机关办理侵犯律师执业权利案件 2000 余件。”[②]涉及限制律师会见通信、查阅案卷材料、未告知移送情况等。

三是认罪认罚具结场所不规范。彰显犯罪嫌疑人自愿性与明智性、体现控辩双方合意与协商、作为审判核心对象的认罪认罚具结书在整个认罪认罚从宽制度中起着承上启下的作用[③]。认罪认罚的场所应体现协商而非对抗，否则基于场所设置的不规范，可能影响到认罪认罚的效果。笔者对认罪认罚具结的场所进行了调研，发现有的在看守所的提审室进行，有的在检察机关的讯问室进行，有的在法庭的候押室进行，有的甚至在办公室、临时办案场所进行，很不严肃。告知工作时间短，解释工作不充分，被追诉人没有充分了解认罪认罚制度，更没有时间和值班律师进行沟通，导致一些认罪认罚案件出现反复。

3. 权益保障义务履行不足

一是对被追诉人异议关注不足。控方未能完全从“零和博弈”转向“协商合作”，仍对被追诉人的异议持对抗思维和排斥心理，不能充分关注分析案件情节，导致被追诉人因利益诱导与心理压力而屈从具结，甚至导致错案的发生。笔者对 H 市 J 县调研时发现，被追诉人缓刑服刑期间，侦查机关发现缓刑判决前犯有的漏罪移送审查起诉后，检察机关未能采纳被追诉人只对漏罪再行判决的意见，以撤销缓刑数罪并罚的方式强行与被追诉人达成认罪认罚具结。最终法院认定缓刑是有条件的不执行刑罚，仅对漏罪作出判决，前罪判处缓刑作为前科在量刑时予以充分体现，检察机关最终同意法院判决，承认指控错误。从上诉情况看，2019 年 1 月至 2020 年 8 月，全国适用认罪认罚从宽制度后上诉的比率为 3.9%[④]，其中不排除被追诉人利用上诉不加刑的原则，寻求更轻判决的情形。但也有部分被追诉人认罪认罚后反悔，对与检察机关达成的具结书出现了负面评价，也反映了存在未能真实自

---

① 朱孝清：《深入落实认罪认罚从宽制度的几点建议》，载《人民检察》2020 年第 13 期。

② 戴佳：《发挥检察监督职能　依法保障律师执业权利》，载《检察日报》2021 年 2 月 6 日，第 2 版。

③ 参见丰怡凯：《认罪认罚具结书研究》，载《研究生法学》2019 年第 8 期。

④ 张军：《最高人民检察院关于人民检察院适用认罪认罚从宽制度情况的报告》，载最高人民检察院官网，2019 年 10 月 17 日。

愿认罪认罚的情况。

二是程序迟缓，履职滞后。在一起故意伤害案件中，当被追诉人与被害人达成和解后，侦查机关对其取保候审，但近一年后，才移送审查起诉。被追诉人一直认罪认罚，检察机关审查后决定对其不起诉。案件在实体上虽然没有问题，不起诉说理也很充分，但是侦查机关在取保候审临近到期时才移送审查起诉。从案发到作出不起诉，长达超过一年的时间，案件一直处于不确定的状态，不仅仅对被害人而且对被追诉人都是一种"煎熬"，办案效果显然远不足在和解之后即推进尽快结案。刑罚的及时性和公正性往往是相辅相成的。刑罚越及时就越公正。[①] 而如果不应判处刑罚，则越早让被追诉人、被害人及其近亲属获得确定性结果就越公正。

三是不起诉适用不充分。认罪认罚案件相对扩大了不起诉的适用范围，但是在实践中不起诉的权利未能充分适用。[②] 2019 年 1 月至 2020 年 8 月，全国对被追诉人认罪认罚，不起诉率为 11.3%。[③] 笔者对 H 市同期情况进行了调研，发现认罪认罚适用率高达 90% 以上，但是不起诉适用率仅不足 3%，其中最低的 M 区为 1.6%，远低于全国平均水平，且在适用不起诉后，大多未能依法及时对被不起诉人提出行政处罚、处分或者没收其违法所得的检察意见，极大制约了认罪认罚制度对惩治与预防犯罪的法律效果也极大地削弱了帮助被不起诉人认罪悔罪，促使其正常返回社会的社会效果。

(二) 审前羁押率仍旧偏高

司法实践中，依赖国家强制力的保证，基于诉讼便利的考量，检察机关往往批准或决定对被追诉人采取羁押措施。被追诉人"因处于孤立的被羁押状态，不仅渴望解脱羁押，而且在此种状态下更难获得可供判断并做出理性选择的案件信息，因此更容易接受控方提出的认罪认罚条件"。[④] 这种状况客观上限制了被追诉人自愿性的表达，导致控辩失衡。捕诉合一的司法体制改革之后，一般情况下，同一名检察官不仅要承担审查起诉的职责，同时承担审查逮捕的职责，检察官的权力进一步扩

---

① ［意］贝卡里亚：《论犯罪与刑罚》，黄风译，北京大学出版社 2008 年版，第 47 页。

② 《指导意见》第 30 条规定："完善起诉裁量权，充分发挥不起诉的审前分流和过滤作用，逐步扩大相对不起诉在认罪认罚案件中的适用。对认罪认罚后没有争议，不需要判处刑罚的轻微刑事案件，人民检察院可以依法作出不起诉决定。人民检察院应当加强对案件量刑的预判，对其中可能判处免刑的轻微刑事案件，可以依法作出不起诉决定。"

③ 张军：《最高人民检察院关于人民检察院适用认罪认罚从宽制度情况的报告》，载最高人民检察院官网，2019 年 10 月 17 日。

④ 龙宗智：《完善认罪认罚从宽制度的关键是控辩平衡》，载《环球法律评论》2020 年第 2 期。

张,对被追诉人形成了进一步的压制,加剧了控辩失衡的状态,打破了控辩协商的诉讼格局,从而影响到了认罪认罚从宽制度的开展。

1.羁押与认罪认罚自愿的悖论

从刑事诉讼的体系来看,逮捕是强制措施的一种,《刑事诉讼法》对逮捕的必要性进行了明文规定。但在司法实践中,逮捕作为案件推进、获取口供工具的观点仍然存在。试点过程中,全国审结的刑事案件,有42.2%的认罪认罚案件中被追诉人被取保候审、监视居住。[①] 换言之,仍有57.8%的被追诉人被采取羁押措施,也能够反映出认罪认罚受限于羁押措施的情形。

从我国的刑事诉讼制度来看,首先是逮捕前的羁押,也就是刑事拘留,最长可以达到37天,远高于国际上警方自行拘留嫌疑人的一般时限。[②] 逮捕后的侦查羁押期限,根据案情和办案需要,最长可以达到7个月,如果出现重新计算侦查羁押,期限将进一步延长,同时审查起诉期限最长可以达到6个半月,也就是说审前羁押状态,最长已经超过了一年,无疑对被追诉人的人身自由造成了严重侵犯。捕诉合一之后,检察官在审前羁押中居于主动乃至决定地位,“在此情况下与被追诉人协商认罪认罚并达成具结,可以预见被追诉人承担的心理压力和意志受迫,不少被追诉人为了摆脱审前的羁押状态,不得不违心地实施某些行为”。[③]《指导意见》第21条一方面对被追诉人认罪认罚后,检察机关应当进行羁押必要性审查的义务进行了强制规定。但这也加剧了被追诉人的投机心理,被追诉人为了结束羁押状态而违心认罪认罚。[④]

不难得出,羁押对被追诉人形成的心理强制最终影响了认罪认罚的自愿性,影响了制度目的、初衷和效果,减损了认罪认罚从宽制度的司法价值与制度功能。而控方基于指控犯罪的需要,很容易借羁押措施推进认罪认罚,乃至影响认罪认罚的自愿性与定罪量刑公正性。

---

① 周强:《最高人民法院、最高人民检察院关于在部分地区开展刑事案件认罪认罚从宽制度试点工作情况的中期报告》,中华人民共和国全国人民代表大会常务委员会第三十一次会议,2017年12月23日。

② 参见龙宗智:《完善认罪认罚从宽制度的关键是控辩平衡》,载《环球法律评论》2020年第2期。

③ 参见陈瑞华:《“认罪认罚从宽”改革的理论反思——基于刑事速裁程序运行经验的考察》,载《当代法学》2016年第4期。

④ 郭烁:《认罪认罚背景下屈从型自愿的防范——以确立供述过失权规则为例》,载《法商研究》2020年第4期。

2. 审前羁押率高的实践样态

样本一

从试点工作看，认罪认罚案件被追诉人被取保候审、监视居住的占42.2%，不起诉处理的占4.5%，免予刑事处罚的占0.3%，判处有期徒刑缓刑、拘役缓刑的占33.6%，判处管制、单处附加刑的占2.7%。① 其中需要注意的是，审前羁押率为57.8%，其中不起诉、裁判后缓免刑以及管制、单处附加刑的累计占41.1%，距离非羁押措施42.2%仅1.1个百分点，从逮捕的必要性来看，57.8%的审前羁押率显然是畸高的。

样本二

为了更好地剖析审前羁押后案件的处理情况，笔者对S省认罪认罚适用率最高的H市进行调研。2020年1月至12月，H市检察机关认罪认罚从宽制度适用率94.26%，律师见证率100%，确定刑量刑建议提出率89.7%，量刑建议采纳率99.6%。审查逮捕案件1327件2002人，不批准逮捕279人，逮捕率86.06%，逮捕后判处免刑2人，缓刑308人，三年以下有期徒刑1370人，其中逮捕后案件缓免率17.99%。C县检察院捕后缓刑率高达21.4%；轻刑率79.51%，不捕率低于全省平均水平13.45个百分点，最低的C县检察院不捕率仅为3.8%。高逮捕率对应高缓刑率、高轻刑率，逮捕后的案件仍有近1/5判处缓免刑，与当地高达94.26%的认罪认罚适用率极不协调，对应的是被追诉人并未因此获得真正的“优惠”。

通过上述两个样本，不难得出，当前审前羁押率过高的主要表现为，审前羁押措施与量刑轻缓存在矛盾。其本质反映的是检察机关未能处理好主导地位和控辩协商的关系主导认罪认罚不仅主导程序的推进，同时也主导权益救济的推进。从而导致控辩双方在认罪认罚具结的过程中，不仅缺少合作，富有对抗，也多少充斥控方“单方决定”的色彩，造成了控辩之间的失衡，甚至影响到被追诉人具结的自愿性。

（三）被追诉人缺乏有效辩护——值班律师现存问题

值班律师产生伊始便颇受学界关注，以至于无论是理论界还是实务界人士纷纷对该制度展开多元化探讨，相关的学术作品更是汗牛充栋。事实上，就我国而言，

① 周强：《最高人民法院、最高人民检察院关于在部分地区开展刑事案件认罪认罚从宽制度试点工作情况的中期报告》，中华人民共和国全国人民代表大会常务委员会第三十一次会议，2017年12月23日。

无论是认罪认罚从宽制度还是值班律师制度均处于起步阶段,“试点工作的结束和相关立法的修改并不意味着认罪认罚从宽制度就完美无瑕了”。[①] 相反,上述制度仍不可避免地存在诸多缺陷,如值班律师定位模糊、参与权不充分、激励措施不足等问题。被追诉人认罪认罚但受困于法律素养,需要借助律师的有效辩护实现诉讼能力与控方的对等,值班律师能够实现对被追诉人法律帮助的全覆盖,但是司法实践中,基于值班律师的制度职能定位的困境,导致未能为被追诉人提供有效法律支撑,而无法实现控辩平衡。

1. 值班律师制度的困境

(1)“名”“实”不符:法律帮助者与具结见证人的冲突

值班律师制度的目的,是在被追诉人面临法律保障不足的危险境地时,能够及时提供专业的法律判断,帮助被追诉人面对公检法的讯问时能够做出理性、真实的回答,从而杜绝刑讯逼供、冤假错案发生的可能。《指导意见》将值班律师规定在法律帮助的条文之下,《刑事诉讼法》将值班律师规定在辩护与代理的章节中,足以表明值班律师在刑事诉讼中的重要作用。质言之,值班律师至少具有“法律帮助者”的身份。

然而,实践中,值班律师实际扮演的是具结“见证人”的角色,并未能发挥其应有的作用,面临身份虚化的风险。[②] 从立法原意看,值班律师的见证绝非仅在于单纯旁观,而在于避免被追诉人认罪认罚具结时遭受办案机关不法手段的干扰,防范公权力越轨行为的消极影响。可以说,“见证人”还扮演着公权行为的“监督者”与“制约者”的角色。[③] 但现实中的“见证”表现,确实无法起到“监督保障”的作用。笔者对 H 市 2020 年适用认罪认罚的情况调研时,即发现该市认罪认罚律师见证率100%,但一日最多可以与十几位被追诉人达成具结,值班律师的见证趋于流程化,而检察机关的考核也是侧重于“见证”的形式,未能就其“辩护”的实质,导致值班律师身份虚化。

(2)“心”余力“绌”:辩护职能与有限权利的冲突

对值班律师定位法律帮助者,显然忽视其辩护职能的本质。从实体意义上,被追诉人受困于法律素养,值班律师的法律帮助职能实际上起到了决定诉讼程序适

---

① 孙长永:《认罪认罚从宽制度的基本内涵》,载《中国法学》2019 年第 3 期。

② 《刑事诉讼法》第 174 条第 1 款规定:“犯罪嫌疑人自愿认罪,同意量刑建议和程序适用的,应当在辩护人或者值班律师在场的情况下签署认罪认罚具结书。”

③ 参见汪海燕:《三重悖离:认罪认罚从宽程序中值班律师制度的困境》,载《法学杂志》2019 年第 12 期。

用甚至案件处理结果的作用。但对值班律师辩护职权配置的缺失，与立法规定的法律帮助之目标相去甚远。

首先，值班律师缺少调查取证、核实证据等权利。认罪认罚从宽制度节省司法资源的突出表现即是将证据中最不稳定的口供，变为最有效的证据，从而强化了口供在刑事诉讼中地位的同时，也带来办案机关不法获取口供的风险。现有刑事诉讼法规定虽然完善了自愿供述机制（如非法证据排除规则、同步录音录像，不能强迫自证其罪等），但完全寄托于公权机关的自律行为，而忽视了外部保障特别是值班律师参与保障的途径。有学者指出，值班律师承担的是临时性的法律帮助职能，仅赋予其法律咨询、申请变更强制措施等权利便足矣，这也是诉讼效率与经济之价值导向使然。① 对此种说法，笔者不能认同。值班律师提供的法律帮助是控辩平衡实现的关键，不仅对控方的诉讼行为具有明显的规范作用，同时也能通过查阅案卷、调查证据明确案件事实，更为准确的为被追诉人提供法律帮助，帮助被追诉人理性判断，自愿认罪认罚。否则法律帮助将难以高质量进行，甚至出现错误判断，引发“负作用”，客观上限制了辩护的发展。

其次，值班律师不具有辩护权。认罪认罚从宽制度将战场前移到审查起诉阶段，强调与检察官的量刑协商、控辩交易。在协商的过程中，基于检察机关的主导地位，被追诉人及值班律师在控辩协商中居于明显的劣势地位。从《指导意见》的规定来看，被追诉人的协商很大程度依赖于控方最终是否认同，被追诉人最终可能仅是接受的客体。② 而值班律师辩护权的缺失，也进一步加剧了控辩失衡的情况。一方面，值班律师提供的法律帮助具有临时性和阶段性的特点，即便向控方提出意见，相对持续到法庭的辩护，对控方作出诉讼决定的影响，显然相当有限。另一方面，值班律师的意见缺少反馈到法庭的渠道，无法为审判提供参考意见，难以影响裁判的作出，从而导致辩护意见缺少通过审判的中立审判进行平等保护的可能，无法更充分地保障被追诉人的合法权益。

综上不难发现，权利受限的值班律师难以保障被追诉人认罪的自愿性及权利

---

① 参见吴宏耀：《我国值班律师制度的法律定位及其制度构建》，载《法学杂志》2018年第9期。

② 参见《指导意见》第7条规定：认罪认罚从宽制度中的“认罪”，是指犯罪嫌疑人、被告人自愿如实供述自己的罪行，对指控的犯罪事实没有异议。承认指控的主要犯罪事实，仅对个别事实情节提出异议，或者虽然对行为性质提出辩解但表示接受司法机关认定意见的，不影响“认罪”的认定。犯罪嫌疑人、被告人犯数罪，仅如实供述其中一罪或部分罪名事实的，全案不作“认罪”的认定，不适用认罪认罚从宽制度，但对如实供述的部分，人民检察院可以提出从宽处罚的建议，人民法院可以从宽处罚。

减损的正当性,甚至会加剧其量刑的利益均衡困境。[①] 因此,当前亟待"实化"值班律师的各项权能,从而将其"应有的权利"转化为"纸面上的权利",再从"纸面上的权利"转化为"手中的权利"。

(3)重"责"少"益":高风险与低收益的冲突

首先,值班律师责任重。我国的值班律师并非基于被追诉人的委托,全程跟班式地参与到认罪认罚从宽案件中,而是根据法律援助机构的指派,以轮班的方式处理案件。这就意味着值班律师主动选择的空间很小,处理案件的数量也不能由其自己决定,甚至部分律师一天要处理几十个案件,增加办案压力的同时降低了法律帮助的质量。同时,值班律师不仅要作为被追诉人签署具结书的见证人,监督整个具结过程。此外还要在具结书上签字确认,以表明其要对具结书的真实性、合法性、自愿性负责。前文提到,值班律师缺乏发现案件事实、保障被追诉人权益的阅卷权、调查权、核实证据权,很难做到明察秋毫、滴水不漏,一旦出现虚假认罪甚至冤假错案,值班律师显然是难辞其咎的。

其次,值班律师收益低。律师是一个以有偿提供法律服务为盈利手段的职业,值班律师也不例外。实际上,当前我国值班律师的薪酬普遍不高。"以经济较为发达的杭州余杭区为例,该区法律援助案件补贴标准在侦查、审查起诉、审判阶段分别为900元、1100元、1400元,而与之相对应的值班律师的补贴只有500元。"[②]其他经济稍落后的地区则普遍处于100~300元。同为法律援助机构所指派,值班律师的补贴远远低于法律援助律师,付出与回报的比例严重失调,成为值班律师不愿接手此类案件的又一重要原因。

2. 职能定位不清

目前来看,值班律师的职能定位主要有两种观点,一为"法律帮助者说",二为"辩护人说"。

(1)法律帮助者说

法律帮助者说是我国学界的主流观点。其主要理由如下:

一是定位"法律帮助者"与现有规范性文件相契合。部分学者将值班律师界定为"法律帮助者",从其职责来看,主要是法律咨询、提供建议,明显有别于法律援助、辩护律师的职能规定。

---

① 参见孔冠颖:《认罪认罚自愿性判断标准及其保障》,载《国家检察官学院学报》2017年第1期。

② 陈凯、董红民、唐晔旎:《刑事案件律师辩护全覆盖的实践和思考——以杭州市为例》,载《中国司法》2018年第11期。

二是值班律师缺少实质辩护权利。首先,值班律师不具有出庭辩护权,认罪认罚具结后,其在认罪认罚中的职责即告结束。其次,值班律师不具有辩护人调查取证、核实证据等实质性权利。如此,"值班律师难以真正触及案件的事实、证据,也就无法为被告人提供有效的法律咨询与建议,更枉谈对被告人认罪认罚明智性、真实性、自愿性的保障"。① 目前,"值班律师在认罪认罚制度中并非被追诉人的辩护者,更像是站在办案机关一方的辅助者,其形式意义远远大于实质意义"。②

三是从立法的历史源流来看,值班律师提供的法律帮助行为也不必然具备辩护性质。"法律帮助"一词最早见于1996年《刑事诉讼法》第96条的规定。尽管该规定放开了律师介入侦查程序的权限,但并不能推导出律师提供法律帮助的行为性质属于辩护行为。加之当初刑诉法仅将被追诉人有权委托辩护人的时间限定在"自案件移送审查起诉之日起",因此,侦查阶段的律师并不具有辩护职能。③

(2)辩护人说

尽管"法律帮助者说"的主张颇为流行,但近年来,持"辩护人说"的学者异军突起,在学界逐渐有了一席之地。

一是现有法律规范难以否定值班律师辩护人身份。具体而言,法律帮助可以提供法律咨询、程序选择、申请变更强制措施等服务,与辩护律师在侦查阶段的职能相重合。除此之外,辩护律师还可以同在押的被追诉人会见通信,查阅复制案件材料,甚至自行调查与核实证据。不难发现,值班律师提供的法律帮助事实上履行了辩护律师在侦查阶段的辩护职能。因此,两者并非相互排斥的关系,而是相互包容的关系。

二是值班律师实质上履行了辩护职能。区分法律帮助者与辩护律师的实质性标准在于其权利义务指向的对象。随着刑事诉讼制度的不断完善,当前值班律师的职能已经有别于单纯法律咨询、提供建议,被赋予了查阅案卷的权利,并能够对案件的处理提出意见。不难发现,值班律师的职能有扩展的趋势,而这种趋势便是沿着辩护人职责的路径进行的,或者说值班律师所提供的法律帮助实质上已经成

① 陈瑞华:《认罪认罚从宽制度的若干争议问题》,载《中国法学》2017年第1期。
② 韩旭:《认罪认罚从宽制度中的值班律师》,载《政法学刊》2018年第2期。
③ 参见张泽涛:《值班律师制度的源流、现状及其分歧澄清》,载《法学评论》2018年第3期。

为辩护职能的完美替代。[①]

三是制度设立的目的决定了辩护人身份的必要性。无论是《刑事诉讼法》的修改,还是《指导意见》的规定,均明确要求保障认罪认罚的明智性、真实性、自愿性。赋予值班律师辩护人地位,意味着其可以享有会见、调查事实、核实证据的权利,同时在与检察机关就量刑问题协商的时候也有了更多的话语权,这对于保障被追诉人的合法权益有着突出意义。

关于值班律师在刑事诉讼中的角色亟须厘清,否则必然导致值班律师在刑事诉讼中的职能受限,其权利无从保障。仅"2020 年 1 月至 12 月,全国检察机关审查侵犯律师执业 2000 余件"。[②] 笔者认为,值班律师以辩护人定位是值班律师制度的内在要求和法律发展的必然趋势,亟须尽快完善配套机制,否则容易客观减少被追诉人获取的法律帮助,在法律判断资源上造成控辩失衡,难以为认罪认罚的自愿性、合法性提供基础保障。

(四)被追诉人案件知悉权保障不足

"协商性司法所要求的控辩平衡,首先是信息分享。"[③]被追诉人获悉足够的案件信息,才可能实现明智的判断,从而自愿选择放弃在审判阶段的实体对抗,与控方达成具结。案件知悉权是认罪认罚的基础,也是保证认罪认罚自愿性、合法性、真实性的前提。但当前我国对被追诉人案件知悉权的规定和保障均不完善,被追诉人即便认罪认罚,也难以作出最有利于自己的选择,认罪认罚程序中控辩失衡的问题较为突出。

1. 被追诉人不具有阅卷权

案件知悉权的核心是对事实证据的知悉。从理想状态上看,被追诉人有权或者直接通过辩护人获悉事实证据。其中直接获悉的方式即是被追诉人具有阅卷权,通过自己阅卷的方式,对事实证据作出评判。在刑事诉讼程序内,阅卷权向来被

---

① 《刑事诉讼法》第 36 条对值班律师提供法律帮助的内容作了规定,包括提供法律咨询、程序选择建议、申请变更强制措施、对案件处理提出意见等。《指导意见》据此细化为七项:一是提供法律咨询,包括告知涉嫌或指控的罪名、相关法律规定,认罪认罚的性质和法律后果等;二是提出程序适用的建议;三是帮助申请变更强制措施;四是对检察机关定罪、量刑建议提出意见;五是就案件处理,向人民法院、人民检察院、公安机关提出意见;六是引导、帮助犯罪嫌疑人、被告人及其近亲属申请法律援助;七是法律法规规定的其他事项。

② 戴佳:《发挥检察监督职能　依法保障律师执业权利》,载《检察日报》2021 年 2 月 6 日,第 2 版。

③ 龙宗智:《完善认罪认罚从宽制度的关键是控辩平衡》,载《环球法律评论》2020 年第 2 期。

认为是被告有效防御的条件,居于核心的地位。① 然而,我国刑事诉讼法并未确认被追诉人阅卷权,即使辩护人将其阅卷获悉的证据信息告知被追诉人,其法律效果也较为模糊,学理上、实践中均存争议。② 在司法实践中,被追诉人获悉证据往往是在辩护人核实证据的情况下间接实现,但辩护人在核实的过程中也比较谨慎,被追诉人获悉的案件信息相当有限。鉴于并未有刑事诉讼法律法规和相关司法文件明确规定检察官的证据告知义务,控辩双方认罪认罚协商的过程中,检察官也不可能全面告知被追诉人证据信息,最终达成具结一般是在信息不对称的情形下完成的。被追诉人基于对未知的不可判断,有可能在错误判断控方掌握证据的前提下,并非真实意愿达成具结,造成具结质量不高,甚至引发反悔情形。

2. 被追诉人不能真实知悉案件

案件的事实认定、证据采信乃至之后的定罪量刑都毋庸置疑是法律的专业判断。对于一些简单案件而言,被追诉人基于朴素的观点,可能并不影响对案件裁判结果的判断。但现实中不乏案情重大疑难复杂需要适用普通程序的案件,被追诉人受困于法律专业素养,其知情权的实现,“不仅需要公检法等机关在不同诉讼阶段依职权告知,更依赖于辩护人或者值班律师对该制度的说明与解释”。③ 换言之,被追诉人难以对事实认定、证据采信作出抉择的情况下,辩护人的有效参与是被追诉人能够正确知悉案件的根本保障和明智抉择的基础,甚至可能是唯一途径。正如有学者认为,“面对错综复杂的案件和控方的指控,如何进行明智的选择并实现自身利益的最大化,离开专业律师的帮助根本无法实现”。④ 司法实践中,与 185 万余人适用认罪认罚对应的是值班律师为被追诉人提供法律帮助 124.6 万次⑤,其中有超过 1/3 的被追诉人没有得到法律帮助,且不乏作为“见证人”旁观的情况,被追诉人无法基于理性且全面的判断做出认罪认罚的选择,距离被追诉人作出明智认罪认罚仍有相当差距。

---

① 颜厥安、林钰雄:《人权之跨国性司法实践——欧洲人权裁判研究(一)》,台北,元照出版有限公司 2007 年版,第 95 页。

② 参见朱孝清:《刑事诉讼法实施中的若干问题研究》,载《中国法学》2014 年第 3 期;龙宗智:《辩护律师有权向当事人核实人证》,载《法学》2015 年第 5 期。

③ 汪海燕:《重罪案件适用认罪认罚从宽程序问题研究》,载《中外法学》2020 年第 5 期。

④ 顾永忠:《关于“完善认罪认罚从宽制度”的几个理论问题》,载《当代法学》2016 年第 6 期。

⑤ 周强:《最高人民法院、最高人民检察院关于在部分地区开展刑事案件认罪认罚从宽制度试点工作情况的中期报告》,中华人民共和国全国人民代表大会常务委员会第三十一次会议,2017 年 12 月 23 日。

3. 证据开示仍在探索阶段

《指导意见》第 29 条确立了控方可以将证据向被追诉人进行开示,对被追诉的案件知悉权提供了保证。[①] 但证据开示工作当前仍在探索阶段,从实践来看,尚未全面推及。

一是未有强制性规定。《指导意见》虽然对证据开示作出了初步规定,但是并未具体规定应当进行证据开示的情形、方法和范围,而是采用“可以”“探索”等相对模糊的概念,明确了证据开示仍处在探索阶段,没有统一的标准和程序,导致工作未能全面开展普及。

二是检察机关证据开示的积极性不高。控方基于指控犯罪的职能定位,对被追诉人形成压迫性优势并基于此实现诉讼利益,是控方与被追诉人进行对抗的选择。证据是控方相对于被追诉人的主要优势之一,有利于其在控辩协商中居于主动地位。证据开示规定模糊,出于趋利避害的动机致使控方往往怠于甚至放弃证据开示。

三是未能形成可以统一借鉴的工作模式和配套规定。证据开示是我国新设立的诉讼制度,尚在探索阶段,没有形成统一的认识,证据开示的方式、范围、场所等,实践中也未有得到最高人民法院、最高人民检察院认可的工作模式,相关配套规定也未出台,导致了工作开展的迟滞。

四是适用范围有所限制。《指导意见》并未限制证据开示的案件类别,但是实践中往往集中于不认罪的案件,才通过证据开示督促被追诉人认罪。如苏州市相城区人民检察院办理的李某卖淫案,在李某拒不认罪的情况下,检察机关向其开示近 3 年来从事组织卖淫活动部分微信、支付宝转账记录等客观证据,后李某表示认罪认罚[②];宁波市慈溪市检察院办理的陈某开设赌场案,在陈某拒不认罪的情况下,检察机关向其开示指控犯罪相关的证据,陈某表示认罪认罚。[③]

四、认罪认罚案件中控辩平衡的完善路径

(一)落实客观公正义务

客观公正义务是修改后检察官法明文规定检察官必须严守的履职立场。“检

---

① 《指导意见》第 29 条规定:“人民检察院可以针对案件具体情况,探索证据开示制度,保障犯罪嫌疑人的知情权和认罪认罚的真实性及自愿性。”

② 参见《让嫌疑人在证据面前自愿认罪认罚》,载微信公众号“苏州检察”,最后访问日期:2020 年 11 月 3 日。

③ 参见《浙江慈溪:证据开示制度力促犯罪嫌疑人认罪认罚》,载正义网,最后访问日期:2020 年 5 月 12 日。

察官既是犯罪的追诉者,也是无辜的保护者。”①检察机关主导认罪认罚从宽制度的适用,指控罪名和提出的量刑建议,除例外情形外,判决一般应当采纳。② 此外,最高人民检察院还有权对具备特定条件的案件核准或者决定作特别从宽处理。③ 能否落实检察官的客观公正义务,将直接影响认罪认罚从宽制度的成败。从被追诉人的角度看,自愿认罪认罚,是其实现合法权益的基础和关键。据此,笔者将从自愿性保障机制及监督约束机制的角度去论证检察官如何落实客观公正义务。

1. 自愿性保障机制

“意志自由是精神领域的问题,行为自由是法律领域的问题。”④避免出现因被追诉人不理解、认知水平不足而导致的认罪后反悔,以及为追求效率而导致的虚假认罪、冤错案件,确保被追诉人自愿认罪认罚,是认罪认罚从宽制度具备法律正当性的基础。

(1)保障被追诉人案件知悉权

一是明知权利义务。认识到位、理解准确是正确实施的前提,对认罪认罚从宽制度的阐释应当贯穿于刑事诉讼全过程。检察机关在审查起诉阶段才能讯问被追诉人,并告知被追诉人认罪认罚的权利和义务。但核实侦查机关是否履行认罪教育的义务具有滞后性,对此,最高人民检察院专门制作认罪认罚从宽制度宣传片,在全国看守所、派出所、公安机关办案管理中心循环滚动播放,一些“零口供”案件的被追诉人受感召后主动认罪认罚,取得良好效果。⑤ 在H市,检察机关创新实施三个三驻所检察工作机制,对审查起诉和驻所检察职能进行更好的整合,采取设立

---

① 参见张军:《关于检察工作的若干问题》,载《人民检察》2019年第13期。

② 《刑事诉讼法》第201条规定:“对于认罪认罚案件,人民法院依法作出判决时,一般应当采纳人民检察院指控的罪名和量刑建议,但有下列情形的除外:(一)被告人的行为不构成犯罪或者不应当追究其刑事责任的;(二)被告人违背意愿认罪认罚的;(三)被告人否认指控的犯罪事实的;(四)起诉指控的罪名与审理认定的罪名不一致的;(五)其他可能影响公正审判的情形。人民法院经审理认为量刑建议明显不当,或者被告人、辩护人对量刑建议提出异议的,人民检察院可以调整量刑建议。人民检察院不调整量刑建议或者调整量刑建议后仍然明显不当的,人民法院应当依法作出判决。”

③ 朱孝清:《坚持客观公正原则保障制度正确落实——以认罪认罚从宽制度适用为视角》,载《检察日报》2020年8月10日,第3版;《刑事诉讼法》第182条规定:“犯罪嫌疑人自愿如实供述涉嫌犯罪的事实,有重大立功或者案件涉及国家重大利益的,经最高人民检察院核准,公安机关可以撤销案件,人民检察院可以作出不起诉决定,也可以对涉嫌数罪中的一项或者多项不起诉。”

④ 陈闻高、彭瑞楠:《论口供自愿性价值选择的实践困局》,载《中国人民公安大学学报(社会科学)》2016年第1期。

⑤ 周强:《最高人民法院、最高人民检察院关于在部分地区开展刑事案件认罪认罚从宽制度试点工作情况的中期报告》,中华人民共和国全国人民代表大会常务委员会第三十一次会议,2017年12月23日。

认罪认罚工作宣教室、利用看守所电教系统、印制宣传手册三种方式，确定每周对新收押人员进行一次制度宣告、每月对典型案例进行一次通报、对需要进一步解释的特殊群体随时个别谈话三个宣告节点，完善调查核实、转达诉求、监督台账三种督导方式，在循环播放法治宣传片的基础上，更好承担了宣传教育、思想引导、持续督导的职责，进一步提高了被追诉人明知权利义务的效果，为司法实践提供了范本。

二是法律帮助充分。其一，转变司法理念。充分认识控辩平衡对被追诉人真实意思表达，自愿认罪认罚的保障作用。值班律师的全面覆盖，为被追诉人实现平等武装、平等保护提供了可能，基于维护司法公正的目的，控辩之间存在广阔的合作空间。其二，保障律师履职。保障律师特别是值班律师的约见、会见、阅卷等权利保障，积极推动律师参与协商见证认罪认罚案件，通过提供法律帮助，实现被追诉人知情的充分性、明智的正确性、评估的合理性和选择的自由性。其三，赋予值班律师辩护人身份。值班律师规定在《刑事诉讼法》辩护与代理一节，就审前履职而言，其虽不具有调查取证、核实证据等权利，但可以就事实、证据、法律适用等案件实体处理问题向控方提出意见，并能够通过控方实现对证据的取证核实，赋予其辩护人地位，更好保障其执业，为被追诉人提供更有力的法律帮助。

三是拓宽知悉渠道。其一，大力推进证据开示制度。明确证据开示的启动程序、适用规则、开示范围等，制发配套性规定。其中，应当赋予被追诉人证据开示的申请权，检察机关不同意证据开示，应当书面驳回申请并说明理由。其二，推进值班律师阅卷普遍化。值班律师是被追诉人案件知悉的重要渠道，但在实践中值班律师履职形式化，大多数值班律师对被追诉人的法律帮助仅限于“问答式”，这使其并未在对案件事实证据全面掌握的基础上，提出更有针对性的意见，客观上减损了被追诉人获悉案情、正确判断的基础。

（2）坚持控辩平等协商

一是落实好中立审查责任。主导不是压制，检察机关既主导了认罪认罚的进行，同时也主导对被追诉人的权益保障和救济。落实客观公正的义务，中立审查事实、证据、适用法律是重要方面。世界各国基本上把检察官视为“审前程序的法官”，包括把检察机关规定为“侦查主持机关”的德国。① 控方指控犯罪，认定事实、采信证据既要审查对被追诉人有利的事实和证据，也要审查对被追诉人不利的事

① 朱孝清：《对检察官中立性几个问题的看法》，载《人民检察》2016 年第 1 期。

实和证据，做到不偏不倚，确保正确追诉犯罪，保障无辜的人免受刑罚追究。

二是充分听取意见。我国刑事诉讼法律法规和《指导意见》均明确规定，检察机关要听取辩方和被害人方的意见。听取意见是发现错案的重要途径，也是实现公平正义的必然选择。被追诉人认罪认罚放弃了审判阶段的实体抗辩权，要求控方在诉前乃至达成认罪认罚具结前，就必须对辩方和被害人方的意见充分考量作出评价，既要保证有理意见得到采纳，也要避免采纳无理意见，坚持平等协商，防止屈从具结，从而确保被追诉人自愿认罪认罚，具结书真实、合法有效。

三是妥善处理异议。被追诉人自愿认罪认罚，辩护人同意具结内容，是认罪认罚从宽制度的理想状态。但现实中被追诉人表示认罪认罚的案件，辩护人可能持有不同观点，比如控方指控有罪，辩护人认为无罪或者不应当追究刑事责任；控方认为被追诉人自愿认罪认罚，辩护人认为自愿性存在瑕疵甚至不是自愿；控方认为量刑建议适当，辩护人认为罪轻等。在此情况下，控方一是应当尊重辩护人执业的权利，允许辩护人对达成的认罪认罚具结提出异议；二是对辩护人的意见能够听进去，本着实事求是的态度对意见充分考量，正确判断；三是敢于纠正，对律师于法有理、于事有据的意见依法予以采纳；四是做好平等互动，不能认同辩护人观点的，应当充分交换意见，依法答复，形成推进认罪认罚自愿性、合法性的合力。

（3）提出确定刑量刑建议

提出确定刑量刑建议，实现量刑精准化不仅是认罪认罚具结的目标，也是落实客观公正义务的具体表现。

一是确定刑是控辩合意最直接、最充分的体现。[①] 控方根据案件事实证据、法律适用，确定合理的量刑，并在此基础上与被追诉人协商。控方提供的依据越充分，量刑减让就越精准，与被追诉人形成合意的可能性就越大，协商的就越充分，就越符合被追诉人对“罚”的期待。而被追诉人之所以选择认罪认罚，即是为了能够获取最大程度的量刑减让。从司法实践来看，确定刑相对幅度刑而言，被追诉人上诉率明显较低，更符合被追诉人的心理预期。

二是确定刑具有实践基础。随着信息化的高速发展，常见易发罪名的量刑不仅由最高人民法院出台量刑指导意见予以规范，同时也有裁判文书网等网站、检答网等平台对相近时间段内，邻近区域的类同案件判决进行及时查询，对裁判的一致性提供了重要参考，为确定刑提供了依据。同时在认罪认罚案件中，作为最易发生

---

① 参见蒋安杰：《认罪认罚从宽制度若干争议问题解析（中）——专访最高人民检察院副检察长陈国庆》，载《法制日报》2020 年 5 月 6 日，第 9 版。

变化的口供成为最为稳定可靠的证据，达成具结后，发生事实证据变化等情势变更的可能性也进一步降低，速裁程序审理的案件甚至可以省略法庭调查和法庭辩论程序，因此也为提出确定刑提供了现实需求。

三是加强量刑说理机制。控辩协商是相互对话、沟通的说服和被说服的过程。量刑建议能够让被追诉人接受、认可，达到心理预期，实现认罪认罚具结的真实性、合法性和稳定性，必然要做好说服被追诉人的工作，这为说服法院采纳量刑建议夯实基础。就其说理部分，一方面要量刑严谨，符合当前量刑指导的司法文件；另一方面要量刑科学，实现区域内类案同判，确保量刑相对统一。

2. 监督制约机制

(1)自愿性审查机制

《指导意见》第28条明确规定了检察机关对认罪认罚自愿性审查的义务。从审查重点看，需要对侦查机关的履职情况进行监督，确认被追诉人自愿认罪认罚。具体而言，侦查机关没有履行权利义务告知、认罪教育等义务的，检察机关应当提出纠正意见；侦查机关据以认罪认罚的证据系采取刑讯逼供的非法方式取得的，应依法排除，构成犯罪的应当依法处理；被追诉人认罪认罚的自愿性存在瑕疵，甚至违背意愿认罪认罚的，检察机关可以重新开展认罪认罚工作，并对被追诉人真诚悔罪，是否向被害人赔礼道歉等情况进行审查。就审查的方式而言，一是通过讯问、审查卷宗、核实证据等方式，确认被追诉人是否自愿认罪认罚；二是要求侦查机关提供被追诉人供述的同步录音录像，确保被追诉人是在未受到暴力、威胁、引诱等违背意愿认罪认罚；三是核查被追诉人提供证明侦查机关非法取证、侦查违法的线索；四是听取被害人的意见，保障被害人的诉讼参与权和异议权，避免被害人受到被追诉人的非法干扰，违背意愿作出和解、谅解的决定。

(2)构建良性检律关系

一是建立检律互动长效机制。服务保障律师执业权利，推动检律良性互动，是维护司法权威、建设高水平平安中国的要求。[①] 认罪认罚从宽制度刚刚起步，实践中仍需不断探索、磨合和完善。据此，可以在同级检察机关与司法行政机关、律师协会之间建立日常工作联络员，及时互通问题、沟通协作，解决认罪认罚规程中，制度运转不畅、履职不到位的问题。

二是建立检律互评机制。认罪认罚从宽制度的基础是控辩协商，协商具有平

---

① 参见《最高人民检察院、司法部、中华全国律师协会座谈会会议纪要》，载《检察日报》2021年1月27日，第2版。

等性。检察机关具有诉讼的主导地位,也承担更多的责任,需要一个能够评价履职情况的监督平台。对于律师特别是值班律师而言,是否为被追诉人认罪认罚提供及时有效全面的法律帮助,也需要一个评价的标准。控辩双方作为协商的"对手",对认罪认罚过程中的履职情况具有最直接、最客观的感受,由控辩双方评价认罪认罚具结的质量并说明对方存在的问题,是最有效的监督方式。据此可以在同级检察机关、司法行政机关、律师协会之间,建立常态化检律互评机制,一方面对问题即查即改,另一方面注意检律互评结果的转化和运用,为更好构建认罪认罚从宽制度配套机制提供参考。

三是加强对妨害律师执业的案件及时查办。当前不断出台保障律师执业的文件规定,但司法实践中侵犯律师执业的案事件,依旧屡禁不止、屡见不鲜,可以说保障律师执业是一直在路上的问题。当前最为关键的是畅通律师的问题反映通道,规范律师执业妨害案件的查办程序,确保案件均能依法严肃处理。据悉,"全国检察机关文明接待室将保障律师执业权利工作作为重要考核内容,为加速推进保障律师执业权利提供了范例参考"。①

(二)配套完善逮捕程序

《刑事诉讼法》第 81 条规定:"批准或者决定逮捕,应当将犯罪嫌疑人、被告人涉嫌犯罪的性质、情节,认罪认罚等情况,作为是否可能发生社会危险性的考虑因素。"②该条以法律的形式规定将被追诉人认罪认罚的情况作为逮捕社会危险性的重要参考。《人民检察院刑事诉讼规则》第 270 条对此予以强调与重申。③《指导意见》也明确规定被追诉人认罪认罚的,罪行较轻,没有社会危险的,应当不予逮捕。④刑事诉讼法将社会危险性作为逮捕的必要条件,被追诉人自愿认罪认罚,表明其悔罪表现,相较于不认罪情形,显然社会危险性明显降低。可以说,认罪认罚从宽制度进一步扩大了非羁押措施在刑事诉讼中的适用范围。本书将从认罪认罚从宽的角度,探索研究逮捕的配套措施。

---

① 戴佳:《发挥检察监督职能作用　依法保障律师执业权利》,载《检察日报》2021 年 2 月 6 日,第 2 版。

② 《刑事诉讼法》第 81 条第 2 款。

③ 《人民检察院刑事诉讼规则》第 270 条规定:"批准或者决定逮捕,应当将犯罪嫌疑人涉嫌犯罪的性质、情节,认罪认罚等情况,作为是否可能发生社会危险性的考虑因素。"

④ 参见《指导意见》第 20、21 条。

1. 认罪认罚带来的逮捕适用条件改变

一是恢复性司法导向逐渐凸显。被追诉认罪认罚,对应的是其认罪悔罪的表现,主观恶性进一步降低,社会危险性大幅下降。其不仅推动化解社会矛盾,营造社会和谐;同时也能节约司法资源,实现繁简分流,实体从宽,程序从简,因此采取非羁押措施是应然之意。根据《指导意见》,被追诉人认罪认罚符合非羁押条件的,公安机关应当不再提请逮捕,检察机关应当不批准逮捕。① 两个"应当"而非"可以",进一步明确了从宽的原则。"从司法实践看,认罪认罚案件速裁程序中非羁押措施的适用率较高,达到 50%"②,不捕率高于整体刑事案件 18.3 个百分点,法院宣告缓刑案件占 36.2%,高出整体刑事案件 6.9 个百分点,③充分体现了认罪认罚从宽制度消弭社会对抗的突出作用。

二是逮捕变更条件发生改变。《人民检察院刑事诉讼规则》明文规定认罪认罚是应当进行羁押必要性审查的条件之一。④ 严格要求被追诉人不论在任何阶段认罪认罚,检察机关都需要及时审查羁押的必要性,对没有继续羁押必要的,应当变更非羁押措施。比如,被追诉人因不如实供述罪行被采取逮捕措施,后认罪认罚,控方需要对其逮捕的必要性重新评价,经审查无逮捕必要的,应当及时变更逮捕措施。

三是社会危险性的评价更为完善。2019 年修改后《人民检察院刑事诉讼规则》对逮捕条件的五种社会危险性的情形做了进一步的完善和细化,进一步严格逮捕的适用范围。被追诉人认罪认罚,基于其社会危险性下降,对原依据《刑事诉讼法》第 81 条第 1 款规定逮捕的,均可以考量依法采取非羁押措施,其中罪行较轻的,应当采取非羁押措施。相对具体的规定,为司法实践提供了有章可循的标准,便于贯彻和执行,从而有效保障了对社会危险性的客观评价。

2. 认罪认罚改变逮捕现状的实践样态

一是非羁押直诉的拓展。被追诉人罪行较轻,可能判处 3 年以下有期徒刑,认

---

① 《指导意见》第 20 条规定:"犯罪嫌疑人认罪认罚,公安机关认为罪行较轻、没有社会危险性的,应当不再提请人民检察院审查逮捕。对提请逮捕的,人民检察院认为没有社会危险性不需要逮捕的,应当作出不批准逮捕的决定。"

② 童建明、万春等:《人民检察院刑事诉讼规则理解与适用》,中国检察出版社 2020 年版,第 186 页。

③ 周强:《最高人民法院、最高人民检察院关于在部分地区开展刑事案件认罪认罚从宽制度试点工作情况的中期报告》,中华人民共和国全国人民代表大会常务委员会第三十一次会议,2017 年 12 月 23 日。

④ 参见《人民检察院刑事诉讼规则》第 270 条。

罪认罚的，侦查机关不再提请逮捕，可以直接移送审查起诉，在实践中并无争议。争议的是可能判处 3 年到 10 年有期徒刑的，能否采取非羁押措施。根据《刑事诉讼法》的规定，3 年到 10 年有期徒刑并不当然属于应当逮捕的情形，而是要求曾经故意犯罪或者身份不明等法定条件。① 司法实践中基于对罪行较轻局限认识和便于诉讼的需要，同时也基于判处超过 3 年有期徒刑的被追诉人一般量处实刑，实际限缩了非羁押措施的适用。认罪认罚从宽制度实施后，基于对被追诉人社会危险性的"二次评价"，无疑将拓展非羁押直诉的适用。

二是求刑权的拓展。控辩协商达成认罪认罚具结，只要检察机关的量刑建议并不明显不当，法院一般应当采纳。既是对认罪认罚具结的尊重，也客观上拓展了检察机关的求刑权。从规定看，检察机关确定刑量刑是目的和追求，但最终量刑即便是确定刑也要做到不明显不当。在此基础上，基于节省司法资源、获取诉讼利益的共同追求，控辩双方达成的量刑建议可能相对较轻。检察机关提出的量刑建议应当与其采取的强制措施相匹配，那么与轻刑化相辅相成的必然是逮捕适用率的下降，适用认罪认罚的案件相较于未适用的案件不捕率高出 18.3 个百分点，就是较好的佐证。②

三是不起诉权的拓展。《人民检察院刑事诉讼规则》第 278 条规定，被不追诉人认罪认罚后，检察机关对其不起诉又反悔的，排除认罪认罚的因素后，符合起诉条件的，应当提起公诉。从该规定看，认罪认罚实际扩大了不起诉的范围，原本应当提起公诉的一些罪行较轻的案件，经认罪认罚后，决定对其作出不起诉处理。与不起诉相对应的，同样是逮捕条件的限缩，即检察机关决定对被追诉人不再追究刑事责任，与之对应不可能对其采取逮捕措施。当前相较法院判决缓免刑，尤其是起诉后判处缓刑、管制、免予刑事处罚的轻刑案件占比较高的情况，不起诉率偏低，不起诉权仍需进一步拓展，随之而来的必然是非羁押措施的适用率进一步上升。

四是特殊情形下认罪认罚后撤案的影响。根据《公安机关办理刑事案件程序规定》，对被追诉人认罪认罚，有重大立功或者涉及国家重大利益，公安部可以商请最高人民检察院核准撤销案件。③

---

① 参见《刑事诉讼法》第 81 条。

② 参见《中华人民共和国全国人民代表大会常务委员会公报》2020 年第 5 期。

③ 《公安机关办理刑事案件程序规定》第 188 条规定："犯罪嫌疑人自愿如实供述涉嫌犯罪的事实，有重大立功或者案件涉及国家重大利益，需要撤销案件的经层报公安部，由公安部商请最高人民检察院核准后撤销案件，报请撤销案件的公安机关应当同时将相关情况通报同级人民检察院。"

3. 配套程序的建构

2019 年 12 月 30 日,《人民检察院刑事诉讼规则》实施后,对逮捕的条件进行细化规定,对司法实践具有充分的指导意义。当前逮捕率带至审前羁押率一直居高不下,机制不完善是其成因之一,鉴于本书探讨认罪认罚从宽制度中的控辩平衡,下面将立足认罪认罚从宽制度的特点,探索配套程序的建构。

(1)完善听取意见程序

听取意见程序是指在审查案件的基础上,讯问犯罪嫌疑人、询问证人等诉讼参与人、听取辩护律师的意见。[①] 认罪认罚从宽制度依靠控辩协商得以实施,控辩协商以对话为前提。在审查起诉阶段,以控辩协商达成认罪认罚具结,控方提出量刑建议;在审查逮捕阶段,应当对逮捕的必要性进行协商,因此必须建构完善的听取意见程序对此则需要如下措施。

一是讯问实质化。被追诉人在审查逮捕阶段认罪认罚的,检察官应当讯问。[②] 讯问被追诉人不仅需要核查案件事实证据、认罪认罚的自愿性及合法性,同时也要对犯罪的前因动机、作案手段、日常表现等进行全面讯问,确保对社会危险性的全面评价。

二是主动听取辩护意见。诉讼能力平衡是控辩平衡的关键要素,也是控辩平等协商的必要条件。基于当前值班律师参与认罪认罚程序的形式化,致使被追诉人可能在不能真实表达意愿的情况下参与诉讼。控方承担主导责任,应当主动听取辩护人或者值班律师的意见,将认罪认罚控辩协商贯穿审查逮捕、审查起诉程序始终,确保能在全面分析案件的基础上,作出被追诉人是否逮捕的结论。

三是逮捕标准的明确化。被追诉人认罪认罚,签署具结书,其合意的内容不仅是同意量刑,也包括对其强制措施的适用。如果逮捕标准不一,类同的案件,有的批准逮捕,有的采取非羁押措施,即便最终量刑平衡,也难以实现案件的实质公正,认罪认罚从宽制度的适用就打了折扣。这就需要控方明确逮捕的标准,建立关联案件和类案检索制度,既确保类同案件类同量刑,又能确保相同强制措施,以稳定被追诉人对逮捕的心理预期。

(2)完善审查逮捕听证程序

审查逮捕案件,检察机关需要核实评估犯罪嫌疑人是否具有社会危险性、是否

---

① 参见张云鹏:《"捕诉合一"背景下诉讼化审查逮捕程序的完善与建构》,载《辽宁师范大学学报(社会科学版)》2020 年第 3 期。

② 参见《人民检察院刑事诉讼规则》第 280 条。

具有社会帮教条件的，可以召开听证会。[①] 通过听证程序，侦辩双方针对逮捕的必要性，交流意见，进行辩论，实现对逮捕案件诉讼化审查，达到检察官"兼听则明"的效果，同时通过听证员的监督，更好防范错捕、滥捕情形的发生。

一是兼顾诉讼公正和效率的平衡。尽管听证程序能提升逮捕的正确性，但也要防止滥用，避免司法资源的不必要浪费。即"'需听证则听证'，而非'为听证而听证'"。[②] 笔者认为，应重点围绕以下案件进行听证：其一，社会危险性存有争议的案件。被追诉人认罪认罚后，社会危险性发生变化，需要重新进行判断，但在实践中，用于考量社会危险性的证据往往不足，需要通过听证的方式形成对抗，以确保被追诉人的合法权益。其二，被追诉人是否具有帮教条件存疑的案件。实践中，被追诉人和被害人往往具有一定交往，甚至隶属同一社区、同一村委会，对被追诉人的社会帮教可能受到被害人的影响，需要通过听证的方式进一步兼顾多方利益，化解社会矛盾，以更好的对被追诉人采取强制措施。其三，对于逮捕条件侦辩双方争议较大的案件。需要通过听证充分阐述理由，协调不同单位意见为是否适用逮捕提供参考。其四，对于侦查活动违法的案件，需要经过听证程序对质，以此为检察机关有效监督提供程序依托。

二是实现中立审查。检察机关在听证的过程中，应当提供有效的意见交换平台，确保被追诉人能够依法充分提出适用强制措施的意见。其一，确保律师的有效参与。根据我国《刑事诉讼法》的规定，至审查起诉阶段，才能为被追诉人指定辩护，且指定辩护有适用情形的限制。对此可充分发挥值班律师的作用，特别是与派驻在检察机关的值班律师做好沟通协调工作，为被追诉人提供有效的法律帮助。其二，科学设计听证程序。与一般案件相同，听证程序由检察官居中主持，首先确定归纳双方的争议焦点，继而由侦查机关就被追诉人具有逮捕的必要性出示事实证据，发表意见，其后被追诉人及其辩护人进行答辩，并出示对应的事实证据，再由双方针对性展开辩论，听取听证员意见，最后由检察官在充分听取意见的基础上作出是否逮捕的决定。其三，听证场所的设计。听证场所首先应符合侦辩平衡、控辩平衡的要求，不能带给被追诉人新的压迫感，其次也要体现听证的严肃性，确保侦辩双方尊重事实证据发表意见建议，可以设计椭圆形、三角形三方座谈的方式；在有听证员听证的情况下，可以设计正方形的布局。

---

① 参见《人民检察院审查案件听证工作规定》第4条第2款。

② 张云鹏：《"捕诉合一"背景下诉讼化审查逮捕程序的完善与建构》，载《辽宁师范大学学报（社会科学版）》2020年第3期。

（三）完善值班律师制度

1. 值班律师的角色定位亟待厘清

值班律师在诉讼中角色定位不清与权责配置不清，使其在实践中难以有效履行法律帮助的职责，从而影响其在认罪认罚从宽制度中的作用发挥，限制了其对被追诉人自愿认罪认罚的保障，控辩在实践即始已严重失衡。

笔者认为，关于值班律师的角色定位不能简单地停留在传统的表面认识，而是应当深入理解认罪认罚案件律师制度的发展轨迹，这其中不仅涉及我国辩护制度内涵、刑诉发展的需要，也与域外国家的刑事司法实践经验有着密切联系。具体而言：

首先，我国辩护概念的澄清。长久以来，我国仅将“辩护”一词解释为在审判阶段就定罪量刑问题展开的辩解、反驳与论证的活动。[①] 这种观点不仅忽略了程序辩护之独立价值，更否定了侦查阶段与审查起诉阶段辩护的重要作用。倘若依此理解，仅限于侦查阶段提供法律帮助行为的值班律师自然没有辩护的资格。律师过早介入案件会对侦查机关的工作造成相当影响，一旦赋予值班律师在侦查阶段的辩护人身份，无疑会强化侦查机关根深蒂固抵触情绪。值得注意的是，传统的辩护观念随着2012年《刑事诉讼法》的修改而“支离破碎”，确定律师在侦查阶段即可拥有辩护人的身份，与此相对应的程序性辩护理念逐渐深入人心，并得到了理论界与实务界的一致认可，这无疑为值班律师的法律地位提供了法律依据与法理支撑。

其次，赋予值班律师辩护人身份是认罪认罚从宽制度发展的必然要求。尽管《刑事诉讼法》扩大了法律援助的范围，还将律师介入的时间提前到侦查阶段。但相比于我国刑事诉讼低辩护率的现状，已有的援助范围与手段仍然过窄。“我国律师辩护率不足40%。”[②]这就意味着审判程序中愿意参加法律援助的律师少之又少，大部分被追诉人的权益无法得到保障。[③] 认罪认罚多适用于速裁或者简易程序，庭审的程序化，导致几无辩护可能。因此，针对认罪认罚从宽制度的诉讼重心多在诉前，赋予值班律师辩护人身份，正是我国刑事辩护制度发展的必然。

最后，值班律师辩护人化也顺应了世界刑事司法的潮流。放眼世界，赋予值班律师多元职责已经成为域外国家的普遍选择。在美国，被告人在刑事诉讼的各个

---

① 张思之、王英：《中国律师制度与律师实务》，辽宁人民出版社1985年版，第325页。

② 杨波：《论认罪认罚案件中值班律师制度的功能定位》，载《浙江工商大学学报》2018年第3期。

③ 参见魏东、李红：《认罪认罚从宽制度的检讨与完善》，载《法治研究》2017年第1期。

阶段均有权委托律师，倘若发现被告人没有聘请律师，法庭应当为其指定。《法国刑事诉讼法典》规定，律师协助是被追诉人认罪答辩的一项强制性的权利，且该律师享有会见、阅卷等充分的职能。[①] 在加拿大，值班律师不仅要负责提供法律咨询建议，还应全程参与诉讼，包括申请休庭、申请保释、参与控辩交易等。[②] 另外，联合国《公民权利与政治权利国际公约》第 14 条规定，被指控者必须有充分的时间联络律师或者准备自己的辩护，并有权接受自己所选择的法律帮助。[③] 在实践中，此处的"法律帮助"表现为律师的辩护行为。质言之，无论是域外国家还是联合国公约中，所谓的法律帮助均是指律师提供的辩护，这将为我国值班律师的法律定位提供有力的参考。

综上，一国的律师辩护制度应当与其自身刑事诉讼程序本身相匹配。因此，推进认罪认罚从宽制度，不应弱化值班律师辩护职能的实现，更不应将其单纯作为诉讼行为合法性的形式见证人。综观国外律师参与刑诉的实践，以及我国改革试点对有效辩护跟进的需求，赋予值班律师之辩护人地位正当其时。

2. 值班律师参与认罪认罚从宽制度的完善路径

综合考量我国的试点情况以及制度目标，笔者拟从明确值班律师辩护人身份、充实值班律师参与诉讼的权利以及完善相关配套机制三个方面提出可行性建议。

(1) 立法层面明确值班律师辩护人身份

法律与政策语境下的模糊定位为值班律师行使辩护职能增添了不少阻碍。立法机关本着谨慎的立法思维，为以后的制度完善刻意预留了修改空间，但必须看到的是，当前试点过程中已经暴露出了值班律师的身份困境。质言之，在辩护职能没有被完整的赋予之前以及相关的配套措施被跟进之前，坚持值班律师形式上的法律帮助者或者见证人之角色是不合适且甚至是十分危险的。因此，为了理顺值班律师存在的逻辑，也为了认罪认罚从宽制度能够及时发现并解决内部问题，关于值班律师的功能定位，应当在立法层面有所体现。

首先，应当在具体的规范性文件或者政策层面加以落实，通过细化规则推动值班律师有效参与认罪认罚从宽案件的制度。[④] 其次，待立法条件成熟，便可考虑在刑事诉讼法以及其他规范性文件中正式赋予值班律师辩护人身份。笔者建议在

① 参见杨波：《论认罪认罚案件中值班律师制度的功能定位》，载《浙江工商大学学报》2018 年第 3 期。

② 宋英辉、孙长永、朴宗根等：《外国刑事诉讼法》，北京大学出版社 2011 年版，第 134 页。

③ 参见宫晓冰：《外国法律援助制度简介》，中国检察出版社 2003 年版，第 264 页。

④ 参见祁建建：《"认罪认罚从宽制度中的律师"研讨会综述》，载《中国司法》2016 年第 7 期。

《刑事诉讼法》第 39 ~ 43 条中，增加值班律师为各项权利的行使主体。同时，对第 36 条值班律师提供的“等”法律帮助，明确其为“等外等”，范围及于诉讼各个阶段。由此，值班律师的“辩护人化”并不会造成现有法律的大范围修改，维护法律体系的稳定性。同时，既然刑事诉讼法已经把值班律师与辩护律师置于同一章节，说明两者在法律定位、职能方面均有密切地联系，有利于保持法律的统一性。最后，以刑事诉讼法以及相关规范性文件为纲领，各司法部门、律师协会制定相应的章程、指导意见等，并在实践操作中严格执行。

(2)赋予值班律师完整的辩护职能

我国值班律师具体职能内容往往散见于各规范性文件，而规范性文件则又以原则性表述为主，未能实现对值班律师参与认罪认罚案件各阶段明确化、细致化的规定。[①] 值班律师的职能是否包含调查、核实证据等语焉不详。[②] 当前基于我国律师辩护严重不足的现状，被追诉人在控辩协商的过程中，面对控方的专业指控，法律判断资源是严重失衡的。由此，值班律师作为被追诉人获取法律判断资源的主要渠道，应当对其法律帮助职能进一步强化和完善，实现值班律师在认罪认罚案件中的实质性参与对此需要从如下维度展开：

首先，强化会见权。当前以“见证”为主要方式的法律帮助，显然无法保证被追诉人在明智自愿的基础上，决定是否认罪认罚。究其原因，当前仅规定通过被追诉人约见、公检法机关通知等方式，值班律师参与到认罪认罚中，并提供法律帮助，但参与的程度和标准并未做细化规定，造成“见证”流程化的出现。据此，应当明确值班律师提供法律帮助的次数和标准，对其在认罪认罚中所负义务和责任进行细化规定，如是否在事实证据、法律适用、程序选择等方面为被追诉人提供认罪认罚的参考意见等。

其次，规范值班律师阅卷权。值班律师资源不足是当前司法实践的困境，实现案案阅卷、调查核实是理想状态，但不切实际，反而可能增加诉累，降低案件质量。笔者建议建立“弹性阅卷”制度。即案情简单、罪轻刑微的案件，值班律师可以选择通过其他渠道获取更充分的案件情况或者选择不阅卷。对于案情复杂或者量刑较重的案件，则要求值班律师必须阅卷。为了提高效率，检察机关应当配合值班律师集中阅卷，进而提升法律服务的有效性。

---

① 参见冀祥德、李瑛:《律师介入认罪认罚从宽制度研究》,载《人民检察》2016 年第 18 期。

② 参见谢恩芝:《认罪认罚从宽制度视野下权利保障机制研究——以广西南宁市的适用为样本》,载《南宁师范大学学报》2020 年第 1 期。

再次，赋予值班律师调查、核实证据权。增加值班律师审查事实证据的渠道，不仅可以查阅案件卷宗，也可以对存在疑问的事实证据进行调查核实，更充分更全面的为被追诉人提供法律帮助。同时在事实、证据信息资源上，也能与控方形成对等平衡，在正确认知事实的基础上，为被追诉人自愿认罪认罚提供保障。

最后，建立值班律师辩护意见提交法庭机制。有效辩护离不开律师的全程参与。[①] 作为律师参与过程中最重要的一环，值班律师辩护意见应参与影响审判过程。原因在于，其一，被追诉人限于法律素养，难以正确充分地进行自我辩护。其二，基于说服法官的需要。认罪认罚具结基于控辩双方合意，实践中不乏量刑失准但并不明显不当的情形，且以量刑偏轻居多，需要参与具结的值班律师来说服法官采信。值班律师有别于辩护律师，不具有出庭辩护的权利，但可以要求控方必须将值班律师在诉前提交的辩护意见提交法庭，为审判提供参考，以保证辩护的延续性和完整性。

(3)完善配套机制

其一，严格准入门槛。我国尚未建立统一的值班律师准入机制，基于值班律师提供法律帮助相较指定辩护范围更广，业务集中且工作量大，需要短时间内做出精准判断。因此，笔者建议完善法律援助律师准入标准，选派具备一定执业年限、精通业务、口碑良好的律师担任值班律师，也可以吸纳年轻律师承担一些辅助工作，以确保法律帮助的质量，并为年轻律师成长提供平台。

其二，明确强制辩护模式。当前需被追诉人请求才会提供法律帮助。该规则具有明显漏洞，一旦办案机关威逼利诱被追诉人，迫使其放弃请求值班律师帮助的权利，将会造成冤假错案的发生。因此，有必要改造现有的值班律师参与模式，从“权利配置型”转化为“强制辩护型”。即“只要被追诉人没有委托辩护律师，无论其是否提出申请，有关部门均应当为其指定值班律师”。[②]

其三，完善工作模式。“由于我国绝大部分一审刑事案件均发生在基层法院，可以在基层法院设置统一的值班律师工作部门。”[③]根据具体情况不同，值班律师可采用固定式跟班或者轮流式坐班的方式开展工作，为其提供包括但不限于配备办公场所、相关案件材料、帮助会见被告等。同时，设计并推广值班律师转任辩护律师

---

① 参见陈瑞华：《有效辩护问题的再思考》，载《当代法学》2017 年第 6 期。

② 参见韩旭：《辩护律师在认罪认罚从宽制度中的有效参与》，载《南都学坛》2016 年第 6 期。

③ 吴小军：《我国值班律师制度的功能及其展开——以认罪认罚从宽制度为视角》，载《法律适用》2017 年第 11 期。

的机制，实现辩护的有序衔接，提供更有效的法律帮助。即控辩双方具结后，可以通过委托或者基于情势变更予以指定辩护，将值班律师转变身份为辩护律师，参与庭审并进行辩护。该机制的设计与推广不仅可以加速不同阶段值班律师的衔接，也能节约大量司法成本。①

其四，强化激励机制。实现值班律师制度的长久发展，最重要同时也是最为迫切的改革是完善值班律师激励机制。② 对此，一是加强物质保障。“现对值班律师的法律援助补贴仅限于成本支出，不仅较发达国家有很大差距，甚至低于部分发展中国家的补贴标准。”③笔者对H市调研时发现，基于当前我国对值班律师补贴没有明确标准，值班律师补贴往往以日为单位计算，逐渐形成“干多干少一个样”的尴尬局面，显然不利于工作的积极性。因此，笔者建议统一补贴模式，杜绝“按日计算”，而是“按量计算”，充分考量案件数量、简繁难易程度，将提供法律帮助的情况予以量化，并给予合理充足的补贴。二是加强精神激励。司法部门以及律师协会应当加强对援助律师和值班律师的宣传，通过电视、广播、网络等凸显其公益援助形象；同时，对于表现优异或者为法律援助事业做出突出贡献的律师应当予以表彰和奖励。④

3. 律师在场权的思考

关于律师讯问在场权的赋权与否在学界的讨论一直没有中断，至今也没有定论，谨慎的立法者也没有将其列入立法计划。究其原因，有两方面的障碍：一是我国律师资源不足。“2019年底，我国共有执业律师47.3万左右，每万人拥有律师的数量约为3人，而美国则达到了37人。”⑤可见，司法实践对执业律师的刚性需求与律师资源不足间的矛盾一直是困扰制度改革的难题。二是讯问在场权可操作性差。实践中，办案人员在讯问被追诉人时是非常排斥值班律师介入的，因此，一旦放开讯问在场权，侦查机关也会设置苛刻的条件限制律师的在场。至于讯问过程中的违法行为，律师也难以发现，无法保证认罪的自愿性。笔者认为，当下而言，以上两个障碍完全可以排除。首先，自2018年司法考试改为法律职业资格考试之后，通过

---

① 参见杨立新：《认罪认罚从宽制度理解与适用》，载《国家检察官学院学报》2019年第1期。

② 参见王敏远：《认罪认罚从宽制度疑难问题研究》，载《中国法学》2017年第1期。

③ 向新林、廖红军：《对法律援助立法若干问题的思考》，载《中国司法》2017年第4期。

④ 甘权仕、王中义：《认罪认罚从宽制度中值班律师制度的定位与完善》，载《中国司法》2017年第8期。

⑤ 参见司法部：《截止2019年底，律师数量已突破47万》，载司法部政府网，http://www.xuefa.com/article-13955-1.html，最后访问日期：2020年11月2日。

法考的人数逐年递增，而且政策规定相关人员可以先实习再考证。这就向社会传达了清晰的信号，那就是在不远的未来，我国执业律师将在数量与质量均有较大的提升，基本上可以满足律师在场权的需求。其次，继续强化构建办案机关与值班律师的协作机制。对办案机关讯问时保证律师在场作出强制性规定，并规范救济渠道，以监督违法取证与保障供述的自愿性。

当前我国应对刑讯逼供、冤假错案最有效的武器便是非法证据排除规则。但是非法证据排除具有滞后性，是发生后的纠正措施，无法实现事前预防与规制。如引发社会关注的张玉环故意杀人案，张玉环曾遭到六天六夜的刑讯逼供，甚至遭到狼狗的撕咬，作出的死刑缓期二年执行的有罪判决直至26年后才得以纠正。而整个一审期间，甚至没有律师为张玉环辩护。直到今天，有些司法人员工作方式简单粗暴，甚至刑讯逼供的情况依然时有发生。值班律师的出现，实现了法律帮助的全覆盖，所有案件都应由律师帮助被追诉人作出实质的专业法律判断。特别是认罪认罚从宽制度中，基于控辩平等协商，被追诉人不再是只能交代罪行的孤立义务主体，而是能够以平等身份参与诉讼过程并塑造结果的权利。

那么，如何才能最为彻底地保障被追诉人合法权益，最大可能地避免值班律师法律帮助不充分或者流于形式？正如张玉环的辩护律师在记者提问时说的那样，关键是讯问过程中赋予律师在场权。① 借此能够在出现非法讯问的第一时间，向被追诉人提供法律帮助，并向控方提出意见，实现对程序正义的源头保障，为实现真正达到控辩平衡提供支撑。

（四）规范协商具结过程

控辩协商达成具结是认罪认罚从宽制度的主要内容。但作为一项新的诉讼制度，现有配套规定并不能满足司法实践中案件多样性的要求。具体到控辩协商如何开展，仅有宣示性规定，操作层面的规范缺失，缺少统一标准，对被追诉人自愿性、合法性保障不足。因此需要对控辩协商的具结予以完善。

1. 规范协商具结场所

认罪认罚协商具结是严肃的司法活动，需要设立专门的场所，不仅彰显法律的庄严和神圣，同时能够影响到被追诉人的心理感受，推动其认罪悔罪，自愿认罪认

① 参见孙冰洁：《专访张玉环案再审辩护律师：刑讯逼供者必须要承担相应的法律责任》，载央广网2020年8月6日，https://www.360kuai.com/pc/9ffc6ec1faeb52cd0？cota=3&kuai_so=1&sign=360_57c3bbd1&refer_scene=so_1。

罚。对此,设置场所时需要注意如下标准。

一是场所设定的基本要求。其一,严肃性。规范的场所和程序,才能充分彰显法律的威严,才能够促进被追诉人更为主动的认罪认罚。具体设置上,应当严格布局,在居中位置上,应当悬挂检徽,在桌椅的设置上,既符合协商的特征,也要让被追诉人充分感受到严肃,从而进一步强化认罪认罚具结的效力。其二,安全性。认罪认罚,有的案件是在看守所进行,看守所设置区别于提审室的认罪认罚专门场所,必须考虑在押人员的危险性。在检察机关内部设立的认罪认罚专用场所,适用的对象都是取保候审的被追诉人,尽管这些人犯罪情节相对轻微,人身危险性相对较小,但是危险性依然存在,因此有必要设置法警值班场所和一定的防范措施,比如墙面的软包,桌椅的棱角处理等等确保安全。其三,设置当事人隐私空间。不论是看守所内的专用场所,还是检察机关设立的专用场所,都应当为被追诉人和律师沟通提供隐私空间。因为在检察官在场的情况下,被追诉人无法与律师充分沟通,也就是说应当为律师和当事人隐私会见提供专用的认罪认罚场所,这个场所要保证安全并且不应当录音和监听,确保当事人会见权的充分实现。

二是规范具结场所名称。现未有统一规定,根据制度名称和活动特点,可以命名为“认罪认罚具结协商室”,将认罪认罚的具结与协商有机结合起来。一般包括四个部分:其一,候押场所。很多认罪认罚案件,都是集中进行,一次办理的被追诉人较多,一名被追诉人在进行具结协商时,其他被追诉人处于候押状态,因此需有候押室,保证办案安全。其二,法警执勤室。协商具结过程中,被追诉人社会危险性仍然存在必须有司法警察保障办案安全。其三,单独会见室。为被追诉人与辩护人沟通提供方便。其四,具结协商室。作为具结协商的核心场所,协商一般是在检察官、法官主持下进行,被追诉人及其辩护人参与,必要时可以邀请被害人参加。协商具结时,先告知权利义务,其后进行协商,在确保被追诉人知情明智、意志自由的情况下达成具结,然后签署具结书;同时,具结协商的过程,应当全程录音录像;另外,基于当前认罪认罚从宽场所建设并无标准,可以与现有的办案工作区结合进行改造,场所应确保安全。

三是规范值班律师进入羁押场所程序。司法实践中,签署认罪认罚具结书时,一般检察官与律师同时提审会见被追诉人,一定程度上影响了被追诉人对律师特别是值班律师的信任度。应当设置律师与检察官入场的先后顺序和时间间隔,检察官和律师应当有分别的进出通道,同时辩护人可以单独先会见被追诉人,阐明认罪认罚协商具结的程序,征得被追诉人同意后,检察官再到场进行协商具结。

2. 规范协商具结程序

协商的有效性决定具结的质量，有效且规范的协商和具结是优化认罪认罚从宽制度的根本所在。针对实践中存在的问题，在检察环节，可以从以下方面来进行思考和着力。

一是履行及时、全面、客观的告知义务，为认罪认罚的自愿性、合法性提供坚实保障。首先，告知时间应当及时，即应当在收到审查起诉材料3日内告知享有认罪认罚的权利，可能导致的法律后果。其次，告知内容应当全面，包括认罪认罚从宽的内涵、适用条件、法律效果、诉讼权利、量刑、可能判处的刑罚等。最后，告知的方式应当客观，不得威胁、引诱、欺骗，确保被追诉人自愿认罪认罚。

二是要突出协商性，增加量刑磋商的次数。控辩协商环节的关键是要弱化检察机关主导过程中的职权性，突出协商性。其一，平等和双向全面听取意见。听取被追诉人、被害人、辩护人、值班律师等意见，采取“要约—调整—承诺”的方式代替现在的“要约 + 同意”机制，容许被追诉人对是否具结思考和答辩，设定不少于3日的思考期限。“期限内可以寻求律师帮助，对量刑建议进行考虑和权衡，期限届满后作出是否同意的答复”①。其二，视情况进行多轮协商。允许被追诉人提出异议，通过充分协商达成合意，而非单方拍板决定，压迫被追诉人做“是否”的选择题。其中确有必要的，可以通过证据开示等方式，推动被追诉人自愿认罪认罚。

三是三方协商。控辩协商的理想状态是控方在辩护人在场的情况下，与被追诉人进行协商，被追诉人能够随时获得有效的法律帮助，理性选择同意控方指控和量刑是否符合其诉讼利益，从而提升控辩协商的透明度和公信力。试点工作中，存在检察官与被追诉人、辩护人分别协商的情况，基于被追诉人自愿认罪认罚，辩护人的作用往往仅是作为“见证人”署名。正如有学者认为，“在得不到辩护人或值班律师有效帮助的情况下……嫌疑人根本谈不上与检察官进行平等协商。”②因此规范的控辩协商要求协商应在三方同时参与的情况下进行。

四是规范量刑建议。认罪认罚案件中，量刑建议基于“一般采纳”原则而影响裁判结果，必须予以规范。对此，一是建构量刑辅助智能系统。充分发挥大数据优

① 曾亚：《认罪认罚从宽制度中的控辩平衡问题研究》，载《中国刑事法杂志》2018年第3期。

② 陈瑞华：《刑事诉讼的公力合作模式——量刑协商制度在中国的兴起》，载《法学论坛》2019年第4期。

势,建探索扩大适用类案量刑建议精准化的各类软件,以此适度限制检察官的裁量权。[①] 通过量刑模式化,推进量刑建议的同一化,减少人为因素干扰,实现量刑建议适当。二是出台量刑规范化文件。制定认罪认罚案件量刑参考标准,提供明细规定,不断提升量刑规范化水平。

3. 认罪认罚具结过程同步录音录像

录音录像能够最为客观地记录、还原控辩协商的过程,一方面让协商具结在监督下进行,提升透明度和公信力;另一方面能够证明具结的真实性与合法性,遏制无正当理由的反悔。审查起诉时对控辩协商过程全程录音录像,就技术上和实践上均无障碍,理应全面推广。

(1)同步录音录像的必要性

其一,程序公正的选择。程序公正是刑事诉讼的基石,认罪认罚从宽每一个程序都应当符合刑事诉讼法的规定。认罪认罚具结过程,涉及当事人的重大利益——认罪和量刑,规范的程序是保证当事人利益实现的根本途径。对控辩协商的过程进行录音录像,能够督促控方依法履行诉讼关照义务,避免实践中权利告知不充分、具结程序不清晰等诉讼不规范情形出现,促进被追诉人在控辩平衡的前提下协商具结。

其二,保障自愿性的要求。认罪认罚案件中,被追诉人是否自愿,经常在事后出现一些争议。特别是在一些案件的后期辩护当中,出现以认罪认罚不自愿为由的否认具结书,而检察机关又无法举证当时被追诉人是否自愿,同步录音录像能有效还原认罪认罚的全过程,大大减少上述争议。

其三,责任划分的需要。虽然被追诉人有权利对具结进行反悔,但是由于已经签署了具结书,认罪认罚反悔或者提出异议,需要确定责任划分。如被追诉人以承办检察官没有行使必要的告知,或者采取引诱欺骗方式,迫使自己签署了认罪认罚具结书为由反悔,就涉及检察官办案责任问题。同步录音录像可以有效证明认罪认罚具结书签署的过程,区分认罪认罚拒绝反悔的原因和责任。这样对控辩双方均有拘束力。

(2)同步录音录像技术的规范要求

一是同步录音录像,应当保证进入场所以后,被追诉人、律师和检察官的行动

---

① 最高人民检察院:《认罪认罚从宽制度中量刑建议的精准化进路》,载最高人民检察院官网 2020 年 6 月 30 日,https://baijiahao.baidu.com/s?id=1670902014496426114&wfr=spider&for=pc,最后访问日期:2020 年 5 月 5 日。

轨迹被有效记录。这些轨迹应当存盘保存,其中,非隐私房间应有相关记录。

二是具结过程要全程同步录音录像,包括告知、示证、协商、具结书签署过程都应当全程同步录音录像,并且刻盘保存。对于律师和当事人隐私会见场所只录像不录音。这就既保证了当事人会见权的隐私保护,又确保了整个具结过程的留痕记录。

(五)明确认罪认罚撤回权

《指导意见》第十一部分规定"认罪认罚的反悔和撤回",但就其具体规定而言,分别规定了侦查、审查起诉、审判阶段的反悔和检察机关的法律监督职责,但并未涉及撤回情形的规定。① 而从《指导意见》对认罪认罚的表述看,被追诉人认罪认罚不仅需要如实供述自己的罪行,同时还要认可控方的定罪量刑。② 这进一步加剧了反悔和撤回概念不清的情形,甚至在实践中将二者作为同一性评价。对认罪认罚的任何意见的改变,均视为对认罪认罚的反悔,根据反悔后处理的情形,被追诉人一般均要承担不利后果。实践中认罪认罚样本文书同样对撤回和反悔进行混同,即检察机关根据《指导意见》认定被追诉人对认罪认罚具结反悔,但告知权利时,却书面告知认罪认罚具结后,可以撤回。③ "从词义上看,'反悔'侧重主观状态,'撤回'重在客观行为。"④一般情况下,被追诉人反悔必然导致认罪认罚具结的撤回,但是被追诉人撤回可能并非出于对认罪认罚具结的反悔,如出于留所服刑、在幅度型中上幅度判决等原因进行上诉,因此撤回和反悔并不具有一致性。笔者认为,撤回和反悔的法律理论和制度亟待厘清,否则容易导致司法实践中的混乱。基于当前认罪认罚撤回或者反悔,被追诉人往往是受到非难的一方,下面将以被追诉人认罪认罚撤回为视角,探讨认罪认罚撤回权。

---

① 参见《指导意见》第十一部分。

② 参见《指导意见》第6条规定:"认罪是指犯罪嫌疑人、被告人自愿如实供述自己的罪行,对指控的犯罪事实没有异议。承认指控的主要犯罪事实,仅对个别事实情节提出异议,或者虽然对行为性质提出辩解但表示接受司法机关认定意见的,不影响认罪的认定";第7条规定:"认罚在审查起诉阶段表现为接受人民检察院拟作出的起诉或不起诉决定,认可人民检察院的量刑建议,签署认罪认罚具结书;在审判阶段表现为当庭确认自愿签署具结书,愿意接受刑罚处罚。"

③ 如《××××人民检察院认罪认罚从宽制度告知书》第6条规定:"《认罪认罚具结书》签署后,犯罪嫌疑人、被告人可以要求撤回……犯罪嫌疑人、被告人未提出书面撤回申请,但对起诉书指控的主要犯罪事实、罪名和认罪表述提出异议的,视为撤回《认罪认罚具结书》";第7条规定:"犯罪嫌疑人、被告人撤回《认罪认罚具结书》后,犯罪嫌疑人、被告人已签署过的《认罪认罚具结书》不能作为本人认罪认罚的依据。"

④ 汪海燕:《被追诉人认罪认罚的撤回》,载《法学研究》2020年第5期。

1. 明确认罪认罚撤回权的必要性

(1)支撑控辩平衡的实现

从《刑事诉讼法》第201条的规定来看,检察机关具有认罪认罚撤回权,发现量刑建议不当的,可以撤回。[①] 在此情况下有可能出现相较认罪认罚更为不利的后果,但由被追诉人予以承担。与之对应的是,被追诉人撤回具结,则必然无法再享有认罪认罚赋予的量刑减让,同样需要承担不利的后果。从而出现了悖论:检察机关撤回+被追诉人撤回,一般情况下,均由被追诉人承担不利后果。这显然违背了认罪认罚控辩协商的基础,具结书更像是给予被追诉人的枷锁。与之对应的是,检察机关在认罪认罚具结后,能否主动撤回认罪认罚具结,又在何种情形下行使,行使之后的结果也未有相关规定予以明确和规范,其既可能导致司法实践中的混乱,更不利于被追诉人合法权益的保障。认罪认罚具结书是控辩合意的最终结果,对双方具有拘束力,并被法院所尊重,理应构建健全的撤回机制,才有可能维护其严肃性,实现控辩协商中的平衡。

(2)保障自愿性的要求

"认罪认罚是国家赋予所有被追诉人真诚悔罪、改过自新的一种机会与权利。"[②]作为权利既可以选择适用,也可以选择不适用,如果规定必须适用、必须遵守,显然是把权利义务化。换言之,被追诉人具有选择认罪认罚的自由,就其实践样态而言,可以包括:一是被追诉人可以选择是否适用认罪认罚;二是被追诉人有权选择在何阶段适用认罪认罚;三是被追诉人有权选择后撤回。

对被追诉人自愿性的保障理应贯穿刑事诉讼始终,不能因签署认罪认罚具结而有所改变。否则被追诉人签署具结书时,总要衡量其后诉讼程序所需承担的诉讼后果,其认罪认罚的自愿性必然受限。赋予被追诉人撤回认罪认罚权,同时应当确认,认罪认罚撤回后可以重新协商达成具结,其具结时将更为自主,更利于保障自愿性。

(3)无罪推定的选择

"任何人未经审判不得认定有罪"是我国刑事诉讼的基本原则。[③] 被追诉人被作出有罪裁判前,其人格完整,属于法律意义上的无罪之人。应准许其作任何内容

① 《刑事诉讼法》第201条第2款规定:"人民法院经审理认为量刑建议明显不当,或者被告人、辩护人对量刑建议提出异议的,人民检察院可以调整量刑建议。人民检察院不调整量刑建议或者调整量刑建议后仍然明显不当的,人民法院应当依法作出判决。"

② 汪海燕:《被追诉人认罪认罚的撤回》,载《法学研究》2020年第5期。

③ 参见《刑事诉讼法》第12条。

的辩护，既可以作有罪辩护，也可以作无罪辩护。[①] 认罪认罚从宽制度的基础是被追诉人拥有是否认罪以及是否反悔的自主选择权。[②] 具体而言，控辩协商形成合意，被追诉人认罪认罚具结后，虽然放弃了审判阶段的实体抗辩权，但是放弃不代表失去更不能等同剥夺，必须承认被追诉人仍能自主选择撤回并进行有针对性的辩护。否则，限制被追诉人撤回认罪认罚，无疑强迫其自证其罪，是对无罪推定原则的背离。

(4)情势变更的需要

一是事实证据法律发生变化。随着刑事诉讼的进行，指控犯罪的事实证据乃至法律都可能发生变化，导致控辩双方认罪认罚具结的基础发生变化，甚至不复存在，需要撤回后重新协商。具结是双方共同合意的结果，对控辩双方具有同等约束力，应当赋予双方同样的权利，因此被追诉人也应当可以主动撤回具结。

二是被追诉人的判断发生变化。当前签署认罪认罚具结，值班律师履职趋于形式化，更多扮演“见证者”的身份，被追诉人受困于法律素养，难免未能即时作出符合意愿的判断。随着诉讼的进行，被追诉人对案件的理解可能发生变化，甚至颠覆之前的判断，此时需要撤回先前的认罪认罚。

三是法院不采纳量刑建议。《刑事诉讼法》第 201 条规定了 5 种法院可以不采纳量刑建议径行作出判决的情形。控审观点不一，导致认罪认罚具结可能失去“一般应当”被采纳的效力，最终的定罪量刑也不再受之前具结的影响，此时被追诉人面临是否重新协商具结的情形，需要撤回之前的具结。

2. 撤回认罪认罚的对象

《指导意见》将认罪认罚分为了认罪和认罚，基于此，笔者也将撤回认罪认罚分为认罪、认罚两个方面进行探讨。

(1)撤回认罪

根据《指导意见》，认罪大体包括以下几个层次：一是如实供述罪行；二是认可指控的犯罪事实；三是保留定性辩解，接受控方意见。从其架构来看，认罪包括了认事、认罪、认罪名三个要素，即被追诉人须对检察机关指控的犯罪事实和罪名均认

---

① 汪海燕：《被追诉人认罪认罚的撤回》，载《法学研究》2020 年第 5 期。

② 参见马明亮、张宏宇：《认罪认罚从宽制度中被追诉人反悔问题研究》，载《中国人民公安大学学报(社会科学版)》2018 年第 4 期。

可,采用的是精确认罪说。[①] 据此,本书认为撤回认罪可以包括三个方面:

一是撤回认事。即被追诉人不再如实供述自己的罪行,传统意义谓之“翻供”。具体可以分为三种情形:其一,对全部事实的否认,与之对应的是被追诉人往往作出无罪辩护,也导致对事实与罪名同时撤回,是最为彻底的撤回。其二,对部分事实撤回。该情况下虽表示对其他犯罪事实认罪认罚,但是根据《指导意见》仍视为撤回认罪认罚。其三,被追诉人对事实细枝末节或者情节提出异议,不影响定罪,则仍视为如实供述自己的罪行。[②]

二是撤回认罪。即被追诉人对犯罪事实不持异议,但不认可有罪。往往表现为作出无罪辩解,认为其犯罪实施不符合犯罪构成,要求司法机关不予追究其刑事责任。

三是撤回认罪名。即被追诉人如实供述自己的罪行,但是对指控的罪名存有异议。该种情况下撤回,基于仍有协商并达成认罪认罚具结的基础,被追诉人也有认罪认罚的意愿,因此往往要求重新签署认罪认罚具结书,对其量刑减让。

(2)撤回认罚

认罚在理论界主要有以下三种观点:其一,量刑建议接受说。认罚是被告人对检察院提出的量刑建议不持异议。[③] 其二,认罚包括法定形式与酌定形式两种类型,法定形式的认罚是指被追诉人认同公诉机关量刑建议并签署具结书,酌定形式的认罚则包括被追诉人退缴赃款赃物、赔偿损失、赔礼道歉、恢复原状、寻求与被害人达成和解等。[④] 其三,接受处罚且真诚悔罪说。认罚首先是“被追诉人对于可能刑罚的概括意思表示……判断标准应当为接受公安司法机关提出的抽象刑罚”。[⑤] 同时,主动退赔退赃、积极赔偿损失、赔礼道歉等也是被追诉人认罚的具体体现。[⑥]

---

① 参见陈瑞华:《“认罪认罚从宽”改革的理论反思——基于刑事速裁程序运行经验的考察》,载《当代法学》2016 年第 4 期;参见胡云腾主编:《认罪认罚从宽制度的理解与适用》,人民法院出版社 2018 年版,第 302 页。

② 参见《指导意见》第 6 条。

③ 参见陈瑞华:《“认罪认罚从宽”改革的理论反思——基于刑事速裁程序运行经验的考察》,载《当代法学》2016 年第 4 期。

④ 参见孔令勇:《教义分析与案例解说:解读刑事诉讼中的“认罪”“认罚”与“从宽”》,载《法制与社会发展》2018 年第 1 期。

⑤ 陈光中、马康:《认罪认罚从宽制度若干重要问题探讨》,载《法学》2016 年第 8 期。

⑥ 参见魏晓娜:《完善认罪认罚从宽制度:中国语境下的关键词展开》,载《法学研究》2016 年第 4 期;熊秋红:《认罪认罚从宽的理论审视与制度完善》,载《法学》2016 年第 10 期;汪海燕、付奇艺:《认罪认罚从宽制度的理论研究》,载《人民检察》2016 年第 15 期。

《指导意见》采取的是上述第三种观点。[①] 着眼于刑事诉讼的各个阶段，认识到"认罚"的内容随着诉讼程序的推进而逐步具体、明晰。[②] 笔者赞同该观点，在侦查阶段即可做出认罪认罚的宣示，贯穿侦查、公诉、审判刑事诉讼始终。就其撤回看，其本质是不再认同司法机关的处理结果。

一是侦查阶段撤回认罚的宣示。在侦查阶段不涉及认罪认罚具结的问题，但追诉人可以作出是否同意认罪认罚的宣示，并应当将认罪认罚的情况写入起诉意见书，为检察机关从宽裁量提供依据。换言之，虽然侦查阶段仅可作出宣示，但实际上可能影响到最终的具结和量刑。被追诉人撤回宣示，即表示不愿意接受处罚，往往伴随的是不认事，或者虽然认事但是做无罪辩解。

二是审查起诉阶段撤回认罚。具体表现为，撤回同意检察机关的不起诉决定，检察机关根据具体情况分别作出处理，其中符合起诉条件的，可能再行起诉；[③]撤回同意检察机关对其量刑建议，可能导致无法享受量刑减让的利益，需要被追诉人与检察机关重新具结。

三是审判阶段撤回认罚。具体表现为，不认可检察机关的量刑建议，要求法院对其判处较轻量刑的刑罚。对检察机关提出幅度刑量刑建议，法院在中上幅度判处刑罚的，可能提出上诉。

3. 撤回认罪认罚权的适用

（1）适用情形

其一，认罪认罚瑕疵应当撤回。首先，程序瑕疵。被追诉人应当在知情明智、意志自由的前提下，签署认罪认罚具结书。对于违背被追诉人自愿性达成的具结，程序存在瑕疵影响实体公正，应当允许被追诉人主动撤回认罪认罚。其次，实体瑕疵。控辩双方虽然经过充分协商，形成合意，达成具结，但是检察机关事实认定、证据采信、法律适用等存在明显错误，影响定罪量刑或者应当不起诉的，应当允许被追诉人辩护权的依法行使，对认罪认罚可以撤回。

---

① 《指导意见》第 7 条规定："认罚是指被追诉人真诚悔罪，愿意接受处罚。"

② 朱孝清：《认罪认罚从宽制度的几个问题》，载《法治研究》2016 年第 5 期。

③ 参见《人民检察院刑事诉讼规则》第 278 条规定："犯罪嫌疑人认罪认罚，人民检察院依照刑事诉讼法第一百七十七条第二款作出不起诉决定后，犯罪嫌疑人反悔的，人民检察院应当进行审查，并区分下列情形依法作出处理：（一）发现犯罪嫌疑人没有犯罪事实，或者符合刑事诉讼法第十六条规定的情形之一的，应当撤销原不起诉决定，依照刑事诉讼法第一百七十七条第一款的规定重新作出不起诉决定；（二）犯罪嫌疑人犯罪情节轻微，依照刑法不需要判处刑罚或者免除刑罚的，可以维持原不起诉决定；（三）排除认罪认罚因素后，符合起诉条件的，应当根据案件具体情况撤销原不起诉决定，依法提起公诉。"

其二,情势变更可以撤回。诉讼过程中的情势变更可能导致被追诉人先前承诺的认事、认罪、认罪名、认罚的基础发生变化,在此情形下,被追诉人基于撤回其中一个或多个承诺,均导致认罪认罚的撤回。首先,事实证据发生变化,认定被追诉人构成犯罪或者重罪的证据基础不复存在,认事、认罪、认罪名、认罚的基础均可能发生变化,可以撤回。其次,法律适用发生变化,被追诉人的行为不再认定为犯罪或者构成轻罪,认罪、认罪名、认罚的前提不再存在,可以撤回。最后,量刑情节发生变更,并实际影响量刑的,如自首、立功、累犯、未成年人、老年人、刑事和解等,认罚的基础发生变化,可以撤回。

其三,具结不被法院认可,法院认定被追诉人无罪、指控罪名错误或者罪轻建议调整量刑建议等,认事、认罪、认罪名、认罚的基础均可能发生变化,可以撤回。

(2)撤回结果

其一,原认罪认罚具结不得作为证据予以使用。"认罪认罚具结书不等于被追诉人的有罪悔过书,而是反映了一种附条件的具结。"①首先,从其性质来看,其有别于被追诉人的供述和亲笔证词,是控辩双方达成的"协议",是协商的产物,不能归于我国刑事诉讼中的任何一类证据。其次,被追诉人撤回具结,则是对具结内容的否认,具结内容客观性的基础不复存在,具结书当然失去效力,既不能再作为指控被追诉人犯罪的证据,也不能再成为定罪量刑的依据。

其二,可以重新达成认罪认罚具结。被追诉人基于撤回权的正当行使,其实质上认罪态度、悔罪表现、自愿接受处罚均未发生改变。换言之,被追诉人撤回认罪认罚并非主观反悔,而是具结内容需要发生变更,因此认罪认罚协商的基础并未发生改变,控辩双方可以重新协商达成具结。

其三,对被追诉人的量刑减让不应发生变化。根据《指导意见》的规定,认罪认罚的诉讼阶段和悔罪表现不同,影响刑罚评价。② 被追诉人撤回认罪认罚,即便再行协商直至具结,其时间节点也将发生变化。基于撤回是对权利的正当行使,有别于反悔,负面评价不应由被追诉人承担,则其享受的量刑减让不变。

---

① 汪海燕:《被追诉人认罪认罚的撤回》,载《法学研究》2020 年第 5 期。

② 《指导意见》第 9 条规定:"办理认罪认罚案件,应当区别认罪认罚的不同诉讼阶段、对查明案件事实的价值和意义、是否确有悔罪表现,以及罪行严重程度等,综合考量确定从宽的限度和幅度。在刑罚评价上,主动认罪优于被动认罪,早认罪优于晚认罪,彻底认罪优于不彻底认罪,稳定认罪优于不稳定认罪。"

(六)建构社会调查程序

《指导意见》规定了社会调查制度,明确对拟适用社区矫正的被追诉人应当进行调查评估。[①] 通过社会调查,明确被追诉人社会危险性,对合理制定量刑建议提供有效的参考素材,为控辩双方协商达成合意提供更丰富的参考依据,提高量刑建议的准确度,增强被追诉人对量刑的合理预期,从而促进认罪认罚的自愿性和协商的主动性。不难得出,社会调查对最终的量刑,特别是缓刑的适用具有实质影响。作为量刑的关键要素,应当赋予被追诉人获得武装和保护的权利。据此,笔者将从控辩平衡的角度对诉前社会调查制度进行探讨。

1. 开展社会调查的必要性

一是刑罚个别化的需要。刑罚个别化是西方实证学派刑法学者倡导的刑罚理论,主张以人身危险性的大小对犯罪者进行分类,采取不同的预防和惩罚措施。[②] 笔者赞同该观点,认罪认罚从宽制度适用以来,我国轻缓刑判决明显上升,被判处三年有期徒刑以下刑罚的轻罪案件占比从 54.4% 上升至 83.2% 。[③] 通过社会调查对被追诉人的社会危险性全面考量,才能准确"量体裁衣",科处刑罚。

二是落实客观公正义务的要求。检察机关主导认罪认罚,提出确定刑的量刑意见,必然需要充分考量量刑情节,特别是缓刑和管制的适用。实践中,不乏犯罪情节较轻,但日常表现不好,人身危险性较大,并不适合社区矫正的情形,如果直接量刑,可能失准。通过社会调查,能够客观全面地考虑衡量各方面因素,使检察机关的处理决定和意见更具合理性和说服力,是落实客观公正义务的有效途径。

三是提升具结权威性的需要。认罪认罚具结的实现必须经过法院裁判的认可,裁判对具结采纳率越高,具结就越权威,被追诉人自愿认罪认罚的意愿就越强,认罪认罚的落实就越到位。控辩双方达成具结需要充分的协商合意,社会调查丰富了协商的参考依据,有利于促进双方更多依靠事实证据说话,促进协商的平等性和结果的客观性、合理性,从而实现量刑建议"一般应当"被裁判采纳。

四是强化被追诉人对社区矫正的预判。检察机关提出缓刑、管制的量刑建议被裁判采纳,被追诉人即需社区矫正。审查起诉阶段进行社会调查,一方面能够提

---

① 参见《指导意见》第九部分。

② 参见王宏玉、张学超:《突破与完善:我国社区矫正社会调查制度探析》,载《中国人民公安大学学报(社会科学版)》2013 年第 2 期。

③ 张军:《最高人民检察院关于人民检察院适用认罪认罚从宽制度情况的报告》,载最高人民检察院官网,2019 年 10 月 17 日。

前预判被追诉人的日常表现和潜在风险,利于被追诉人被判刑后与司法行政机关的工作衔接;另一方面作为具结依据,能够帮助被追认提前了解社区矫正的结果,避免因判后措施影响其认罪认罚的自愿性。

2. 优化路径

(1)丰富调查方式

一是完善社区矫正机构调查。社区矫正机构进行调查是最为普遍的方式,可以充分发挥司法所植根基层、接地气,对社情民意较为熟悉的地缘优势。但司法社会调查主要围绕涉罪人群展开,与一般意义上的社会学调查不同,往往需要涉猎犯罪学、心理学、教育学、社会学等多个学科,专业性要求比较高。然而,社区调查人员多是临时组成,专业性不强,影响了调查结果。如S省H市,2020年1月至9月,全市检察机关在办理认罪认罚案件中,委托社区矫正机构调查的有286人,占比87.2%,多采用走访、发放调查问卷等方法进行,缺少个性化分析和科学、严密的论证过程。据此,可以从以下方面进行完善:其一,由专门人员负责社会调查。对此,可借鉴美国的缓刑官、假释官制度,对社会调查评估人员设定一定的条件,如设定学历、专业要求等,并由国家核定专门编制,工作中适时开展业务培训,提升社会调查的专业化和规范化水平。其二,规范调查程序。制定工作规范与细则,确定调查对象、内容、程序,其中鉴于当前社会调查缺少针对性,可以明确社会调查报告的范本,进行示范引领。其三,畅通沟通渠道。畅通委托机关和受托机关的沟通渠道,及时发现和解决问题,建立健全衔接配合机制。

二是强化检察机关自行调查。检察机关自行开展调查具有天然优势,由于对案情最为熟悉,能够第一时间接触案卷材料和被追诉人,调查方向和重点更为明确,使调查工作更为便捷。随之产生的问题是"自行调查、自行决断"是否会对调查结论的客观性和公正性产生影响?笔者认为,检察官调查复核证据是其应有的职责和义务,自行调查能够加强办案的亲历性,加深对案件的理解,更利于案件的客观公正。但从监督的角度来讲,应当健全内部监管机制,强化对调查结论客观公正的保障。

三是推动在侦查阶段完成社会调查。《指导意见》规定,侦查机关认为被追诉人可能判处管制、缓刑的,可以委托社区矫正机构进行社会调查。社会调查越早,对被追诉人的社会危险性判断越明确,诉讼决定就越合理。特别是审查批准逮捕和适用速裁程序的案件,检察机关往往很难在较短时间内形成社会调查评估材料,一定程度上影响了是否批准逮捕或者提出适用缓刑的意见判断,对此更适宜由侦查机关附随进行社会调查后随卷移送检察机关。

四是引入社会力量参与社会调查。其一,由专业的司法社工或社会组织进行社会调查。相较司法机关,第三方的专业社会调查具有客观性、中立性、专业性的特点,能够较好弥补社区矫正机构调查专业性不足等问题,便于形成科学、专业的社会调查报告,为办案提供有效参考。其二,吸收社会志愿者进行调查。可以将在校大学生、大学教师、法律服务工作者、离退休公职人员、社区干部等志愿群体积极吸纳到社会调查评估队伍中来,缓解司法机关办案压力,增加客观公正的要素,合力推进社会调查工作的有效开展。其三,加强律师在社会调查中的作用。对被追诉人的社会危险性客观评价,需要对影响量刑的因素全面取证和衡量,也需要允许被追诉人提出有利于自己的证据,并进行核实。因此,社会调查时,可以主动邀请律师参加,确保调查结果的客观性。

五是构建犯罪因素智能数据库。尽可能全面、详细地收集被追诉人的数据信息资料,如个人情况、成长经历、家庭环境、社会关系、犯罪前后的表现、犯罪前科劣迹等相关信息,作为数据基础予以整合,建立犯罪因素数据库,并将对被追诉人历次社会调查评估情况纳入数据库,方便检索,提高工作效率,保证社会调查评估结果的客观性、全面性与准确性。

(2)完善调查内容

一是提前预设个性化调查内容。基于案情不同,被追诉人的社会危险性不同,要提前制定具有针对性和个性化的调查提纲和调查内容。拟建议判处管制、缓刑时,要充分考虑其社会危险性,注意听取社区基层组织人员、居住地居民等人的意见。虽然符合管制、缓刑条件,但社区群众意见比较大、反映强烈的,要慎重考虑,尽量不适用社区矫正;有被害人的,要重点调查当事人双方是否真正和解谅解,注意听取被害人意见;对于未成年人符合附条件不起诉条件的,还要考察社区是否具备监护和帮教条件等。社会调查工作要一案一提纲,从不同角度、不同层面进行全面调查,避免调查内容同质化,防止走过场、走形式,最终形成能够反映被追诉人社会危险性和再犯可能性的社会调查报告。

二是多维度构建调查元素。根据案件具体情况,采取分层式获取被调查对象的信息。第一,通过深入被追诉人的家庭、工作单位、居住地基层组织等,了解其平时表现、性格特点、家庭关系、邻里关系、朋友关系、工作状况、学习情况等相关信息,有被害人的,应注意听取被害人意见,可以采取座谈、询问、问卷调查等形式。第二,通过电话、电子邮件或者其他方式向身在外地的被害人或其他人员了解情况。

第三，向当地公安部门了解查询被追诉人的犯罪前科、劣迹等违法违规记录。第四，经被调查人同意，可以采取拍照、同步录音录像等形式记录调查内容。第五，人格测量法，即对被追诉人的人格特性和人身危害性主要是依据各种量表测试出来的，包括投测、自陈、主体、行为测量四大类方法。值得注意的是，相较于其他方法，该种方法可以作为参考，不应直接作为依据使用。

三是评估对象的针对性。社会危险性是量刑中的重要考量因素，也是社会调查的重点。对社会危险性的调查评估不仅注意其犯罪动机、起因、前科等主观恶性和再犯可能性，更应当重点考虑受害群体的感受与判断，关注评估对象所处社区周围群体的安全感和接受程度。如环境污染犯罪案件应重点考虑可能被侵害群体的利益和原谅程度，作为判断的依据，而不是用受益人的评价和原谅来作为评估结果。又如故意伤害、抢劫、强奸等暴力犯罪，除对被害人进行调查外，还应对其邻居、同事、同学、居住地社区组织等进行调查，听取周围群众对被追诉人潜在危险的评价，作为参考。

3. 构建检察机关调查评估程序

当前对检察机关开展社会调查仅有原则性规定，操作性和实践性不强，本书拟结合现实情况和工作实际，对如何构建检察机关调查评估程序进行探讨，以期对检察机关社会调查工作的顺利开展和认罪认罚从宽制度的良好运行有所裨益。

(1)监督调查程序

其一，监督调查案件范围。一是未成年人犯罪案件。该类案件属于公检法机关应当进行社会调查的范围，[①]若侦查机关未调查，检察机关应当监督其调查。二是可能判处管制、缓刑的案件。被追诉人认罪认罚，可能排除管制、缓刑的，《指导意见》规定侦查机关可以开展社会调查[②]，未开展的，可以监督其调查。三是可不捕、不诉的案件。被追诉人认罪认罚，犯罪情节轻微，需要尽早对其社会危险性予以评估，为其后诉讼提供参考，可以督促侦查机关在侦查阶段及时开展社会调查。四是羁押必要性审查后可能变更强制措施的案件。若被追诉人与被害人达成和解、取得被害人谅解等，是否需要羁押存疑等情势变更情形发生，检察机关可以督促侦查机关开展社会调查。五是其他需要进行社会调查的案件，如患有严重疾病，生活不能自理或患有急性传染病等特殊条件限制不宜羁押的，等等。

其二，监督调查方式多元化。一是纠正违法。对于涉未成年人案件，侦查机关

① 参见《刑事诉讼法》第 279 条。
② 参见《指导意见》第 35 条。

应当开展未予开展的，检察机关应及时纠正违法，监督其开展社会调查。二是发出《社会调查意见书》。对于侦查机关有必要开展的而未及时开展的，检察机关可以与侦查机关充分沟通、协商，必要时发送《社会调查意见书》（具体文书样本见例1），写明被追诉人的基本情况，需要社会调查的理由及事项等内容。三是发出《补充社会调查提纲》。对于侦查机关移送的社会调查材料，经审查发现，缺少证明犯罪原因、成长经历、社区帮教条件等材料或者提供的材料不明确、不充分的，应当要求侦查机关提供或补充提供，可以发出《补充社会调查提纲》（具体文书样本见例1），详细列明调查重点和工作方法，更好地引导侦查机关进行调查。四是监督前移。如探索建立检察机关派驻公安机关执法办案管理中心检察室，实现"一站式"、即时性执法监督。充分发挥提前介入的作用，有针对性的对影响被追诉人逮捕必要性、量刑的证据提出补正意见等。

（2）自行调查程序

其一，调查程序的启动。现行法律规定检察机关可以启动社会调查，而对于如何启动、何时启动并未作进一步细化。笔者认为，司法责任制改革后，检察官的办案主体责任凸显，应当具有启动社会调查的权限。就其时间节点，对于未成年人案件应当即时启动。对于其他可能判处缓免刑或者不适宜继续羁押的案件，由检察官自行决定启动即可。

其二，调查工作的开展。首先，拟定调查提纲和预案。根据案件事实证据，有针对性地确定调查的事项、范围、对象等，详细列明提纲，并视情况如被调查人员性格偏执、孤僻、生活环境不良等可能发生突发情况或安全隐患的，做好应急预案，必要时，可以请法警协助。其次，明确调查人员。坚持回避制度，应当回避的检察人员不应参与调查；调查人员不少于二人；调查人员为未成年人、女性被害人的，一般应有女性检察人员参与调查等。再次，规范调查程序和策略。调查地点可以在被调查人所在单位、学校、社区、村委，也可以由其提出地点进行。调查过程中，根据被调查人的性格特点、文化程度、对调查的接受度和反映情况，注意谈话策略，确保调查有效开展。为保证调查信息的真实性和完整性，应注重做好调查笔录，由被调查对象核实无误后签字确认。最后，撰写社会调查报告。形成一份高质量的社会调查报告，是调查工作的根本和落脚点。调查工作结束后，要及时制作社会调查报告，为检察机关办理认罪认罚案件提供重要参考。实践中，因没有统一标准，形式多样、称谓不一，有的采用表格，有的采用笔录，有的采用公文报告，有的称为社会调查报告书，有的称为社会调查表，还有的称为社会调查评估意见书等。笔者认为，认罪认罚案件社会调查的关键是被追诉人的社会危险性,需要全面反映调查内容,为审查批捕、量刑建议等工作提供有力参考,表格式虽然直观,但难以将原始调查材料的内容充分展现,因此笔者同意采取报告的形式,并基于司法规范,建议统一为《社会调查报告》(具体文书样本见例1)。

其三,异地调查工作。社会调查本身较为复杂,当被调查人不在本地,需要进行异地调查的,工作量和工作难度将会加大。由于实地调查需要时间,而办案期限有限,这就带来了时间上的紧张,可以采用电话、信函、传真等形式进行。必要时,可以委托被调查人所在地的检察机关进行社会调查,向其发送《社会调查委托函》,但由于异地检察机关没有必须协助调查的法律义务,其是否愿意接受委托进行调查,很大程度上需要加强双方的沟通协调,因而在检察办案规则里增加异地检察机关社会调查协助机制的规定是必要的。

(3)委托调查程序

其一,确定受委托机构。根据《人民检察院刑事诉讼规则》第277条的规定,可以委托被追诉人居住地的社区矫正机构进行调查评估。[①] 因而,确定受委托的社区矫正机构,首先应核实被追诉人居住地,一般指其实际居住的县(市、区),有多个地方居住的,可以委托经常居住地的社区矫正机构进行社会调查,没有居住地,居住地、经常居住地无法确定的,应当根据有利于被追诉人接受矫正、更好地融入社会的原则确定受委托的社区矫正机构。

其二,展开委托调查。检察机关在核实被追诉人居住地以后,需要委托调查的,应向其居住地的社区矫正机构或有关社会组织发送《社会调查委托函》。由于法律没有对社区矫正机构完成社会调查的时间作出明确规定,实践中检察机关提起公诉时,尚未收到调查材料的情况时有发生,影响了部分案件具结以后是否可以适用缓刑建议的准确性。对此,笔者建议,应加强检察机关与受委托机构的沟通协调,就社会调查时间双方提前协商,达成一致,并在委托函中注明需要对方回复调查评估结果或送达调查评估材料的时间。根据案件情况需要,检察机关可专门列出需要调查的内容或调查提纲,明确社会调查的方向和重点,引导受委托机构进行调查,提高社会调查的针对性和实效性。

其三,审查调查评估材料。受委托机构接受检察机关的委托进行社会调查后,

---

① 《人民检察院刑事诉讼规则》第277条规定:“犯罪嫌疑人认罪认罚,人民检察院拟提出适用缓刑或者判处管制的量刑建议,可以委托犯罪嫌疑人居住地的社区矫正机构进行调查评估,也可以自行调查评估。”

应当及时展开调查,并在双方限定的时间内将社会调查表、社会调查报告等调查材料移送委托的检察机关。检察机关对于移送的社会调查材料应当进行全面审查,如审查调查主体是否适格,是否存在应予回避的情形,调查内容和调查材料是否齐全,有关单位或机构出具的证明文件或意见是否盖有单位公章等。如发现应当调查没有调查的或者调查内容不明确的,可以启动二次委托调查或者制作《补充社会调查提纲》,要求受托机构再次进行社会调查或补充调查。对于疑难、复杂或者对社会调查结果存有争议的案件,检察机关也可以组织召开听证程序,充分听取各方的意见,便于检察机关客观分析调查评估材料,作出正确的检察处理决定。

其四,反馈调查评估结果采信情况。由于社会调查报告的法律属性没有明确的法律规定,检察机关办案时多是将其作为一种重要参考,此种定位使得一些办案人员对社会调查报告的重要性认识不足。实践中委托社区矫正机构进行社会调查时,检察机关采信调查评估结果的,往往不予反馈,对调查评估结果不予采信的,也不说明理由。笔者认为,无论从法律精神还是规范办案来说,都应当建立不予采信调查评估结果说明理由与反馈制度,制作《社会调查回复函》(具体文书样本见例1),采信调查评估结果的,及时反馈,不予采信的,说明理由。这是因为,一方面,社会调查具有严肃性、官方性和权威性,检察机关若不采纳调查评估意见,应当说明理由。另一方面,检察机关在认罪认罚从宽制度中居于主导地位,应当强化对检察机关的监督制约,要求其说明不采信的理由,否则社会调查难免流于形式,影响认罪认罚从宽制度的良性运行。

附件:

一、社会调查意见书

××××人民检察院

社会调查意见书

××检　调意[20××]××号

××××:(侦查机关名称):

犯罪嫌疑人×××,性别×,出生日期××××年××月××日,籍贯×××××××,居住地××××××××,因涉嫌××××罪,于20××年××月××日由你局移送本院审查逮捕/审查起诉。

本院依法对本案案件事实和证据材料进行了审查,经审查认为,(如犯罪嫌疑人×××自愿认罪认罚,犯罪情节轻微,依法可不予逮捕、不予起诉或者可能适用管制、宣告缓刑等,为评估社会危险性或是否符合社区矫正的条件等,应依法进行社会调查)。

为确保准确适用刑罚,请你局依法对该犯罪嫌疑人的个性特点、成长经历、犯罪原因、监护教育等情况进行社会调查,请于收到本意见书后××日内将调查情况告知我院。

20××年××月××日
(检察院印)

制作说明:

1. 本文书为人民检察院办理认罪认罚刑事案件时,发现侦查机关应进行社会调查但未开展,建议侦查机关进行社会调查时使用。

2. 本文书一式两份,一份送达侦查机关,一份附卷。

二、补充社会调查提纲

关于犯罪嫌疑人×××的补充社会调查提纲

(侦查机关或接受委托单位名称):

你　(侦查机关或接受委托单位简称)于20××年××月××日移交的犯罪嫌疑人×××的社会调查材料,我院经审查认为,为全面、准确地对该犯罪嫌疑人进行危险性评估,你　(侦查机关或接受委托单位简称)应对该犯罪嫌疑人的有关情况进行补充调查。

一、补充社会调查的方向

本院审查认为……

二、补充社会调查的主要事项和工作

根据上述情况,请你　(侦查机关或接受委托单位简称)重点查明以下事项,并做好相关工作:

1. 为查明……调取(走访、查询、电话联系、发函)……

2. 为查明……调取(走访、查询、电话联系、发函)……

3. 为查明……调取(走访、查询、电话联系、发函)……

三、有关要求

补充社会调查中,注意以下问题:

1. ……

2. ……

联系人:×××

联系电话:××××××

20××年××月××日

(检察院印)

制作说明:

1. 本文书为人民检察院办理认罪认罚刑事案件时,监督侦查机关进行社会调查或者检察机关委托有关组织和机构进行社会调查后,检察机关认为应进一步补充社会调查时使用。本文书仅为补充社会调查时提供参考。

2. 在"本院审查认为……"部分,概括写明对本案进行补充社会调查的理由。

3. 补充社会调查事项应当详细、具体,逐一说明需要补充调查的各项材料、补充调查的方法,明确补充调查目的。

4. 本文书一式两份,一份附卷,一份送达侦查机关或者接受委托进行社会调查的有关组织和机构。

三、社会调查报告

××××人民检察院社会调查报告

××检　调查[20××]××号

一、犯罪嫌疑人基本情况

犯罪嫌疑人×××(写明姓名、性别、出生年月、身份证号码、出生地和户籍地、汉族、文化程度、所在学校或者单位、住址等)

犯罪嫌疑人×××因涉嫌×××罪,于20××年××月××日由×××公安局移送本院审查逮捕/审查起诉。

二、原案简要情况和认罪认罚情况

犯罪嫌疑人×××涉嫌犯罪的事实:……

在侦查阶段/审查起诉阶段,犯罪嫌疑人自愿如实供述自己的罪行,承认指控的犯罪事实,愿意接受处罚。

三、社会调查情况

(一)调查方法

如走访谈话(走访家庭、学校、单位、派出所、居委会、村委会、受害者)、电话联系、查询档案、发送信函等。

(二)调查内容

重点围绕以下内容进行了调查:

(写明和分析犯罪嫌疑人的家庭环境、成长经历、性格特征、所受教育、社会交往、犯罪原因、是否受过刑事处罚或有其他劣迹、是否具备有效帮教条件或社会帮教措施、犯罪前后表现、社区群众或邻居、受害人等对其犯罪行为的评价、回归社会的社会支持条件等)。

调查获取的主要材料:

如调查笔录、谈话记录、××单位出具的证明文件或意见、违法违纪不良记录等。

四、其他需要说明的问题

五、综合评价意见

请用文字对上述四个方面的内容进行阐述,并提供结论性综合评价意见,如涉案原因分析、回归社会的有利因素、回归社会的不利因素等。

调查员:×××　×××

20××年××月××日

(印章)

附:相关调查笔录或谈话记录等社会调查材料(略)

制作说明:

1. 本文书为人民检察院办理认罪认罚刑事案件时,对犯罪嫌疑人直接开展社会调查时使用。有关组织和机构接受人民检察院委托进行社会调查的,可以参照适用。

2. 调查时，调查人员应不少于二人，并在报告中署名。调查人员意见不一致的，应在报告中写明。

3. 本文书一式两份，一份附卷，一份随案移送人民法院。

四、社会调查回复函

××××人民检察院社会调查回复函

××××(接受委托单位名称)：

本院于20××年××月××日向贵单位发出了关于犯罪嫌疑人×××的社会调查委托函，并于20××年××月××日收到贵单位移交的关于犯罪嫌疑人×××的社会调查表、社会调查报告等社会调查材料。

经依法审查，本院对贵单位的社会调查意见予以采纳/不予采纳，理由如下：……

20××年××月××日

(检察院印)

制作说明：

1. 本文书为人民检察院办理认罪认罚刑事案件时，对接受委托进行社会调查的组织和机构提交的社会调查结果予以回复时使用。

2. 本文书一式两份，一份送达受委托进行社会调查的组织和机构，一份附卷。

第五章

检察机关适用认罪认罚从宽制度之控审关系

检察机关在适用认罪认罚从宽案件办理过程中，需要提出精准的量刑建议，且量刑建议需被审判机关“一般应当”采纳。加之，认罪认罚作为一项量刑情节，检察机关对相对不起诉程序的适用也会随之增加。基于此，“以审查起诉为重心”的诉讼格局逐渐形成，并给传统的“以审判为中心”的诉讼格局带来了影响，这是控审关系发生变化的主要表现。于本章，笔者拟以三方面的变化为切入展开研究。首先，“确定刑量刑建议”“一般应当采纳”“扩大相对不起诉”作为以“审查起诉为重心”诉讼格局的重要表现，有必要对其兴起与发展、内涵与外延、现状与问题展开分析。其次，拟以典型案例和实务样本分析为切入，对法检“冲突”在司法实践中的具体表现、产生原因进行研究。最后，探析控审融合之新理念与完善路径，以促使控审关系从对抗走向融合，为司法实践更好地展开奠定基础。

一、以“审查起诉为重心”诉讼格局的形成

“司法资源在不同诉讼环节的投入有别，刑事案件得到实质性解决的节点不同，案件处理也呈现出不同的程序重心。”①就认罪认罚从宽的制度设计而言，确定刑量刑建议的提出、相对不起诉制度的扩大适用皆是发生在审查起诉阶段。因此，在认罪认罚从宽案件中逐渐形成了以“审查起诉为重心”的诉讼格局。

---

① 李奋飞：《以审查起诉为重心：认罪认罚从宽案件的程序格局》，载《环球法律评论》2020年第4期。

（一）确定刑量刑建议的提出

1. 确定刑量刑建议的历史演进

刑事诉讼法律的修改完善，使检察官的职能发生了改变。在办理刑事案件的过程中，检察机关在起诉案件时一并提出量刑建议，且确定刑量刑建议占比日趋增加。以“审查起诉为重心”的论断，集中体现在检察机关“量刑建议权”的演变进程上。就我国量刑建议的发展历程来分析，量刑建议从进入刑事诉讼视野到逐步拓宽，乃至发展到认罪认罚从宽制度中应当提出量刑建议的阶段，可以说检察机关起诉案件时“量刑建议”甚至是“确定刑量刑建议”逐渐成为起诉案件、追究刑事责任的“标配”。具体而言，“确定刑量刑建议”先后经历了以下阶段：起初检察机关只定罪、不提量刑建议，再到即使有的检察机关逐步探索提出量刑建议，也主要是幅度刑建议，这一阶段大致从 1999 年起，经历了约 13 年的时间。接着，自 2014 年起，最高审判机关和检察机关在司法实践中开始探索刑事速裁程序，尤其是随着认罪认罚制度在部分地区开展试点，量刑建议的适用率得以明显提升，这一阶段大致经历了 4 年的时间。直至 2018 年《刑事诉讼法》，我国以成文法典的形式正式确立了认罪认罚从宽原则，对于适用认罪认罚从宽制度办理的案件，明确了提出量刑建议是检察机关法定的职责。《指导意见》进一步明确，“办理认罪认罚案件，人民检察院一般应当提出精准刑量刑建议”。[①] 随着刑事诉讼模式的历史性变革，控辩对抗向控辩合作转变，并且恢复性司法理念成为大势所趋，被告人的主体地位也更受重视，量刑建议由粗放式、幅度化向确定性、精准化发展，检察机关围绕法定内容需提出明确、具体的建议。[②] 相应地，对量刑建议程序的研究，实现了从幅度刑到精准化的转变。但在司法实践中，认罪认罚从宽制度仍然存在理论认识不足、实践经验不足、缺乏指导性案件、检察主导地位争议、量刑协商机制不全、从宽幅度不确定等问题，造成了这项制度的司法适用分歧。

2. “确定刑量刑”的内涵与理解

一般认为，“量刑建议确定刑化”也是“精准量刑”，那么具体到法律实践中应当怎么做，其技术化操作规程是什么，这都是检察机关迫切需要回答的问题。在《指

---

① 参见赵恒：《量刑建议精准化的理论透视》，载《法制与社会发展》2020 年第 2 期。

② 参见苗生明：《认罪认罚量刑建议精准化的理解与把握》，载《检察日报》2019 年 7 月 29 日，第 3 版。

导意见》出台之前，就存在对确定刑量刑的争议，支持继续采行幅度刑建议的观点。[①] 但总体来说，赞成者更多。具体理由主要包括有助于促使犯罪嫌疑人尽早认罪，树立司法公信力，规范自由裁量权。[②] 有助于繁简分流集中力量办疑案。[③] 但赞成理由之间仍有未统之处，如“确定刑量刑建议与审判为中心间的关系”等，[④]可见其核心价值归属尚未明晰。检察机关刚性的量刑求刑权与法院量刑裁判权存在紧张关系[⑤]，检法系统之间有认识分歧和功利考量，[⑥]缺乏统一的量刑标准或量刑指南等。[⑦] 目前，相关研究已给出了一些路径建议，如提升被追诉人参与地位，扩大审前分流机制范围，明确法官尊重和接受合意的法定条件。[⑧] 也有研究提出，要发挥律师新型量刑沟通作用，完善认罪认罚自愿性保障机制和证据开示制度，健全二审量刑建议制度等。[⑨] 足见，确定刑量刑建议淡化了职权主义，审判机关的刑罚裁量权应建立在尊重控方、辩方、被告人三方合意的确定化刑期之上。

3.“精准”作为控辩协商内容之原因

控辩合意下的确定刑量刑建议，首先是尊重被告人诉讼主体地位的体现。当被告人享有诉讼主体地位时，其便能够充分参与到诉讼程序中，并能通过个人意志对案件结果产生影响。以此标准审视精准化的量刑建议，当检察院最终提出一个确定的量刑建议时，被告人才能对其是否符合心理预期进行准确的判断；若此量刑建议不符合己方的心理预期，则可以及时提出反对意见。可以说，当一个确定的量刑建议能够被提出，是经过被告人“深思熟虑”的。无疑，这是被告人实质性参与量刑过程的重要标志。

---

① 参见臧德胜：《科学适用刑事诉讼幅度刑量刑建议》，载《人民法院报》2019 年 8 月 29 日，第 2 版。

② 参见鲍键、陈申骁：《认罪认罚从宽制度中量刑建议的精准化途径与方法——以杭州市检察机关的试点实践为基础》，载《法律适用》2019 年第 13 期。

③ 参见陈国庆：《量刑建议的若干问题》，载《中国刑事法杂志》2019 年第 5 期。

④ 参见卞建林、陶加培：《认罪认罚从宽制度中的量刑建议》，载《国家检察官学院学报》2020 年第 1 期；鲍键、陈申骁：《认罪认罚从宽制度中量刑建议的精准化途径与方法——以杭州市检察机关的试点实践为基础》，载《法律适用》2019 年第 13 期。

⑤ 参见卞建林、陶加培：《认罪认罚从宽制度中的量刑建议》，载《国家检察官学院学报》2020 年第 1 期。

⑥ 参见林喜芬：《论量刑建议制度的规范结构与模式——从〈刑事诉讼法〉到〈指导意见〉》，载《中国刑事法杂志》2020 年第 1 期。

⑦ 参见杨宇冠、王洋：《认罪认罚案件量刑建议问题研究》，载《浙江工商大学学报》2019 年第 6 期。

⑧ 参见赵恒：《量刑建议精准化的理论透视》，载《法制与社会发展》2020 年第 2 期。

⑨ 参见鲍键、陈申骁：《认罪认罚从宽制度中量刑建议的精准化途径与方法——以杭州市检察机关的试点实践为基础》，载《法律适用》2019 年第 13 期。

其次,确定刑量刑是检察机关适用认罪认罚从宽制度的必然要求。主要体现在两方面:一是传统的幅度刑量刑建议不能更好的适应认罪认罚实践。失去适应力的制度必然引发变革以顺应不断变化的客观实际,认罪认罚从宽制度需要通过新型量刑建议模式保证其顺利高效运行。二是在认罪认罚案件中,检察机关确定刑量刑建议的提出更加符合被追诉人的一般心理。其本质上"是一种协商式刑事司法制度。"①与辩诉交易较为一致的是,认罪协商主要是在检察机关和被追诉人之间展开。但与之不同的是,我国的控辩双方不能就罪名与罪数展开协商。因此,量刑建议作为控辩"出价"和"议价"的核心,成为控方展开协商的"砝码"。通常而言,被追诉人会有以下心理,侥幸与观望心理、企望获得从轻处罚心理、希望诉讼早日终结心理等。② 其实这些心理特性都属于一般社会人之本能属性。为减少认罪认罚反悔等情况的发生,检察官提出量刑建议的方式应当尽可能符合被追诉人的上述心理。如果检察官的"出价"是一个幅度刑,被追诉人出于天然的抗拒心理极易联想到陷阱、套路等,认为检察官"没有诚意"。加之,厌恶风险的大众心理也会导致被追诉人重点关注幅度刑的最高刑,这将会在一定程度上激发被追诉人的反抗心理,不愿意与检察机关展开"合作"。相反,如果检察官的"出价"是确定刑,能够达到被追诉人的心理预期,则被追诉人妥协的心理更易被驱动,这也是"认罪认罚从宽"有别于传统的"坦白从宽"之处。可以说,认罪认罚从宽制度的生命力在于权威和精准。

4. 确定刑量刑是司法实践之需要

认罪认罚从宽制度之所以顺势而生并且日益显示出其强大的制度魅力,一个重要原因是其将有利于实现轻重案件的分流、讼累的简省、资源的节约以及社会关系的修复。具体来说,在审查起诉阶段,检察机关基于案件事实,并在被追诉人形成合意的基础上,提出精准化的确定刑量刑建议。那么,在庭审阶段,控辩双方并不需要再对量刑的相关证据进行举证、质证,庭审程序的简化有其正当性。就此而言,确定刑量刑建议提高诉讼效率的机理在于"去除重复量刑之累",这在"案多人少"的实践背景下,无疑是十分重要的。除此,检察官的精准司法能力,不仅关乎认罪认罚从宽制度能否经受住司法检验,维持其适应度和生命力,还与犯罪嫌疑人、被告人

① 樊崇义:《认罪认罚从宽协商程序的独立地位与保障机制》,载《国家检察官学院学报》2018 年第 1 期。

② 参见罗大华、何为民、解玉敏:《司法心理学》(第 2 版),人民教育出版社 2007 年版,第 149 ~ 150 页。

的公正感知息息相关、密不可分。根据实践经验显示，量刑协商越精准，被告人产生心理落差的概率越低，上诉的可能性也将随之降低。这侧面反映出，量刑建议越精准，检察机关的司法公信力越高，司法治理效果也会随之提升。

5."精准"的确定刑量刑是"主导"责任之体现

作为"以检察官主导责任为基础的诉讼制度设计"，①要切实发挥检察机关的主导作用。② 何为"主导"，又如何实现"主导"，本质上都离不开对量刑建议精准化的解读与追求。幅度越来越小趋于精确、对采纳率的要求越来越高标准。但众多基层检察机关和办案人员缺乏量刑经验，有的检察官将其视为新的负担，以致出现畏难甚至抵触的情绪。此外，适用于检察环节量刑规范的不统一与欠缺，也是检察官量刑经验积累的障碍。通常只能参照适用法院的量刑规范。③ 可"参照"可不"参照"必然就存在不少认定出入，检察机关可以选择性参考法院量刑规范，这便为法检量刑态度悬殊埋下隐忧。检察量刑和法院量刑虽然有共通之处，但检察环节的量刑工作也有其特殊性，如检察环节缺乏必要的质证认证程序，且被追诉人处于抗拒和反复的状态，检察量刑所基于的事实情节并不稳固等。认为"在客观上缺少法律和证据支撑"，④司法实践中存在诸如此顾虑，迫切需要构建量刑规范制度机制。2020年发布的《关于规范量刑程序若干问题的意见》主要推进量刑程序的规范化与统一化，尽管这已经是认罪认罚从宽制度适用进程中的一大进步但司法实践中检察机关量刑程序面临的问题仍有待于在未来解决。

"摆脱个人直觉和感情色彩"，⑤有利于打破传统观念中对于量刑这一专属于审判机关、法官的神秘感。紧紧围绕提升量刑的能力和精准度，集中主要精力建立量刑的思维、学习量刑的方法以及提升量刑计算的规范性与准确度。对于被追诉人认可侦诉机关认定的事实和罪名，积极表明悔改意愿，态度真诚、供述得到客观证据印证的案件，相比于定罪，被追诉人更为关注刑期的长短。从一定意义而言，刑期的确定性对于推进认罪认罚从宽制度的广泛适用具有基础性意义，有助于犯罪者的真诚悔罪与改造重塑。鉴于目前的立法现状，短时间甚至更长一段时间内区间

---

① 张军：《关于检察工作的若干问题》，载《国家检察官学院学报》2019年第5期。

② 参见张伯晋、戴佳、史兆琨、李春薇：《共同凝聚中国社会治理的"法治智慧"——检察机关承担主导责任、推动认罪认罚从宽制度全面深入落实纪实（上）》，载《检察日报》2019年7月12日，第1版。

③ 少数地方人民检察院与人民法院共同制定量刑相关规范性文件，如上海市高级人民法院和上海市人民检察院2017年共同印发的《〈关于常见犯罪的量刑指导意见（二）（试行）〉实施细则》（沪高法〔2017〕496号）。

④ 石经海：《量刑建议精准化的实体路径》，载《中国刑事法杂志》2020年第2期。

⑤ 苏惠渔等编：《论量刑方法的科学化》，复旦大学出版社1991年版，第9页。

量刑建议必然在实践中存在。笔者认为,这是属于认罪认罚从宽这一全新制度改革实施进程中所产生的"必然阵痛",需积极采取措施尽量在检察实践环节减少区间量刑建议的存在比例,争取早日做到正视问题、解决问题,树立确定刑量刑全面覆盖的新导向、风向标。

(二)扩大适用相对不起诉

1.认罪认罚推动了相对不起诉的适用

从试点之初,认罪认罚从宽制度与检察机关的不起诉权特别是相对不起诉权之间的关系,受到学界和实务界的广泛关注。其中,对于认罪认罚是否会导致检察机关相对不起诉权的扩张,进而构成对审判机关裁判权的削弱,引发了诸多热议与争论。《试点办法》抑或现行《刑事诉讼法》,并没有清晰的界定相对不起诉权之正确行使路径,实践中也还存在诸多不同认识,为了进一步确保规范正确行使检察机关的相对不起诉权,有必要在认罪认罚从宽制度视角下,对相对不起诉权进行反思与重构。

如果仅从《刑事诉讼法》的相关规定来看,尚难在认罪认罚从宽制度与相对不起诉之间建立直接联系,我们需要从认罪认罚从宽和相对不起诉价值追求的契合点来展开分析。

根据《刑事诉讼法》第15条的规定,认罪认罚从宽应当符合三个基本条件:一是构成犯罪,有足够的证据证明"事实清楚,证据确实、充分";二是自愿认罪,即出于真实意愿,基于行为的自觉性、自发性而供述罪行,这里的如实供述并不要求对罪名的准确认知和自我评判,只需对自身所实施的全部涉嫌犯罪的行为进行如实描述,认识到自身存在过错、造成的危害后果,认可其行为入罪;三是自愿认罚,即自愿悔罪并为自己的行为所造成的损害而受到刑罚处罚。通过对上述构成要件的解析,可以知道认罪认罚表明被追诉人犯罪后具有良好的悔罪态度,应作为预防刑的重要考量因素,相应作出从宽处理。

根据《刑事诉讼法》第177条第2款的规定,相对不起诉可分为以下两种类型:一是犯罪情节轻微,如防卫过当、紧急避险过当、胁从犯等,及有关司法解释规定的情节轻微,可以不起诉或者免予刑事处罚的情节。二是虽然不具备法定的免除处罚条件,但主观恶性较小、社会危险性不大,情节轻微,不需定罪处刑,综合考量预估办案所能取得的实践效果,可以依法不起诉。实际上,认罪认罚作为预防刑的考量因素,即可将其作为主观恶性较小、社会危险性不大的具体表现。再加上,认罪认罚从宽制度适用的主要场域是轻刑案件。那么,因认罪认罚情节的存在,对相对不起诉的适用概率也将会随之提升。

2. 相对不起诉与认罪认罚从宽价值追求相契合

相对不起诉与认罪认罚从宽制度在价值追求上具有契合性。具体来说,首先,二者都有利于实现诉讼效率的提高与司法资源的合理配置。相对不起诉作为起诉便宜主义的产物,对于符合条件的案件,检察机关可以裁量作出不起诉决定,减少进入诉讼程序的案件数量,这有利于实现案件的审前分流,提高诉讼效率。而认罪认罚从宽制度在一定程度上降低了案件证据的收集难度,同时可以对轻罪或简单案件的庭审程序作出简化处理,实现诉讼效率的提升以及司法资源的合理配置。其次,二者都体现了刑法在惩罚之上对社会关系的修复性功能。刑事司法不局限于惩罚、惩治,无论认罪认罚从宽还是相对不起诉,程序的选择和推进都需要以综合评价犯罪嫌疑人的悔罪表现为前提,积极赔偿并获得被害人谅解是一个重要因素。这当然是事后补偿性的,但这种补偿不仅是物质上的,在人身、精神以及社会关系损害已经发生的情况下,这种物质的补偿往往也承载了精神抚慰的意图,与我国传统观念和社会价值追求相合能够促进社会关系的修复。最后,认罪认罚从宽后的裁量轻缓化是相对不起诉的应有价值内核。从法律规定层面上,相较于相对不起诉制度而言,认罪认罚从宽制度应属新生事物、新兴制度,但结合二者的适用条件来分析,相对不起诉的处理一般应当以自愿认罪为前提。这一方面是出于对犯罪嫌疑人认罪态度和再犯可能性的综合考量,同时也是对其权利的充分保障。就法定条件而言,相对不起诉属于认定构罪但从可罚性上予以免除。相对不起诉制度的适用前提是对检察机关指控罪名的认定、无异议。相对不起诉适用中"认罚"的体现是更加宽泛的,主要体现为犯罪嫌疑人悔罪表现和社会危险性的综合评价,从另一个角度来看,一名犯罪情节轻微且坦白其犯罪事实的犯罪嫌疑人坚持认为其不应受罚,其悔罪的真实性是缺乏基础的。从这个意义上讲,认罪认罚从宽制度的出台,把相对不起诉的适用条件进一步具体化。

3. 相对不起诉是认罪认罚后的"从宽"类型

对部分认罪认罚案件以不起诉的方式予以终局决定,不仅有利于对被追诉人作去罪化处理、落实实体上的从宽;还能及早结束诉讼程序、减轻讼累,实现程序上的从宽。然而,我国相对不起诉制度适用率一直偏低,并未发挥应有之义,与检察机关在刑事诉讼中的地位并不相符。根据 D 市检察机关近 3 年的统计数据,全市刑事案件的相对不起诉 144 人,相对不起诉占全部案件人数的比率为 1.91%,每年的案件数量50件左右。从逻辑上讲,随着认罪认罚从宽制度的推进,相对不起诉的空间应有所提升。但实践情况并不尽如人意,以认罪认罚方式得以相对不起诉的案件仅有83人(8个月时间),适用认罪认罚从宽的53人,有所上升但仍然数量少。

2020年10月,笔者对S省认罪认罚适用率最高的H市进行调研。H市检察机关认罪认罚适用率居全省第一,但是与该数据所不相匹配的是,据全国统一业务应用系统数据统计分析,2020年1月至9月,全市不诉率5.4%,其中危险驾驶案占比39.3%,而M区不诉率仅为1.6%。全市捕后缓刑率17%,而C县检察院捕后缓刑率高达21.4%,诉后判处拘役、管制、免刑、单处罚金的1890人,其中危险驾驶案1646人,轻刑率高达43.7%。不捕率、不诉率的高低本身并不能说明案件办理的质效如何,因为可能是公检协作配合机制、会商机制、提前介入机制或捕前的繁简分流机制所起的积极作用,但是结合强制措施适用和刑罚判决情况,上述四项数据与当地高达94.26%的认罪认罚适用率极不协调。可以确定的是,虽然认罪认罚适用率数据看上去很高,但实际上犯罪嫌疑人、被告人并未因此获得真正的"优惠",与最高检提出的"少捕、少押、慎诉"不吻合。笔者在基层进行专题调研时,发现有的案件并未因适用认罪认罚而及早作出终结性结论,直接致使办案的社会效果受限。如H市某县检察院办理的一起故意伤害案,施害方与被害方在侦查阶段未达成和解,检察机关决定批捕,而在批捕后的第三日,犯罪嫌疑人主动表示愿意予以适当赔偿,被害人对其表示谅解,经羁押必要性审查变更为取保候审,历时近1年,届满前移送审查起诉。案件事实在审查逮捕阶段即已经查清楚,证据固定到位,犯罪情节轻微,后续赔偿到位,既有认罪认罚的意思表示也有具体的实质化的弥补行为,最后依法不起诉。案件虽然没有明显错误,不起诉说理也很充分,实体上并未发现什么问题,但在长达一年的时间,案件处于不确定的状态,不仅对被害人而且对犯罪嫌疑人都是一种"煎熬",白白耗费的时间长达一年有余,其政治效果、法律效果、社会效果远不足在和解之后即作出刑事诉讼程序终结决定。刑罚的公正性与刑罚的及时性呈正相关,①而如果不应判处刑罚,则越早让犯罪嫌疑人、被害人及其近亲属获得确定性结果就越公正。

4. 相对不起诉与以"审查起诉为重心"

在案件侦查(调查)终结之后,检察机关对案件证据进行审查,对于不符合起诉标准的有权作出不起诉决定;对于符合起诉标准的,但认为不具有起诉必要性的,

---

① 参见[意]贝卡里亚:《论犯罪与刑罚》,黄风译,北京大学出版社2008年版,第47页。

也可以作出不起诉决定。就后一种情况而言,一旦检察机关裁量作出不起诉决定,“法官的选择权、定义权和惩罚权限就转移给了检察机关”①。同时,因不起诉权具有终局性,在此层面上,检察机关对案件处理结果起着决定性的作用,此时也就无涉庭审程序的适用问题了。上文已述,认罪认罚情节的存在有利于推动相对不起诉的作出。基于此,相对不起诉的适用进一步支撑了以“审查起诉为重心”诉讼格局的形成。

(三)量刑建议的效力界定——“一般应当”的解释

1.“一般应当”采纳引发热议

在检察制度设立初期,刑事诉讼程序由法官主导,检察官只是参与方。随着欧洲大陆预审法官被逐渐废除以及审前案件分流机制的兴起,检察官逐步成为“刑事程序的主人”。② 2018 年 10 月 26 日,修订后的《刑事诉讼法》在吸收“两高三部”试点办法有益成果的基础上,增加了审判机关“一般应当采纳”之责任,将之单独列为第 201 条。也正是因为这一法条,引发了法检关于求刑权、量刑建议权、审判权的一系列争议。虽然根据立法者的解读,法院仍然享有最终裁判权,但不少法官认为第 201 条标志着检察权对审判权的“蚕食”,“指控”意图越俎代庖以架空“审判”。那么,这是否动摇中国特色诉讼制度的根基呢?答案当然是否定的,认罪认罚从宽制度的兴起、拓展,丰富了检察权的内涵,但不会妨碍“以审判为中心”,更遑论从根本上动摇公、检、法三机关的基本权力配置关系。为消解相关误解,有必要探寻“一般应当”采纳的理论内涵与实践之源。

2.对“一般应当”采纳之理解

“一般应当”采纳的规定源于新形势下的中国特色社会主义的司法理念进步。该规定从试点启动到正式入法共历时两年,且是一经修改即付诸实施,没有为实施工作预留准备时间,这充分说明了该制度实施的重要性和必要性。具体来说,“一般应当”意指“人民法院审理认罪认罚案件,依法作出判决时,原则上应采纳人民检察院指控的罪名和量刑建议。”③之所以将“一般应当”采纳作如上解释的原因主要有二:一是为了实现对被追诉人的实体权利供给。如果没有“一般应当”的法律赋

---

① 魏小伟:《扩大不起诉的思考》,载《暨南大学学报(哲学社会科学版)》2015 年第 11 期。

② 参见陈卫东:《刑诉中检察官主导地位:形成、发展与未来——评〈美国和欧洲的检察官〉》,载《检察日报》2019 年 8 月 21 日,第 3 版。

③ 王爱立、雷建斌:《〈中华人民共和国刑事诉讼法〉解释与适用》,人民法院出版社 2019 年版,第 378 页。

权与机制保障,那么很难保障量刑建议的具体落实。本质上,不对量刑建议予以落实,不仅是对犯罪嫌疑人、被告人合法权利的一种侵犯,而且还将会损害被追诉人认罪认罚的积极性。二是为了提升检察院提出量刑建议的效果。法院"一般应当"采纳使检察院的量刑建议具有直接的法律效力,这将极大地消除被追诉人在认罪认罚时的不安心理——担心认罪认罚后并不能取得相应的量刑从宽,从这个角度来说,有利于更有质效,更顺畅地推动认罪认罚从宽制度的运行。

在肯定"一般应当"的积极作用的同时,也不能忽视其对检察机关工作带来的一系列挑战。具体来说,"一般应当"采纳的规定使一些本属于法院的工作内容如量刑,转移到了审判之前,由检察机关来完成,这是重大的诉讼结构调整,检察机关必须认识到自己职能的增加。同时,职能的增加必然带来工作量的增加,检察机关应当调整办案力量,如提升检察官提出量刑建议的能力,转变与被追诉方对立的思想,以适应这种职能的转变。

3."一般应当"采纳之正当基础

"一般应当"采纳的正当性基础具有多元性。本质上,被追诉人认罪认罚的自愿性是"一般应当"采纳最重要的正当性来源。如实供述、坦诚表达认罪认罚的意思表示、进而愿意以书面确认,这是"检察机关与被告人平等协商、自由处分"的前提①,进一步构成了法院"一般应当"采纳的正当性基础。为保障被追诉人的自愿性,刑事诉讼法赋予了被追诉人以下权利,一是知情权。为保障被追诉人的知情权,诉讼过程自始至终,均有法定要求。在看守所关押的犯罪嫌疑人通过查阅宣传手册、监管人员谈话教育、检察人员通过看守所"心声电台"宣讲解答、认罪认罚动漫视频滚动播放等多渠道了解诉讼过程。二是法律帮助权。值班律师制度的建立,确保了平等辩护权的实现,极大地推进了认罪认罚制度存续和发展。即便是没有委托辩护人的,或者因经济困难等原因申请法律援助,但因不符合条件,法律援助机构未予指派的,并不会因此失去具备一定法律知识的人为其提供法律帮助、解答程序疑惑、帮助作出选择、提供法律专业性的意见建议、为其提供罪轻甚至是无罪辩护的权利。三是开庭审查。法官开庭时,对侦诉两个诉讼阶段必备法律文书进行审查。审判阶段,对于法官来说,就是要严格依法进行合法性审查。应当有证据尤其是客观性证据相互印证,以证明确实发生了应受刑罚处罚的犯罪事实,具有构成要件符合性、应受刑罚可罚性。通过重视对证据的实质性审查,杜绝出现"虚假供述"

① 陈瑞华:《论量刑协商的性质和效力》,载《中外法学》2020 年第 5 期。

“代为顶包”等缺乏事实基础的认罪，否则，则陷入了司法的倒退，司法机关对承接的上一诉讼阶段具有审查职责。四是反悔权。法律赋予了反向的保障措施，即赋予被告人反悔权，并从审理程序上规定了转程序审理制度。除此之外，控辩协商进一步支撑了“一般应当”采纳的正当性。诚如学者所言，“控诉方提出量刑建议，而被告方相应提出量刑意见，法院居中裁判，这种多方参与型的量刑机制有助于制约法官的量刑裁量权，提升量刑程序的透明性和量刑裁判的公正性。”①

4. 对“一般应当”采纳之监督制约

量刑建议“一般应当”采纳造成了检察权的扩张。为了防止权力的滥用，应当对“一般应当”的效力进行监督制约。具体监督制约办法包括：一是值班律师制度的构建。为了防止量刑建议完全成为检察机关意志的体现，通过值班律师的参与使被追诉方的意见得以发挥，以实现对“一般应当”的监督制约。然而，虽然司法实践中的值班律师的见证率有所保障，但是其在刑事诉讼过程中发挥的作用却千差万别。值班律师多是根据侦查机关、检察机关的联系或“要求”，签署具结书时到场，承担见证过程真实性、帮助解答、沟通之责，被动性较大，多数仅仅是起到一个从旁见证者的作用。对于案件事实和证据多数是听侦查人员、检察官的介绍而知晓，并不独立阅卷，对卷宗证据形式和内容并不了解，也不会独立去监管场所会见犯罪嫌疑人。而且绝大多数在“见证”签署完具结书后，其工作即告结束，并不会出庭担任辩护人，值班律师的作用具有局限性。北京市值班律师制度形成的经验具有很大的借鉴推广意义，即值班律师的身份转换成法律援助指派的辩护律师，被追诉人签署具结书后，可以自行选择进行委托，值班律师的诉讼身份转化为辩护人，为被告人诉讼权利提供更具实际意义和价值的法律保障。二是被害人参与制度。被害人可以依法参与诉讼，并享有相关的异议权，有利于形成对量刑建议“一般应当”采纳效力的制约。但需要注意的是，要注意排除被害人的不当干扰，注意处理好对被害人权益保障与从轻处罚的关系。一方面，从犯罪侵犯的法益分析，受损的并非仅为个人的权利，还包括对国家利益、公共利益造成的损害，不能仅凭被害人谅解便适用较大的从轻处罚幅度；另一方面，也要防止被害人借机提出“高价买刑”，给被追诉人认罚带来人为障碍，应对明显不合理的被害人赔偿诉求予以审查排除。三是人民法院的依法判决权。根据《最高法解释》第 353 条的规定：“对认罪认罚案件，人民法院经审理认为量刑建议明显不当……人民检察院可以调整量刑建议，人

① 熊秋红：《认罪认罚从宽制度中的量刑建议》，载《中外法学》2020 年第 5 期。

民检察院不调整或调整后仍然明显不当的，人民法院应当依法作出判决。”这里实际上是重申了法院对该类案件定罪量刑的最终裁判权。换言之，即使规定了量刑建议“一般应当”采纳的效力，也不等于庭审的“虚无”“虚置”“无所作用”。其只是意味着庭审的审查的重点有所转变，庭审中审查的重点变为了认罪认罚的合意是否真实、自愿、量刑建议是否在法定幅度内等内容。就此而言，法院拥有对“是否”采纳量刑建议的决定性话语权，发挥着有效的制约监督作用。

5.“一般应当”采纳与以“审查起诉为重心”

“一般应当”采纳量刑建议的效力对于促进以“审查起诉为重心”诉讼格局的形成有积极作用。一是检察机关在审查起诉阶段提出的量刑建议在绝大多数情况下将会被法院所采纳。这就需要增加在审查起诉阶段的司法资源投入，以确保量刑建议的准确性。基于此，对审查起诉阶段的重视程度将会与日增加。二是“一般采纳”的效力将对法院产生一定的约束力。此种约束力不仅表现为，除非具有法定的例外情况，法院原则上需要采纳量刑建议；而且，即使检察院的量刑建议有明显不当，也需要先由检察院进行前置性的调整。① 不能否认，这会在一定程度上削弱法院的量刑裁判权，而增强检察权的作用，提升检察院在诉讼过程中的作用。在两者的共同作用下，推动了以“审查起诉为重心”诉讼格局的形成。

二、以“审查起诉为重心”与“审判为中心”的关系

（一）控审关系的冲突——以典型案例分析为切入点

1. 三起典型案例

案例一　认罪认罚未被采纳与抗诉

犯罪嫌疑人王某某因怀疑同村的张某某在赌博时，张某某为骗得其赌资而出老千作弊，遂于某日晚，约张某某再次到一郊外废弃的养猪场内赌博，并约蔡某某、齐某某（另案处理）到场架势。当晚23时许，在赌博过程中，王某某与张某某因口角发生肢体冲突，在打斗过程中，王某某持方凳殴打张某某及在场劝架的刘某某，经法医鉴定，致张某某轻伤二级，刘某某轻微伤。案发后，王某某主动到公安机关投案，如实供述其犯罪行为，主动赔偿张某某、刘某某的医药费、误工费等共计3.5万

① 参见董坤：《认罪认罚案件量刑建议精准化与法院采纳》，载《国家检察官学院学报》2020年第3期。

元。公安机关以王某某涉嫌寻衅滋事罪移送检察机关审查起诉,经审查,检察机关认为王某某系自首,积极赔偿被害人损失,签署认罪认罚具结书,对其以寻衅滋事罪提起公诉,并提出有期徒刑一年二个月的量刑建议。一审法院未采纳量刑建议,亦未提出调整建议,径行判处被告人王某某有期徒刑二年。被告人以量刑过重为由上诉,检察机关亦抗诉。二审法院经审理认为,一审法院量刑失当,应予纠正,以上诉人王某某犯寻衅滋事罪判处有期徒刑一年二个月。对于无正当理由不采纳检察机关量刑建议的,有必要通过抗诉的方式引导控审关系实现良性平衡,减少无谓的上诉和不必要的二审程序所致的司法资源浪费,助推认罪认罚从宽制度的良性运行。

案例二　量刑建议与法检认识分歧

引发社会各界热议的余金平交通肇事案入选2020年度中国十大刑事案件。该案的具体案情为,某晚9时许,余金平酒后驾车撞死被害人后逃逸,到案后认罪认罚,检察机关提出缓刑的确定刑量刑建议,但一审判决未予采纳而判处有期徒刑二年,公诉机关认为应抗诉,理由是法院无正当理由不采纳检察机关量刑建议。余金平亦上诉,但二审法院驳回抗诉、上诉,径行加重改判为有期徒刑三年六个月。该案从一定程度上集中体现了法检两院在认罪认罚从宽制度实施后的价值取向分歧——是“检察主导”还是“以审判为中心”。此案为什么带来如此轰动的社会效应,让“认罪认罚”又一次掀起舆论热潮,究其原因,就是审判机关与检察机关在确定刑量刑建议的采纳与否上的分歧。

案例三　认罪认罚与无罪判决

2021年春节前,安徽省芜湖检察机关对涉嫌诈骗罪的63名被告人提起公诉,法院一审判处20名被告人有罪,1人中止审理,42人涉嫌诈骗罪证据不足,被判决无罪。法院一审判决观点是,即便认罪认罚,但定罪要建立在事实清楚、证据确实充分的基础上。该案开创了一审判决无罪人数历史新高,也开创了认罪认罚案件、有罪、罪轻辩护、法院直接判决无罪的先河。该案是认罪认罚案件中法官保留原则得以集中展现的一个典型。不论此案是否属于出罪之错,但是从一定社会价值、司法理念传递来看,此无罪判决的价值在于体现了法院在认罪认罚案件中独立、中立、客观的审判权。

2. 案例解析的反思与启示

第一,检察机关主导认罪认罚程序是一种现实要求。检察机关的主导责任向前延伸至侦查阶段,体现在提前介入侦查阶段引导侦查,监督侦查机关依法履行认罪认罚从宽制度的告知义务，保障犯罪嫌疑人的知情权，给犯罪嫌疑人传递了越早认罪，可以获得越大从宽量刑幅度的理念。同时侦查取证难度有所降低，通过检察机关的早期介入，可以更多地固定一些客观性证据，甚至取得一些隐蔽性证据，从而在后期通过证据开示以促进犯罪嫌疑人认罪，即便其反悔，也不会因供述的不稳定、言词证据的变化或缺失影响定罪。此外认罪认罚从宽制度的适用向前推进，甚至是把证据问题解决在移送审查起诉前，可以减少案件审查中的延期、退查等，降低案一件比，保证案件质量，实现更高的诉讼效率。再者，检察机关的主导责任体现在控辩协商，在量刑建议的协商阶段，听取辩护人对案件定罪量刑的意见，检察机关其实一定程度上分担了庭审中的任务和功能。大部分的争议问题在庭审前已经达成一致意见，减轻了控方的庭前准备压力，对抗式庭审趋于缓和，各方对判决结果也更有预见性。另外，审前繁简分流的实现还有一种表现就是检察机关作出不起诉决定，直接使部分认罪认罚的被追诉人不进入到法院审判环节，这貌似也带来侵犯审判权之担忧。

第二，检察机关主导需在“以审判为中心”的诉讼格局下运转。如上文案例一，一审判决无正当理由未采纳量刑建议，通过二审法院对案件事实证据的分析判断、对认罪认罚具结书的自愿性、合法性审查，予以纠正错误的一审判决，正是通过庭审实质化促进对认罪认罚从宽制度的司法适用。法检双方对认罪认罚的适用范围、适用程序甚至具体量刑都产生矛盾，这在“余金平交通肇事案”“安徽芜湖无罪判决案”的审理过程和学界讨论的各种声音中表现得淋漓尽致。已签署认罪认罚具结书的，法院仍然要对案件事实和证据进行实质性审查，如对于涉案人员众多，重大疑难复杂的恶势力犯罪集团案件，而不是直接对签署的认罪认罚具结书认定的罪名和刑期直接以判决书予以确定。对案件性质有异议的，审判机关可依法进行审理，也可以要求检察机关调整量刑建议，修改具结书的有关内容。所以说检察机关主导作用的发挥，不会影响以审判为中心的这种基本架构，检察机关、审判机关的宪法定位并没有改变。笔者认为，检察主导作用的发挥仍要以“以审判为中心”，实践中也必经历求刑权与量刑权的冲突磨合，从而实现审判效率优化。

第三，认罪认罚从宽制度引发诉讼活动重心前移。在职权主义传统的诉讼活动中，不论是公安机关在立案后的搜集、固定证据，还是检察机关引导侦查、补充调取、复核证据、讯问犯罪嫌疑人、听取辩护人的意见等等，其主要目的都是为了在法庭审理中更好地揭露罪行，促使被告人认罪。而认罪认罚从宽制度的适用，诉讼活动的重心从传统的庭审对抗环节前移至审查起诉环节，辩护人更注重与公诉人的起诉前的沟通，在审查起诉环节就可以更精准化的与检察机关达成具结合意，实现对刑罚的预判，促进认罪认罚。以尽量为被追诉人争取到更优的“刑期”上的利益，为被追诉人赢得可期待的信赖利益，抑或是通过羁押必要性审查变更为取保候审、监视居住等非羁押的强制措施，甚至是有可能获得更轻的“不起诉”决定。从另一角度来看，诉讼活动重心前移，很大程度上可以规避辩护人的当庭“证据突袭”，利于减轻庭审压力，节约司法资源。

（二）典型地市的经验做法

1.“一般应当”采纳量刑建议的实践样态

《刑事诉讼法》明确要求法院对量刑建议“一般应当采纳”，但立法本着“宜粗不宜细”的理念，对于如何采纳、如何调整等问题未予明确回应，颇为掣肘。在量刑建议制度初期，随之而来的是各式各样的实践问题，对此，有必要深度挖掘，发现其症结所在。本部分拟从司法实践视角，选取典型样本分析，以期拨开迷雾。

笔者对 S 省 D 市认罪认罚从宽制度适用初期开展调研，经对 D 市大数据分析、筛选，对分布进行纵横比对分析、对量刑建议相关数据重点分析，经梳理相关数据、实例，汇总分析如表 1、表 2 所示。

表 1　S 省 D 市各县区检察机关认罪认罚从宽制度适用情况

单位	认罪认罚适用（人）	适用比例（%）	量刑建议法院采纳数（件）	提出量刑建议数（件）	采纳率（%）
K 区院	95	63.76	20(42)	43(47)	46.51(89.36)
A 区院	311	38.73	62(172)	172(219)	36.05(78.54)
B 区院	305	64.48	30(107)	112(232)	26.79(46.12)
C 区院	307	69.46	56(214)	116(247)	48.28(86.64)
G 县院	161	33.13	42(76)	109(125)	38.53(60.8)
E 县院	118	75.16	57(88)	86(100)	66.28(88)
全　市	1298	51.39	243(699)	603(970)	40.30(72.06)

注：适用率 = 适用认罪认罚从宽审结人数/全部审结人数；采纳率 = 法院采纳量刑建议人数/提出量刑建议人数。经县区院补录数据，实际量刑建议采纳率数据为括号内注明的数据。

通过对表 1 的分析，可以发现有以下几个特点值得关注：

一是适用率有待进一步提高。2018 年 10 月至 2019 年 9 月，D 市检察机关适用认罪认罚从宽制度审结刑事案件 1298 人，适用率约 51%，与 70% 的当期目标还有较大差距。其中 A、G 两个县区检察院适用率较低,区域之间理念、制度适用、起步有早晚,情况不均衡。

二是量刑建议采纳率偏低。法院采纳量刑建议 699 人,采纳率为 72.06%,量刑方式、量刑标准和把握问题需要在诉审实践中继续交流、丰富、提升检法量刑适用标准之协同度。

三是量刑标准有待进一步统一。在 D 市所辖的区域内,从数据分析结果看,在一定程度上,存在审判机关对量刑基本规范、量刑情节适用把握的标尺不一,存在犯罪情节相近而刑罚有出入,在轻刑案件中表现得尤为明显。

对同种罪行并且犯罪情节完全相同的案件,存在同罪不同罚的现象。以 D 市危险驾驶案件为例,酒精含量为 160mg/100ml 左右的被告人,各县区院之间量刑建议和判处刑罚情况差距较大(见表 2)。

表 2　S 省 D 市危险驾驶罪量刑建议与刑罚判处结果的对比

序号	县区院	犯罪嫌疑人	酒精含量(mg/100ml)	量刑建议	判决结果
1	K 区院	薛某某	157	拘役 1 个月缓刑 2 个月,罚金 2000 元	拘役 1 个月缓刑 2 个月,罚金 2000 元
2	A 区院	杨某某	158	未提建议	拘役 1 个月缓刑 2 个月,罚金 3000 元
3	B 区院	田某某	161	拘役 1 个月缓刑 2 个月并处罚金	拘役 1 个月 15 天缓刑 3 个月罚金 2500 元
4	C 区院	张某某	161	拘役 2 ~ 3 个月罚金 8000 ~ 10000 元	拘役 2 个月罚金 9000 元
5	G 县院	成某某	158	拘役 2 ~ 3 个月罚金 4000 ~ 5000 元	拘役 2 个月缓刑 3 个月罚金 5000 元
6	E 县院	刘某某	165	拘役 1 个月缓刑 2 个月并处罚金	拘役 2 个月缓刑 2 个月罚金 7000 元

通过表 2 可以发现,当检察机关提出量刑建议,即使仅出现了 15 日至 1 个月的出入或者 1000 元上下罚金刑的浮动,法院也不会采纳检察机关的量刑建议。这表明,法院并不完全遵循"一般应当"采纳的要求,对"明显不当"存有不同理解。此种样态不仅会直接影响量刑建议采纳率与司法效果,还给认罪认罚具结书的司法效力打上了问号。

笔者在调研时发现,多数案件适用认罪认罚从宽制度的量刑并不显著,认罪认罚从宽制度没有形成规模性效应,从宽幅度有待进一步提高。还有一个值得关注的问题是,由于目前许多案件没有明确的量刑标准,检察机关提出量刑建议与犯罪嫌疑人签署具结书后,会出现辩方多次要求检察机关变更量刑建议的情况,极大地影响了办案效率,降低了认罪认罚从宽制度的权威性。此外控审双方关于认罪认罚后反悔的认识问题存有分歧,有的犯罪嫌疑人、被告人适用认罪认罚从宽制度后反悔,有的案件检察机关提起抗诉,法院对此意见不一,有的维持,有的没有及时通知检察机关,无法及时制作抗诉书,而且向上级院汇报需要时间。可见,对此类案件今后应当如何处理,是当前一个重要的问题。

2. 认罪认罚后上诉、抗诉的实践样态

2.1 上诉情况(见表3)

表3 2020年H市被告人认罪认罚后上诉情况

单位	适用认罪认罚后上诉(人)	适用认罪认罚一审判决(人)	上诉率(%)
M区院	19	929	2.0
D区院	25	387	6.5
C县院	3	680	0.4
CW县院	5	331	1.5
S县院	10	585	1.7
J县院	7	485	1.4
Y县院	9	675	1.3
JC县院	7	582	1.2
DM县院	14	547	2.6
K区院	6	372	1.6

在司法实践中,认罪认罚的被告人上诉的理由和原因多种多样。笔者通过对2020年度H市认罪认罚后又上诉的情况进行了调研,发现各县区之间上诉率不均衡,个别县区的上诉率较高,围绕上诉率高的原因,对个案进行了分析,上诉的理由主要体现为以下四种情形:第一种情形是法院对幅度刑量刑建议的判决未在被告人心理预期内。有的案件被追诉人涉嫌多个罪名或案件类型不常见,在没有明确的量刑指导意见下,检察机关与被追诉人协商时提出的是幅度刑,法院是就幅度刑

的上限宣判的，而被追诉人的刑罚预期一般是靠近幅度刑的中下段甚至是起刑点，从而引发上诉。第二种情形是上诉人为争取调解时间，获得从轻处罚的机会。如有的故意伤害案件，在一审判决前，被告人未能与被害人达成和解协议，判决后，被告人意图通过在上诉期内争取与被害人和解，从而获得从轻处罚的机会。第三种情形是检察机关说理不充分，被告人对认罪认罚制度的理解不透彻，其对于认罪认罚从宽制度的理解可能更倾向于必然会获得"从宽"处理，但一审宣判后又认为刑期过重而上诉。第四种情形是被告人因上诉不加刑规定随意上诉。由于法律未明确规定被告人签订具结书后反悔的不利影响，同时被告人也想通过上诉不加刑的规定，意图能在二审判决时降低刑期。

2.2　抗诉情况

如果被告人没有合理的理由上诉，检察机关应当抗诉，因为被告人在接受一审审判时，是按照认罪认罚具结的基本内容进行审理判决，其上诉，认为量刑过高，实质上是要推翻自己认罪认罚的承诺。合意后的量刑建议是有一个区段的，说明被告人一旦表示接受这个区间，其上诉就是违背诚信原则。另外，对于承办检察官也是一个"警示"，此举不仅破坏了双方的"协议"，更是"骗取"量刑优惠，幅度型量刑建议非最佳选择，办案中尽量提出确定的量刑建议，把企图侥幸以虚假认罪认罚态度，骗得"便宜"的犯罪嫌疑人念头扼杀。认罪认罚后上诉推翻了原来认罪认罚的基础，量刑的事实和证据发生变化，破坏了一审判决的基础，检察机关需通过抗诉要求二审法院重审或者发回一审法院，重新评价被告人的犯罪和量刑。

样本一　上诉后审判机关未通知导致未能提起抗诉案件

2019 年 1 月至 3 月，犯罪嫌疑人王某某使用 QQ（号码：30323××××）在"××一家人"（群号码：60755××××）、"相亲相爱"（群号码：52677××××）担任群主，犯罪嫌疑人李某某使用 QQ（号码：351831××××）在"红红火火 2019"（群号码：95742××××）、"XX 约吧！"（群号码：79129××××）担任群主，且犯罪嫌疑人王某某、李某某在上述 QQ 群组担任管理员，共同维护管理 QQ 群组。上述 QQ 群组主要用于群成员在群内发布表情、图片、文字等招嫖信息，为群成员从事卖淫嫖娼活动提供网络平台，群成员共计 1017 人。同时，犯罪嫌疑人王某某在上述 QQ 群组和其他相关 QQ 群组中发布招嫖信息，并从事卖淫活动。

王某某认罪认罚，检察机关在提起公诉时提出幅度刑量刑建议，建议对被告人以犯非法利用信息网络罪，处有期徒刑 10 个月至 2 年，并处罚金；犯传播淫秽物品牟利罪，处有期徒刑 3 年至 4 年，B 区人民法院于 2019 年 9 月 25 日以非法利用信息网络罪、传播淫秽物品牟利罪判处其有期徒刑 3 年 6 个月,并处罚金 1.9 万元。被告人王某某以量刑过重为由,在国庆假期期间提出上诉。

样本二　针对法院程序错误而抗诉情况

法院在未征求检察机关意见的情况下直接改判的一起案件,检察机关依法提出抗诉,审判机关采纳并依法改判。G 县人民法院提起公诉的卜某某危险驾驶案件,检察机关在起诉书中提出判处拘役并处罚金的幅度刑建议,一审法院适用速裁程序审理,未经征求检察机关意见即径行判处缓刑,检察机关抗诉,二审改判。

样本三　法院对认罪认罚后上诉又抗诉的案件维持原判

D 市审判机关检察机关争议焦点在认罪认罚从宽制度适用初期已经凸显,当时有两起认罪认罚后上诉检察机关提出抗诉案件。D 市中级人民法院审委会对两起案件进行了研究,分歧意见较大,但多数人认为,一审在检察机关的量刑建议范围内判决,一审判决本身没有适用法律错误和认定事实错误,不能因为认罪认罚从宽制度剥夺当事人的上诉权,当事人上诉并不代表不认罪认罚,在没有新的事实和证据变化的情况下,建议维持原判。D 市中级人民法院决定维持原判。而检察机关则认为,上述案件被告人认罪认罚,才可以得到量刑优惠。被追诉人的上诉理由是量刑过重,且对于其中一起拘役刑案件,不存在留所服刑的目的,上诉即是不认罚的充分表现,等同于撕毁了认罪认罚协议,不应再在检察机关的量刑建议幅度内量刑,应当依法审查相关量刑情节后回归标准化量刑,予以改判,意即加重刑罚,但检察机关建议未被采纳。

(三)控审关系的现存问题

一是控审之间关于量刑权的“拉锯”争议不断。有的审判人员认为检察机关与犯罪嫌疑人签订的具结书中确定刑量刑部分多此一举,认为量刑权应当由法官来执行。甚至有一部分法官还认为,具结书只需要签订以证实认罪认罚,且可以获得从宽处罚的机会,而不需要对量刑做出很具体的具结和量刑建议。有的法官经过审查认为检察机关的量刑建议不符合量刑规则,与其拟作出的判决不一致,即违反《刑事诉讼法》,没有与检察机关进行磋商,没有告知检察机关修改具结书和量刑建议,直接改判。其实这种拉锯和争议除了出于对审判权的维护,也源于法官对检察官量刑能力的不信任,比如,法官会认为认罪认罚案件中检察官客观公正义务是否履行到位?是否追求程序之简之快而放弃了对客观真实的求证?是否有错漏的事实?量刑情节的考虑是否周全?量刑建议的计算是否严谨?当然,这其实折射出了适用认罪认罚从宽制度上的一个理念问题，小案不能小办，不能图程序之“简”“快”，而舍弃程序和实体正义之追求。究其根本，不理性的“拉锯”，侵害的是案件当事人对公权力的信赖利益，司法权不应是权力的“争夺”，应在依法尊重事实和法律的基础上，充分维护和保障当事人合法权益。

二是量刑之前期调查职责重新分配，控审双方工作量不均衡。认罪认罚从宽制度设计之初主要是为了解决当前法院审判压力，解决法院案多人少的司法矛盾。对于检察机关来讲，在没有认罪认罚从宽制度以前，只需对案件进行审查，符合法律规定提起公诉即可。认罪认罚从宽制度实施以后，检察机关审查工作量增加，除对案件事实证据审查外，要与犯罪嫌疑人进行协商，要与律师沟通，没有聘请律师的，要联系值班律师。协商后还要签署具结书，有的犯罪嫌疑人还要进行社会调查。这样大大增加了检察机关审查起诉的工作量。在做认罪认罚从宽具结的过程中，还需听取被害人意见。如果认罪认罚，得不到被害人的认可，还面临一些信访的压力。该制度将原来法院对量刑的一些前期调查审查的工作，转移到了检察机关公诉环节来完成，事实上调整了诉讼工作量的分配方式。有一些案件，检察机关作出认罪认罚具结以后提出了确定刑量刑建议或者量刑区间建议，法官没有采纳，也影响了检察官做认罪认罚的积极性。还有一些案件数十名被告人，有多起犯罪事实，有的认罪有的不认罪，有的案件事实本身可能存在一些争议，在这种情况下，检察官以其自身的能力，很难对案件整体作出一个判断，在这种情况下，如何与犯罪嫌疑人做认罪认罚从宽的协商，对公诉人来讲是一个考验。而部分认罪认罚从宽对整个案件来讲意义可能不大，这就导致检察机关不适用认罪认罚从宽制度，提出区间量刑建议，直接将案件起诉到法院，削弱认罪认罚制度的适用空间。

三是对于认罪认罚又上诉是否抗诉的问题，法检认识有分歧。关于认罪认罚案件是否要限制上诉权有不同观点，一种观点认为，认罪认罚的被告人上诉权是法定权利，可以上诉；另一种观点认为，既然认罪认罚，法院在认罪认罚的基础上和量刑建议的幅度范围进行判决，不应该再上诉，除非出现一些特殊的情形影响到案件的实质，如有证据证明该犯罪事实非犯罪嫌疑人所为。一审判决后，认罪认罚的被告人上诉，检察机关如何处理，目前还没有统一的司法解释，对于检察机关能否抗诉的观点也不尽一致。比如，认罪认罚从宽制度在全面推开之初，审判机关就曾经对检察机关以抗诉“制约”上诉的行为提出过质疑，认为检察机关存在为了应对上级考核压力而出现“非理性”的抗诉，有的检察机关对于审判机关未采纳量刑建议的，不管是重判还是轻判，不管被告人有没有上诉，一概抗诉；还有的是法院采纳量刑建议,但是被告人为获取更轻的刑罚上诉的,一概抗诉。在司法实践中,审判机关一直有一种观点认为检察机关不应当抗诉,如果认罪认罚被告人上诉的,应当直接发回重审。从法律规定看,检察机关通过抗诉予以法律监督的对象应当是一审确有错误的判决、裁定,但是就认罪认罚案件而言,基于对具结书的认可而做出的判决,属于错误吗?法院判决的正当性、严肃性、合法性要靠认罪认罚案件中的被追诉人是否启动上诉程序、是否认罪服判来认定吗?这显然是不恰当、不合理的。检察机关由最初的对认罪认罚后又上诉的要及时提出抗诉的态度,逐渐过渡到审慎对待抗诉的态度,认为不能一概抗诉,应当区分不同情形处理。比如,检察机关提出幅度刑量刑建议,一审判决在幅度的中上线确定刑期,被告人以量刑过重为由提出上诉的,从尊重被告人可能获得的期待利益考虑,其有权通过上诉以追求刑期的"下线",这也体现了法检冲突中的观念融合,对被追诉人权利保障的更大宽容度、容忍度。

三、认罪认罚案件中控审关系的完善路径

(一)促进控审关系的科学转变

1."检察主导"并不影响"以审判为中心"

认罪认罚从宽制度"以检察官主导责任为基础",[①]在实务中,虽然庭审环节被简省,但是否认罪认罚案件,审查与裁判原则并无不同,审判权内涵亦未变化。从司法实践表征出的特点分析,就最高人民检察院公开通报的数据以及各地检察机关自行组织的数据分析情况而言,审判机关采纳的确定刑量刑建议率是稳步增长,在判决书中予以认定的数据占绝对优势,而改变的占比呈下降态势。究其原因,大多是源自认罪认罚案件的司法适用规律、体现出的本有的制度优势、对常见犯罪量刑意见的逐步全面、细化、规范化,而且法检的司法认同度、对量刑规律的把握标准逐渐在磨合中继而趋同化,而非量刑裁判权的"异主""异化"。"需要对检察官的权力行使机制进行规范"[②],即便是准司法官的地位得以认可,审判机关具备当然的合法审查权、刑罚确定权、宣告权、最终解释权。

2.量刑建议对法院具有一定的拘束力

控辩协商之后形成以具结书所确定下来的"合意",如果不能适用认罪认罚从

① 张军:《关于检察工作的若干问题》,载《国家检察官学院学报》2019年第5期。

② 熊秋红:《域外检察机关作用差异与自由裁量权相关》,载《检察日报》2019年4月22日,第3版。

宽制度,审判机关应当在有效的法律文书当中作出明示的分析和论证。如不采纳量刑建议的,应书面说明理由,检察官有对变更量刑原因的知情权,而不能仅以口头告知检察官改变量刑建议,因为检察机关出具法律文书提交法庭,法律效力不仅承载的公诉机关的意见,也承载被告人方、辩护方的意见,是一种协商后达成的“合意”,附加了有对国家机器的司法信赖利益,即便修改也应注重其严肃性,相应地,也需书面阐述不采纳之理由。若随意打破,会导致认罪认罚制度信任基础的丧失。

法院审理时,仍然要对指控的事实进行实质性审查,不能因为本人认罪认罚,仅对量刑部分进行研究,而对事实部分放弃审判责任。对于对经审查认为犯罪嫌疑人无罪的,不受具结书所限,一概应当依法宣告无罪。对于认为犯罪事实和证据有争议,可能判处无罪的,或者可能部分犯罪事实不能认定的,应当通知检察机关,按照普通程序进行开庭审判。审理认罪认罚案件,虽然部分程序可以简化,但法院依法查明案件事实真相的责任并没有减少,证明是否构成犯罪的基本构成要件没有改变,维护被告人合法权益、促进实体公正的理念也没有改变。经过法庭审判,如果能够确定被告人构成犯罪的,认罪认罚具结书依然有效。如果认为原来的认罪认罚具结书内容明显不当的,应当通知检察机关调整,检察机关不调整的,径行作出判决。

3. 检察机关实现控审配合的理念转变

以何种能力让法官“一般应当”采纳,检察能力之精、理念之变被新时代拷问。认罪认罚从宽案件的处理,其核心是认罪与量刑协商,检察机关在认罪量刑协商中发挥主导作用,《刑事诉讼法》第 201 条规定对于检察机关指控的罪名和量刑建议“一般应当”采纳,但并非绝对采纳,其实质是审判程序仍有权对审查起诉阶段达成的协议和量刑建议进行审查并作出终局裁判,检察机关认罪协商的成果仍然需要接受审判的检验。从制度设计及司法实践中的实然效果看,检察机关在程序启动、协商和处理三个阶段中的影响力、推动力可见一斑。虽然《刑事诉讼法》第 120、162 条规定,公安机关在起诉意见书中应写明犯罪嫌疑人自愿认罪的有关情况。但上述内容是协商程序发起前的准备,上述规定仅为程序的启动提供了条件,实质上对刑罚的确定很大程度取决于谁在主导。检察机关能够及时、综合地评判侦查阶段取得的成果,为起诉至法院做准备,是认罪认罚从宽程序的发起阶段。检察机关启动并参与认罪与量刑协商,在案件的审查结果上也具有法律约束力,对于符合条件的,可以不起诉进而终结诉讼。随着认罪认罚从宽制度的推行,检察机关的主导作用更为突出。然而检察机关更应准确定位,检察机关的主导作用是基于“以审判为中心”,发挥审前主导和过滤作用,通过高质量的认罪协商、确定刑量刑使得人民法院“一般应当”采纳,认可审前成果,促使审判阶段工作减省,基于认罪认罚案件得到快速处理而节约下来的司法资源投入不认罪认罚的庭审实质化案件中,实现检察主导与审判中心在彼此尊重的基础上相互促进,相互交融,共同推动认罪认罚从宽制度的良性发展。①

在认罪认罚案件中,检察机关要转变思维,树立共赢理念,加强法检协作,运用智慧手段,整合内外部资源,集中解决检察机关量刑经验不足与能力有待加强的短板,推动实现量刑精细化与精准化,进而提升认罪认罚案件质效。同时应推进认罪认罚从宽案件相关法律文书、内部工作文书科学规范、合理简化,如对审查报告、各类意见书等内部工作文书尽量以表格化设计,采取填充式方案,避免摘抄卷宗的烦琐。同时针对电子卷宗系统的特点,备注好卷宗页码即可,需要查阅时,点击电子卷宗即可,无须把有限的时间和精力消耗在人工智能、信息化工程等烦琐事务性工作上。对于发达地区而言,做到数字化精准量刑有切实的人、财、物保障,但对于案件量大、办案任务繁重的经济欠发达地区来说,物资短缺、高精尖人才缺乏,短时期内不易实现,需要顶层的制度设计、此外需要在统一业务应用系统中实现大数据的共享,尤其如果与法院系统的判决数据共享,更能提升量刑精细化、精准化,也更有利于犯罪嫌疑人的促进法检之间增进共识度。通过认罪认罚,保障犯罪嫌疑人、被告人合法权利的有效实现,不仅有利于轻微刑事案件高效处理,也更有利于犯罪嫌疑人的人格重塑,减少社会矛盾,避免更大冲突和二次伤害的发生。从其重大的法律价值和社会意义的角度而言,控审两机关的价值取向趋于配合有着极大的现实根基。

(二)以法官保留原则为底线

1. 法官审核保障程序公正

认罪认罚从宽制度的法定化,昔日“等腰三角形的诉讼构造,演变为以控辩双方合为一方,以法院为另一方的双方构造。”②辩诉双方于庭审之前的合意是建立在依法保障被告人诉讼权利、控辩经充分协商达成一致意见的基础之上,这在很大程度上为居中裁判者减少很大压力,更符合公正、效率追求。

---

① 参见闫丰锦:《检察主导抑或审判中心:认罪认罚从宽制度中的权力冲突与交融》,载《法学家》2020 年第 5 期。

② 朱孝清:《刑事诉讼法第 201 条规定的合理性》,载《检察日报》2019 年 11 月 7 日,第 3 版。

被告人认罪认罚意思表示的自愿性、对自己意思表示所带来的法律后果的明知性，签署具结书的真实性、在检察机关与被追诉人协商时辩护人或值班律师是否在场，尤其是认罪认罚下的速裁程序，多数庭审可以在十分钟左右完成，如果被告人没有在庭前向法官反映非自愿认罪或者未于庭审期间提出不同意见的，法官基本不会对适用程序的正当性进行审查。从这种意义上讲，越是轻罪案件越应当把程序作为法院独立裁判的对象。

2. 法官裁判确保实体正义

司法实践中，长期以来注重的是案件事实是否有证据证明和具体如何适用法律的问题，重实体而轻程序的问题由来已久。就庭审而言，对于认罪认罚案件，如果不加区分，所有案件均适用同样的庭审程序，经过法庭调查进而法庭辩论，其实是一种司法程序上的浪费，而且自愿认罪加之书面具结固定，此时程式化的庭审就失去了实质的意义。考量是否真正实现庭审实质化，正是应当在繁简分流的基础上，让法官从冗繁的大量轻罪案件中解放出来，把办案力量集中于被告人不认罪、控辩双方对被告人是否构成犯罪、此罪与彼罪、证据是否可以采信等方面存有争议的疑难、复杂案件中，全面审查案件事实证据，审慎定罪量刑。正如本书前述提及的认罪认罚无罪判决典型案件，法官应对事实证据负责，经审理认为无罪的，依法宣告。

2021 年最高人民法院关于适用《刑事诉讼法》的解释，对第 354 条的文本解读，即充分凸显法官保留原则，关于什么是认罪认罚案件中的“量刑建议明显不当”，由审判机关根据审理认定的犯罪事实、认罪认罚的具体情况、结合刑法所规定的法定刑，并且与类似案件的刑罚适用予以比对，是一个综合审查判断的过程。在法律、司法解释中，不可能对何为“量刑建议明显不当”列出具体的条条框框，笔者建议经过法检协商，在审判机关内部可以设定一定的双方均认可的幅度标准，如设置比例原则并确定一定的幅度，在罪名认定一致的前提下，检察机关的量刑建议和审判机关的拟宣告刑的刑期幅度误差在 15% 以内的，可不调整，法官可在裁判文书中直接采纳量刑建议，以此维护量刑协商的稳定性，尊重控辩协商、被告人的刑罚预期的可期待性。

3. 法官保留对被告人的救济权

认罪认罚案件被告人有权获得救济，这是法官保留原则的主要内容之一。从审判机关的角度和法庭审理所处的阶段而言，刑事案件的审判法官应对案件的下述方面进行实质性审查，主要包括，是否存在破坏协商自愿，违背被告人意思自治、表达自由的情况,若存有此种情况,应确保被告人的反悔权和上诉权以实现救济。撤回权“在一定程度上可以消解此类案件中被放大的制度风险”。[①] 避免出现因犯罪嫌疑人、被告人不理解、认知水平不足而导致的认罪后反悔,以及为追求效率而导致的虚假认罪、冤错案件。

对于在法院庭审中被告人不再认罪,意图反悔,法院应中止审理,如果是正处于速裁程序或简易程序庭审中的,就必须转换庭审程序,适用普通程序。检察机关应当书面向法庭撤回具结书。如果在普通程序中,被告人反悔后又改回认罪的,应重新进行量刑协商,法院可以依据重新作出的具结书依法判决,也可以按照认罪认罚原则直接作出判决。

如若被追诉人反悔后重新具结,对以前的行为如何评价值得思考。被追诉人推翻自己原有的具结内容,当然是表达诉讼权利的正当行为,法不禁止。但能否继续按照侦查、起诉、审判等多环节均认罪认罚提出量刑建议呢?可否在刑期上予以一定体现以惩戒这种背信行为?比如,试点地区包括现在实务操作惯例,把从宽的幅度,作阶段划分,将从轻幅度确定为基准型的30%。侦查环节、检察环节和审判环节平均分配,各占10%。当然,这种区分是否科学,值得探讨和研究。但毋庸置疑的是,通过此种方式进行量化引导,可以鼓励犯罪嫌疑人和被告人更早地进行认罪认罚。对反悔后重新认罪认罚的,应当区别对待,对于认识错误或者有新的辩解理由,或有新的证据出现,导致对犯罪行为性质有新的认识,这种情况下推翻认罪认罚亦属正常,但是经过后来的学习思考和律师沟通,以及审判过程中对证据进行分析,又自愿做认罪认罚的,可以将以前的认罪认罚连续考虑。对于无理由地推翻自己的供述,改变自己认罪认罚的意愿,对抗侦查,对抗审查,对抗审判,最后在证据面前或者通过审判认罪认罚,这种情况,以前的认罪认罚,不应该考虑,在从宽幅度上,应当严格把握。例如,在审判阶段推翻自己的认罪认罚协议,又重新具结的,可以只考虑审判阶段的认罪认罚从宽,从宽幅度较之前诉讼阶段的,降低至10%以内。

4. 探索建立有因上诉制度

上诉权是一项法定的救济权,应当予以充分保障。在两审终审制的刑事诉讼框架下,被告人不需要任何理由即可通过上诉启动二审程序。但既然已经“合意”,宣判后被告人仍选择上诉,一定程度上牺牲了该制度所追求的效率价值。但是如

---

① 汪海燕:《被追诉人认罪认罚的撤回》,载《法学研究》2020年第5期。

若在审理程序中出现违法情形，被告人的基本诉权未得到依法保障，其当然可以通过上诉，诉诸法律手段实现救济。司法实践中，对被告人提出上诉的理由，根据内容的正当性和实质上被采纳的可能性，可以划分为三种，包括当然的上诉理由、可能的上诉理由和排除的上诉理由。当然的上诉理由主要包括：一审判决违反公开审判原则，不应当公开审理的案件公开审理，违反回避制度、管辖权错误、审判组织不合法、应当适用普通程序审理的案件而错误地适用速裁程序、简易程序审理等，有证据证明认罪认罚具结书的形成过程非自愿、无辩护人或值班律师参与或违背当事人意愿的代为签署确认。可能的上诉理由即除前述法定应当被采纳理由之外的具有正当性的上诉理由，主要包括：一是一审认定事实超出起诉书范围或者判决后出现新事实、新证据，二是一审判决未采纳量刑建议或者判决中存在量刑建议中未涉及的量刑部分，这些情形说明一审判决的内容已经超出或未涵盖控辩协商的范围，被告人的上诉具有正当性。排除的上诉理由主要包括：一是一审法院判定的事实与检察机关指控事实一致，量刑亦在被告人所认可的幅度内，此时，若被告人以事实认定和量刑异议提出上诉的。二是被告人对判决书中经审理认定的事实表示认可，判决所确定的宣告刑在公诉机关指控犯罪时所提出的量刑建议范围内，且没有证据证明具结书的签订违背自愿原则。以上诉理由作为审查案件的实质标准，可消除依据案件适用的程序类型来确定是否可以上诉的形式化标准的诸多弊端，符合实质正义观的要求。通过分类救济制度，确保对上诉案件予以分流，使审判资源得以有效保障，把司法资源向需纠偏纠漏的案件适度倾斜，以制度优化保障认罪认罚功能和价值的发挥。

（三）改革完善配套程序与措施

1. 重构相对不起诉制度

刑事政策的变化、司法理念的更迭，让我们对“对抗式司法”模式的局限性有了进一步的认识，开始对“对抗式司法”模式进行修正，以在最低限度内构建一种“合作式司法”模式。其中，在认罪认罚从宽制度下，通过在司法实践中摸索并丰富，进一步推进相对不起诉的研究、适用与补益，把合作模式融入对抗模式，可以解决“对抗式司法”模式的一些问题，在进入审判程序前进行分流，控方主动作为，推进控辩协商，缓解审判压力，减少轻微刑事案件进入审判程序而带来的不必要的司法资源浪费。但现状却非如此，认罪认罚案件的从宽程度总体上有限，实践中多为量刑从宽，而检察机关适用相对不起诉进行审前分流的作用虚置，轻微罪刑罚化现象较为普遍。[①] 这既与犯罪总量连年上升、司法资源难以承载的情况不相适应，也与贯彻宽严相济刑事政策、加快案件办结进度，实现案结事了人和的内在要求不相适应，还与世界刑事诉讼发展大趋势不相适应。[②] 在新时期新理念的指引下，亟须调适。

其一，扩展相对不起诉适用范围。检方与被追诉方之间开展的协商是必要前置程序，协商的内容不仅囿于量刑建议，具体案件是否起诉，也可以成为协商对象。相对不起诉作为检察机关所拥有的自由裁量权，可以作为认罚的客体。“对犯罪嫌疑人认罪认罚，依照法律规定不需要判处刑罚或可能判处免予刑事处罚的轻微刑事案件，应依法作出不起诉决定”。[③] 然而，因认罪认罚相对不起诉后“不诉了之”现象普遍，加之其程序终止效果，不具有实质上的惩罚性，其制度功能也存在争议。为解决相对不起诉的上述问题，有必要扩展附条件不起诉的适用范围，即拓展适用至成年人，可根据犯罪嫌疑人的年龄特点、性格特征、犯罪原因、悔过态度、悔罪表现等，设置一定的考验期，在此期间内予以监督考察，若是有违反规定的行为，将导致附条件不起诉的“条件”消失，应提起公诉。从对案件当事人的约束力、行为影响力、思想上控制力，以及具体的作用效应而言，相较于相对不起诉显示出较强的“约束”优势。在认罪认罚从宽制度下，可以借用附条件不起诉的制度优势，将其引入依法可能判处轻罪的刑事案件，并加以适当改造。中国传统司法观念中的“打了不罚”根深蒂固，一些轻微案件因为犯罪嫌疑人被判刑罚，而不愿再履行赔偿等义务，并且轻刑罚对犯罪嫌疑人也没有教育意义，作出附条件不起诉，可能取得更好的效果，被害人对此也有期待。同时司法实践中有些案件当事人在财物得到补偿或者返回的情况下，不再愿意指证嫌疑人的情形大有存在。通过附条件不起诉后对公益补偿，如环境污染、滥伐林木的案件中，对检察机关可先期决定对犯罪人附条件不起诉。被不起诉人通过补种树木、修复环境等方式，将犯罪危害后果消除，从而实现可罚性弱化的同时，以起诉条件约束有效解决一些轻刑案件刑罚无法执行的问题。该制度对《刑事诉讼法》影响是全面的，对检察机关不起诉制度的影响也是现实存在的。检察机关应当发挥积极推动作用，厘清认罪认罚从宽不起诉和认罪认罚起诉标准和界限，实现刑罚的预防和惩罚功能有机统一，达到诉讼效率和价值的

---

① 参见王新建：《认罪认罚从宽制度下相对不起诉的司法适用》，载《国家检察官学院学报》2021 年第 1 期。

② 参见朱孝清：《认罪认罚从宽制度相关制度机制的完善》，载《中国刑事法杂志》2020 年第 4 期。

③ 张军：《认罪认罚从宽：刑事司法与犯罪治理“中国方案”》，载《人民论坛》2020 年第 30 期。

最佳契合点。

对此需立法规制，一方面扩大适用范围、对象上，对于附条件不起诉进行一定的向外延伸，将附条件不起诉的适用范围扩展至成年人案件中；另一方面限缩适用情形，对相对不起诉向内进行适度的回收，严格审查过程，更能够从制度上规制不诉了之让人诟病的风险，避免沦入权力扩张与必要监督制约不匹配的被动局面。比如，通过法律调整监督考察权的行使主体，规定对于认罪认罚附条件不起诉的，监督考察主体由人民检察院调整为社区矫正机构，由社区矫正机构对附条件不起诉及管制、缓刑、假释、监外执行等一并监督考察，促进严格执法，提高制度适用率，也更有直接考察现实表现的外部客观性。另外，可以采取适当措施改变酌定不起诉适用范围，如制定内部的实施细则、操作规程，把适用范围限制在一年以下有期徒刑或者拘役等非监禁刑的对象。

其二，相对不起诉程序的规制。相对不起诉与认罪认罚从宽作为两个独立制度，在刑事诉讼中都应当有程序予以保障。相对不起诉作为一种终结程序的制度，与认罪认罚制度之间存在重叠部分，决定了检察官有对轻罪处理方式的选择权。这种选择权可能对嫌疑人和被害人的权利义务产生实质性的影响，因此对检察机关在认罪认罚条件下的相对不起诉程序规范更加严格。从承办检察官来讲，由于相对不起诉是一种终局意义的结论，承办检察官个人意见应当然受到尊重，近期司法实践中出现的问题在于一些员额检察官对决断性事务表现出迟疑和不自信，频繁请示有关领导和部门，以减弱自己决断的责任。从案件本身来讲，一方面防止检察机关用相对不起诉换取认罪认罚，另一方面防止嫌疑人利用认罪认罚要求做相对不起诉，隐瞒其他犯罪事实逃避打击。除此之外，需要警示的问题就是受害人利用认罪认罚不起诉向嫌疑人索要高额赔偿，将认罪认罚条件下的不起诉异化为被害人索要赔偿的工具。

建议检察机关在常规办案程序外进一步完善机制，具体而言，一是引入公开听证制度。对认罪认罚条件下相对不起诉案件，通过公开听取律师、受害单位及个人、侦查单位及人员意见等方式进行，增强程序作出的透明度与公正性。二是发挥检察官联席会的把关作用。不起诉是检察机关作出的具有终局意义的决定，数量增加之后，如何推进检察官独立决断与大众意见的融合，防止出现一类案件在同一检察机关出现不同标准，是不起诉案件数量增加后所需考虑的一个问题，不起诉案件召开检察机关联席会就是解决这一问题的有效途径。检察官联席会一般由三名以上员额检察官参加，实际上讨论的过程就是一个标准统一的过程，讨论案件同时，可以将同一机关适用标准进行细化、统一。三是发挥检察委员会对减轻处罚不起诉的决定作用。对于拟作不起诉的案件在检察官联席会上达不成一致意见的，或者有重大影响的拟作不起诉的案件，可以向检察长（分管副检察长）汇报，或者提请检委会研究。发挥检委会在重大疑难案件拟作不起诉的集体把关、议事决策、树立导向的作用，既可以有效防止不起诉权过度使用，也可减轻员额检察官在重大疑难案件中判断责任。通过检委会的研究，可以将一部分案件类案适用的标准确立下来，增强不起诉裁量权行使的规范性。四是社会调查制度引入与完善。不起诉的社会调查可以参照未成年案件社会调查和法院判处缓刑前的社区危险性评估的方法，也有其不同之处，作为不起诉的社会调查，一方面要委托第三方出具评估如社区的评估，另一方面也要体现检察官办案的亲历性，检察机关应当实地调查嫌疑人的社会危险性，注意听取被害人、被害单位对相对不起诉的意见。

其三，在相对不起诉案件中，探索刑事处罚责任追究与行政处罚之衔接。相对不起诉决定一经依法作出，从一定意义上而言，基本上意味着对犯罪嫌疑人作出不予追究刑事责任的终局性处理，但是，被不起诉人的行为可能触犯了相关的行政法律法规，应负行政责任。此时，需要对相关负有职责的单位提出较为具体且可操作性强的意见建议，形成有效衔接的工作机制。其实，笔者在撰文前，通过座谈调研、翻阅卷宗调查、案件专项评查等发现，在基层检察院存在的比较普遍的问题是不起诉后没有开展后续工作，这大大不利于惩戒、预防功能的发挥，犯罪嫌疑人同时违反了行政法规和刑事法律，因为达到了刑法犯罪圈的评价标准，所以该行为出现“入刑”的可能性，但由于符合法定的刑罚谦抑、宽缓政策，而未被起诉、宣判、执行，在刑罚处罚的这条进路中“搁置”，但是并不等同于此种行为不具有可罚性，不必要进行行政处罚。这从源头上讲，二者遵循不同的评判标准，轻缓不等于无处罚，无刑罚不代表无责任。刑事检察部门检察官在办理案件时，对于行政责任的划分、评判不够专业，那么，就要借助行政机关“外脑”，如是联动协作平台、行政法规库和行政处罚案例库资源、在签署具结书时有关行政部门派员直接参与提出建议等。在作出不起诉决定后，可以把上述载有接受行政处罚意思表示的认罪认罚具结书连同检察意见书，一并送达具有处罚权的行政机关，建议其对不起诉人作出相应行政处罚更好地维护被损害的个人、集体或公共利益。

2. 规范检察机关抗诉权

在传统刑事诉讼中，上诉权不需要任何理由即可行使。但认罪认罚案件，法官是依据量刑“合意”而形成的判决结果，被告人仍选择上诉，一定程度上牺牲了该制度所追求的效率价值。目前在笔者对于H市检察机关的调研中,尚未发现因判决后对宣判罪名不认同而引致的上诉,绝大多数是对宣判认定的刑期有异议,未能到达其刑罚预期,还有的是在一审判决后又提出愿意赔偿,意图通过上诉以减轻刑罚。检察机关存在以“抗诉”应对“上诉”、以“抗诉”规制肆意的“上诉”的情形,并在刑罚上予以加重,让上诉人无法从中得到“便宜”,采取此种做法,理由是被告人违背诚信原则,而使认罪认罚的基础不复存在,导致一审判决从轻判处的量刑畸轻,应从较轻的处理回归到原来基本值的状态。此种做法虽然一定程度上遏制了一些被告人不具有正当理由或者出于利用二审程序时间差达到“留所服刑”等动机,但面临诸多不完善之处,仍需要从以下方面予以完善。

(1)被告人“毁约”上诉

第一,针对被告人“毁约”上诉的,应慎重抗诉。实践中,被告人认罪认罚后总体上诉率低于普通刑事案件,但是在总量不高的上诉案件中,“毁约”型上诉的不在少数,如何应对当慎之又慎。首先,抗诉权要在充分保障被告人上诉权的基础上行使。“毁约”类案件表明被告人并非真诚认罪,可能是为了获取眼前的利益而假装悔罪,也可能是为了利用程序规则获取相对从宽的处罚。即便如此,仍应当允许其通过上诉的方式获得救济,否则在现行司法体制下,是对上诉权的非法剥夺。其次,单纯由于被告人上诉而抗诉不仅依据不充分,还可能造成司法成本的浪费。推进认罪认罚从宽制度的主要目的之一就是司法效益的最大化追求,而检察机关如果对被告人“毁约”上诉的案件不加区分的启动抗诉程序,会浪费大量的司法资源。检察机关如果对上诉理由不加区分,只因被告人“毁约”上诉便适用抗诉,抗诉依据并不充分。从程序上看,一审判决并无不当,抗诉是对一审判决的纠正,应当有充分的法定事由。一审判决时已考虑“认罪”和“认罚”,被告人已得到从宽处罚的好处,此时如果提出上诉,否定了原有的量刑宽缓的基础,诉讼程序步骤打乱,一审时的刑期计算公式失效,必须在二审时重新判定,如果没有提出抗诉,那么,根据“上诉不加刑”这一不能违背的基本原则,即便原刑期计算的基础改变,也不能加重刑罚,因此,只能由检察机关提出抗诉,不受“上诉不加刑”限制,以此实现刑罚上的公平正义。建议对《刑事诉讼法》中抗诉理由进行修改补充,以克服现行《刑事诉讼法》所规定的抗诉事由无法适用于认罪认罚案件的问题。

第二,对符合抗诉条件的,要坚决依法提出抗诉,这无疑是一种价值观的传递和引导。如果对于被告人“毁约”上诉的案件,若不提出抗诉,那么很有可能向被告人或者潜在的想违约的被告人传递一种信息,即认罪认罚后默许可以“毁约”,而且不会有什么惩戒。认罪认罚制度将成为被告人的诉讼策略。有的被告人会趋利避害而非真正的认罪悔罪，把先认罪作为敲门砖，换取轻缓刑罚的利益，这就是一种欺骗公权力的表现，必须用更严厉的措施予以回应、引导、限制。认罪认罚的案件可能适用普通程序，但大部分案件适用的是简易程序、速裁程序，一审诉讼程序大大简化，对于出庭指控的公诉人而言，庭前预案的准备工作大大减轻，尤其是讯问环节可以省略、举证质证发表意见等可以大幅简化。但上诉率升高会导致大量二审司法资源的消耗，无法达到节约资源、提升效率的效果，与认罪认罚制度的目标相背离。依法提出抗诉，可在一定程度上起到威慑作用。在认罪认罚制度适用初期，检察机关选取个别典型案件抗诉，以起到“警示”作用，被告人投机可能会受到更加严厉的处罚，从而引导被告人自愿认罪认罚。被告人在明知违背认罪认罚承诺后果的情况下，仍自愿认罪，愿意接受处罚，有利于对被告人更好的改造，也有利于认罪认罚从宽制度的推进。

（2）被告人为留所服刑上诉

“留所上诉”问题由来已久，并非认罪认罚从宽制度施行以后产生的新问题。该问题的出现，实际上是因为我国所采取的无因上诉制度和上诉不加刑原则，被告人上诉的成本低，也不必担心会因此产生不利后果，这就导致部分被告人为留所服刑而“积极上诉”。滥用上诉权以达到留所服刑的目的，与认罪认罚从宽制度设立的初衷相违背。针对留所上诉问题，现阶段具有可操作性、并能取得实际效果的措施是，二审检察机关加强与二审法院的沟通联动，建立快审机制。针对适用速裁程序的留所上诉案件，二审法院可以通过书面审的方式快速审理，以打消为留所服刑投机再次启动诉讼程序之念。通常情况下，二审检察官是最早提审上诉人的，也是最早知晓上诉人是否有合理的上诉理由的。所以，二审检察官应对认罪认罚上诉案件快速作出审查，并尽快同二审法官沟通意见，建议将此类案件以书面审理的方式审理，通过缩短审限使被告人无法通过上诉达到留所服刑的目的。

（3）法院未采纳量刑建议案件的监督

2018 年修改后《刑事诉讼法》对量刑建议作出专门规定，这是量刑建议制度自实施以来首次被写入法律，其目的就在于通过顶层设计，明确在认罪认罚案件中，司法机关所处的诉讼地位、所发挥的职能与作用。一审法院不征求公诉人是否调整量刑建议的意见，也不通知公诉人拟作出改变的决定，只是公诉人在收到判决书时才发现法院径行作出改变量刑建议的判定，或者仅在裁判文书中只是表述不采纳量刑建议的结论，而对分析论证的过程不解释。虽然，量刑建议不被采纳的案件在全部认罪认罚案件中所占比例很小,但如果检察机关对此不能有效地制约和监督,犯罪嫌疑人、被告人就会对认罪认罚具结书产生质疑,势必会影响检察机关的司法权威,更会对认罪认罚从宽制度的全面深入推进造成一定程度的影响。检察机关需加大量刑建议是否被法院所采纳的监督力度,并与诉讼监督方式相衔接,完善相关的程序,加强量刑建议规范化建设,落实抗诉机制以及强化检察建议。

对此需要从多个维度展开。一是进一步提升量刑建议能力。检察官要提高对认罪认罚案件量刑建议的重视,加强对法院量刑规律的研究,全方位提升司法实务中的刑罚预判能力、精准适用能力。在实践中,需要强化对量刑规则的实证研究,在大量的司法判例研究基础上,提炼量刑规律和标准。二是法检双方共同研究,扩大量刑指导意见的罪名范围,并将更多的量刑情节包含进去,同时设立梯次化的量刑建议幅度,根据各被告人认罪阶段、适用的诉讼程序、具体情节等情况梯次化设置量刑从宽幅度,对于在不同的诉讼阶段认罪,适用或繁或简司法审判程序的,轻刑和重刑犯罪的被告人从宽都要予以区别。三是完善不采纳量刑建议之说理、沟通机制。法官在判决书中对于应当判处刑罚的刑期计算、分析过程进行说理,有利于逐步加深对量刑规律、方法的认识,消弭法检分歧,有利于辩护人、被追诉人对公开透明的追求,避免不必要的上诉。检察官在收到判决书后,在实质化审查时,应当加强对审判文书的说理论证及合法性的审查力度,并制作书面审查意见,作为评估量刑建议准确率的依据,也作为启动后续保障程序的重要依据。通过检察机关和审判机关的努力,快速处理认罪认罚轻微刑事案件的诉讼,集中指控审判要案、难案,更有利于优化司法的投入产出比。当然,作为一项新的制度,检察机关和法院之间要进行不断地磨合沟通,通过司法实践达到一种诉审平衡。

第六章

检察机关适用认罪认罚从宽制度之证据制度

证据被誉为“诉讼之王”,是案件的基础和生命。“巧妇难为无米之炊”,没有证据,案件真相无法查清,犯罪事实便无从认定,证据的作用举足轻重。检察机关在适用认罪认罚从宽制度时,亦以案件事实的查明为基础。鉴于此,有必要加强对相关证据制度的研究,为认罪认罚从宽制度在检察环节的顺利实施提供完善的证据支撑。本书拟立足于我国的法律状况和现实国情,在参考和借鉴域外相关制度的基础上,重点围绕证据开示、具结书的证据效力、污点证人三个方面进行研究。

一、证据开示制度

证据开示制度滥觞于英国,后来逐渐成为英美法系国家一项重要的证据制度。由于各国诉讼模式不同,在大陆法系国家主要体现为阅卷制度。我国法律中虽没有明确规定证据开示制度,但证据开示制度的价值已初显端倪,尤其是自 2019 年以来国家开始尝试在认罪认罚领域探索推行该制度[①],在一定程度上具备了证据开示的雏形。

关于证据开示的含义,学者们理解不同,可谓仁者见仁智者见智。有的学者认为,它是指将案件中先前不予明知、较隐秘的证据材料,予以揭露和展示。[②] 有的学者认为,它是指双方当事人之间,彼此向对方了解和披露案件信息的一种活动。[③] 笔者认为,上述观点,虽然具体表述不同,但关于证据开示本质内涵的理解是一致的,即认为它是控辩双方进行案件信息交流与沟通的一项制度,具体而言,证据开

---

① 《指导意见》第 29 条规定:“人民检察院可以针对案件具体情况,探索证据开示制度,保障犯罪嫌疑人的知情权和认罪认罚的真实性及自愿性。”

② 龙宗智:《刑事诉讼中的证据开示制度研究》(上),载《政法论坛》1998 年第 1 期。

③ 宋英辉、魏晓娜:《证据开示制度的法理构建》,载《中国刑事法杂志》2001 年第 4 期。

示应是指在法庭审理之前,控辩双方依据一定的原则和程序,向对方展示己方所掌握的有关案件证据材料,以便明确争议焦点、发现案件真实的一种法律制度。

(一)证据开示的制度价值

1. 保障知情权,提升认罪认罚适用率

在刑事诉讼中,面对代表国家行使公权力的司法机关,作为被追诉方的犯罪嫌疑人、被告人无论在诉讼权利行使还是证据收集方面,均处于明显不对等或弱势地位。随着我国法治化进程的推进,人们的权利意识显著增强,对程序正当性的要求越来越高,国家更加注重在法律层面强化犯罪嫌疑人、被告人的法律地位和诉讼权利保障。如在认罪认罪从宽制度全面推行过程中,为保障被追诉人的合法权益,确保其自愿性、真实性和知情权,专门设置了值班律师制度,但是该制度仅赋予值班律师法律帮助权,在真正发挥律师作用、保障犯罪嫌疑人的诉讼权利方面仍具有局限性,使值班律师制度一定程度上流于形式。

证据开示制度的推行,能有效缓解上述问题存在的弊端。犯罪嫌疑人在与检察官进行量刑协商时往往想知道检察官究竟在用哪些证据指控自己?到底这些证据如何排列组合来证明自己有罪?认定的事实到底与自己供述的差距多远?这是当下认罪认罚协商过程中犯罪嫌疑人的普遍心理。在签署具结书之前,若不经过证据开示,犯罪嫌疑人不能全面了解控方掌握的指控自己的证据材料,对于定罪量刑,部分犯罪嫌疑人甚至“知其然不知其所以然”,这实质上是模糊化的量刑协商。相反,通过证据开示,能够有效保障犯罪嫌疑人的知情权,使其充分了解检察机关定罪量刑的理由、对量刑结果产生合理的心理预期,从而增强认罪认罚的真实性和稳定性,提升认罪认罚制度的适用率。

2. 提升司法效率,优化司法资源配置

证据开示是控辩双方在法院审判之前实现案件信息交流的一种重要程序。若缺乏证据开示,控辩双方在庭审之前对彼此掌握的证据材料尚不能充分了解,自然无法为高效的法庭质证工作做好十足准备,庭审过程中双方为实现成功指控犯罪或维护自身利益的目的,难免会搞“证据突袭”,这有可能使法院一时难以作出决断,不得不休庭中止庭审,进而造成诉讼拖延,影响及时公正裁决。在办案过程中通过证据开示,尤其是对于案情复杂、证据繁多的案件,控辩双方通过相互展示证据,更有利于阐明案情,使彼此全面清晰地了解案件事实和证据情况,以便提前为庭审活动做准备,尽早明确双方争议焦点,避免在一些细枝末节问题上过分纠缠,以提高庭审活动的针对性，确保庭审活动快捷、高效进行。

证据开示在保障知情权的基础上，能够提高认罪认罚的自愿性和真实性，使双方在自愿前提下签署的具结书较为稳定，不易被推翻和反悔。同时，控辩双方能够借此进行充分的证据展示以及有针对性的辩论，法官在此基础上作出的裁判结果对被告人更具说服力，更利于保证犯罪嫌疑人认罪认罚的稳定性，消除其侥幸和抵抗心理，降低上诉率和抗诉率，防止出现程序空转或倒流现象。另外，在犯罪嫌疑人认罪认罚的案件中，通过证据开示，使争议焦点得以明确，控辩双方对证据没有异议的，可以简化庭审程序，节省庭审时间，提高司法效率。同时，这也便于将更多的司法资源投入到重大、疑难复杂案件中去，进而实现案件程序的审前“分流”，优化司法资源配置。

3. 发现案件真实，实现司法公平正义

依法查明案件事实，是刑事诉讼活动的一项重要任务和价值追求。在诉讼过程中，作为信息提供者的控辩双方，为实现自身追求的效果，会尽其所能地提供对己方有利的证据材料和信息，而法官需要对控辩双方提供的信息进行细致审查，通过综合分析判断，还原案件事实真相，最终依法作出判决。但由于双方在获取证据能力方面存在天然的差别，致使双方信息不对称，地位不对等问题凸显，容易使处于弱势地位的犯罪嫌疑人甚至无辜被追诉人，惧于强权而“委曲求全”被迫认罪，不利于发现案件事实真相，甚至会在一定程度上造成冤假错案的产生，影响司法公正目标的实现。而通过证据开示能够使双方信息不对称的问题得以有效缓解，有利于强化被追诉人对案件证据信息的知悉权，实现认罪认罚的自愿性和真实性，促进控辩双方的力量尽可能平衡。

在审判之前，通过证据开示，控辩各方对于对方所掌握的证据材料有了更加清晰的了解和认识，明确了案件的争点和焦点所在，从而为法庭调查和法庭辩论作好准备，使庭审活动更具有针对性。在彼此充分展示证据材料的基础上，法官能够最大限度地获取信息，实现法律真实和客观真实的辩证统一，使案件真相得以还原和呈现，最终作出客观公正的判决。

（二）控方证据开示的范围

作为刑事案件的追诉方，检察机关在刑事诉讼中的地位举足轻重，在办理认罪认罚案件中承担着主导责任，在该类案件中探索构建证据开示制度，检察机关无疑承担着重要职责，而明晰证据开示的范围便成为履行该职责首要解决的问题，对

此,笔者从以下几个方面进行探讨:

1. 证据开示的案件范围

在认罪认罚案件中探索证据开示的目的,在于使犯罪嫌疑人、被告人对自身的犯罪行为和拟适用的刑罚有更清晰正确的认识,增强其认罪认罚的自愿性和稳定性,节约司法资源,提升诉讼效率。笔者认为,从证据开示的价值来看,并非对于所有案件都应当进行证据开示,如案情简单或轻微刑事案件,控辩双方对案件事实和证据无异议,有可能适用简易程序或速裁程序审理的,则没有必要进行证据开示。但是对于下列几类案件,应当进行证据开示:

第一,案情重大、复杂、疑难或者证据较多的案件。虽然犯罪嫌疑人认罪认罚,但是案情疑难复杂或者存在较多证据,且适用普通程序审理的案件,为确保认罪认罚的自愿性、真实性,提升庭审质量,应当进行证据展示。因为控辩双方掌握的证据信息不对称,被追诉方处于相对弱势地位,甚至对一些证据材料的掌握处于"真空状态",需要依赖控方的证据展示来实现其"知情权",这无疑存在一定的弊端和风险,使得一些被追诉人的认罪认罚非自愿甚至非真实。因而,为确保认罪认罚从宽制度的良性运行,切实保障人权,防范冤假错案的发生,有必要对此类案件进行证据开示。

第二,犯罪嫌疑人为身体功能不健全等限制行为能力人的案件,如盲、聋、哑人或精神病人等。根据法律规定,对具有上述情形的人员,不需要签署认罪认罚具结书。此类人员由于身体不健全或者具有较差的认知能力,在庭审活动中需要法定代理人或者翻译人员在场。由于先天因素的不足,相比一般案件,对此类人员庭审活动的举证、质证难度更高,不可避免地会延长庭审时间。若提前进行证据开示,使上述人员对证据材料能够先行了解,既有利于保障其知情权,也有利于提升庭审效率,实现庭审的实质化。

第三,未成年人犯罪案件。未成年人由于心智尚不成熟,认知能力可能存在不足,极易受不良环境影响走向犯罪的道路。为体现对未成年人的特殊保护,有必要对此类案件进行证据开示,缓解其心理负担,促使其更好地认罪认罚。

第四,检察机关认为需要证据开示的其他案件。在办理认罪认罚案件过程中,检察机关根据案件的具体事实、情节、危害程度等因素综合考量,认为有必要的,可依法进行证据开示。如有重大社会影响或者公众参与度较高的案件,对此类案件的证据开示,不仅是对证据争点的总结,更是对公众关注焦点的归纳,这也有利于消除社会影响,回应群众关切。

2. 证据开示的证据范围

证据问题是诉讼的核心问题，控辩双方需要通过证据形成自己的分析判断，发挥各自的职能作用，法院则需要通过证据和证据链条来查明案件事实真相，依法作出公正裁决。在认罪认罚程序中适用证据开示，检察机关应对掌握的与案件有关的证据材料进行全面开示，具体包括如下证据：

首先，与定罪有关的证据。定罪证据主要是指能够证明犯罪事实的证据，以此来区分罪与非罪、此罪与彼罪。需要注意的是，定罪证据并非简单等同于指控犯罪的证据，它还包括能够证明行为人不构成犯罪或者涉嫌罪行较轻的证据，通过对无罪证据的开示来激活和完善控方的不起诉裁量权，在遵守法律的前提和基础上，积极大胆适用不起诉，实现案件审前分流。根据我国相关法律规定，证据种类具有八种情形①，若在办案过程中获得的证据属于这八类法定证据之一，掌握调查取证权的检察机关应当向辩方开示。

在法定证据种类中，司法理论界对于证人证言的开示存在较大分歧：一种观点认为，证人证言应当开示；另一种观点认为，目前我国关于证人的保护制度不完善，证人证言不具有稳定性，不应开示。笔者认为，证人证言属于法定的证据种类之一，根据证据开示的本质要求应当予以开示，但鉴于我国关于证人保护不完全到位的现实状况，可以对证人证言进行不完全开示，即只开示证言内容，出于安全考虑，对证人姓名、住址等个人信息予以保密，打消证人作证的思想顾虑，使其能够如实提供证言。

其次，与量刑有关的证据。该类证据以犯罪行为已经存在和成立为前提，是在对犯罪嫌疑人适用刑罚时需要考量的因素，包括法定和酌定两种情形：

一是认定法定量刑情节的证据。顾名思义，它是指法律明文规定的对被告人适用刑罚时应当予以考虑的情节，如累犯、自首等。上述情形需要结合侦查机关出具的归案经过以及情况说明、犯罪记录查询情况以及犯罪嫌疑人、被告人供述、前罪判决书、执行通知书等材料和文书内容进行综合认定。

二是认定酌定量刑情节的证据。与法定量刑情节不同，该类量刑情节法律虽未做明文规定，但其对被告人的量刑情况仍具有重要影响，如犯罪起因、犯罪行为人的动机、采取的作案手段、方式、受害方的过错程度等。对上述情节的认定，需要

---

① 根据我国《刑事诉讼法》的规定，证据种类主要有以下八种情形：(1)物证；(2)书证；(3)证人证言；(4)被害人陈述；(5)犯罪嫌疑人、被告人供述和辩解；(6)鉴定意见；(7)勘验、检查、辨认、侦查实验等笔录；(8)视听资料、电子数据。

结合犯罪嫌疑人积极退赃、退赔及挽回损失的证据；被害方与犯罪嫌疑人达成和解协议等表示谅解的相关书面材料；必要时需要对犯罪嫌疑人进行社会调查等证据情况进行全面分析。

3. 证据开示的例外情形

综观国外证据开示制度，结合我国的司法状况，笔者认为，有原则则有例外，控方在坚持全面开示的原则下，存在以下两种例外情形：

一是公共利益豁免。作为“全面开示原则”的例外，“公共利益豁免原则”是国家对保护公共利益和个人利益进行权衡的结果，控方掌握的证据材料中涉及公共利益等敏感信息的，如涉及国家秘密、商业秘密、个人隐私的证据，均应免除控方的证据开示义务。[①] 同时，为防止控方滥用“公共利益豁免”原则规避证据开示义务，侵害辩方的合法权益，应由法院来行使“公共利益”审查决定权，并赋予辩方异议救济权，辩方有异议的可以申请法院进行司法审查。

二是工作成果例外。工作成果，是指侦查人员、检察人员在办案过程中制作形成的工作报告等内部资料以及辩方为庭审作准备而生成的工作资料，如公安机关制作的结案报告等，因为此类材料仅供内部人员参考使用，并不具备证据的属性，不会被作为证据使用，因而不应属于证据开示的范围。

（三）证据开示的程序构建

1. 程序启动

关于证据开示的程序如何启动，各国根据启动主体的不同而采取不同的方式。如英国采取控方自行启动的方式，与之相反，美国采取由辩方申请启动，控方不主动启动的方式，日本则兼具以上两种方式。在借鉴国外证据开示制度的基础上，归纳起来，我国学者主要提出了以下两种启动方式：一种观点认为，法院依职权或依申请启动；另一种观点认为，依据意思自治原则，由控辩双方自行约定是否需要进行证据开示。

笔者认为，通过分析以上两种方式可以看出，与第二种方式尊重控辩双方意思自治原则不同，第一种方式突出了法官在证据开示制度中的重要作用，赋予法官审查决定权，这在一定程度上受到我国庭前会议制度的影响，这种证据开示更多适用于庭前会议程序中。但是在认罪认罚案件中的证据开示具有特殊性，在办理认罪

---

① 方洁：《从控辩平衡视角看审查起诉阶段的证据开示 美国刑事诉讼证据开示制度的启发》，载《中国检察官》2010 年第 18 期。

认罚案件中进行证据开示，主要是为了保障犯罪嫌疑人的知情权，使其在对证据材料明悉的情况下，出于真实意愿与检察机关签订认罪认罚具结书。但控辩双方的协商发生在审查起诉阶段，探索建立认罪认罚案件中的证据开示制度，理应突出检察机关的主导地位，由其承担在审查起诉阶段向犯罪嫌疑人开示证据的职责，履行主要开示义务，故证据开示程序应以检察机关自发启动为主。同时，为保障犯罪嫌疑人的合法权益，犯罪嫌疑人可以自行或通过值班律师、辩护人等向检察机关申请启动，当然这种申请的前提是应加大普法和宣传力度，使犯罪嫌疑人知悉其具有证据开示请求权。

2. 开示时间和地点

关于认罪认罚案件中证据开示的时间如何界定，笔者认为，应将其限定在审查起诉阶段，认罪认罚具结书签署之前。这是因为：其一，在侦查阶段，侦查机关负责收集证明犯罪事实的证据，案件证据具有相对的不确定性，不具备证据开示的前提，同时为便于侦查工作的顺利进行，此时收集的证据应具有一定的保密性，不宜过早向犯罪嫌疑人透露，因而侦查阶段不应进行证据开示；其二，根据《指导意见》的规定，检察机关可以视情况探索证据开示制度，实质上是赋予了检察机关证据开示职责，前文关于证据开示的程序启动中已有论述，证据开示应突出检察机关的主导作用，由检察机关履行主要开示义务较为合适，此时证据材料已由侦查机关收集完备并随案移送，案件进入到审查起诉阶段；其三，从证据开示的主要目的和作用来看，便于保障被追诉人的知情权，使其对案件事实和证据具有较为清晰的了解之后，更能够发自内心地认罪悔罪，在此基础上自愿签署具结书。因而，认罪认罚案件中证据开示时间最早应在案件进入审查起诉阶段之后，签署认罪认罚具结书之前。

关于证据开示的地点，应视犯罪嫌疑人是否被羁押而定。[①] 因为检察机关主导认罪认罚案件中的证据开示程序，因而，犯罪嫌疑人未被羁押的，证据开示理应在检察机关进行，已被羁押的，看守所应当为证据开示提供专门场所。

3. 开示步骤

检察机关在办理认罪认罚案件中进行证据开示，应分以下两个阶段进行：

第一阶段，首先由检察官做好证据开示准备，就认罪认罚案件中拟在庭审时向犯罪嫌疑人开示的和不予开示的证据，详细制作成《认罪认罚案件证据开示清单》

---

① 朱安东：《认罪认罚案件中证据开示制度的构建研究》，载《牡丹江教育学院学报》2020 年第 11 期。

（样本如下）。证据开示清单中应载明检察机关掌握的证据种类、证据名称以及相应的证明内容，各证据之间的相互关系等，对此建议参考公诉案件审查报告中的证据摘录和证明内容部分。

认罪认罚案件证据开示清单样本：

××××人民检察院

犯罪嫌疑人×××认罪认罚案件证据开示清单

一、犯罪嫌疑人基本情况

犯罪嫌疑人×××，性别×，年龄××，身份证号码××××，民族×，文化程度××，户籍所在地×××，因涉嫌×××罪，于××××年××月××日被×××拘留/批准逮捕。

二、证据情况

1. 物证、书证

……（证据名称及页码）

证实……（概述证明内容）

2. 勘验、检查及辨认笔录……

3. 鉴定意见……

4. 证人证言……

5. 被害人陈述……

6. 犯罪嫌疑人供述及辩解……

7. 嫌疑人、律师提出的证据……（有无三类强制开示证据/目前是否有能力赔偿/目前是否愿意赔偿）

我对上述证据无异议。

犯罪嫌疑人签名：

时间：　年　月　日

本值班律师（辩护人）见证证据开示。

值班律师（辩护人）签名：

时间：　年　月　日

控辩双方存在异议的证据如下：……

制作说明：

(1)本证据开示清单格式供人民检察院办理犯罪嫌疑人、被告人认罪认罚案件时使用。

(2)证据开示清单应当由犯罪嫌疑人、被告人阅读或向其宣读后，由其签名。辩护人或者值班律师应当在场并签字。

(3)辩护人除了同值班律师一样在场见证证据开示外，还需表明其对相关证据是否有意见。

(4)本证据开示清单，一式两份，一份附卷，一份在提起公诉时随同起诉书一并移送法院。

其次，选择合适的时间和地点，召集被追诉方到场，在律师在场的情况下，检察官出示证据开示清单，交其阅读或向其宣读后，由被追诉方和值班律师确认无误后签署。具体可以采取以下方式和步骤进行证据展示。

(1)告知诉讼权利和相关法律规定。可采取书面和口头方式告知犯罪嫌疑人、被告人享有的诉讼权利，如委托辩护人、申请法律援助等权利，尤其是认罪认罚从宽制度的相关规定，使其对认罪认罚的性质、适用条件和法律后果具有清晰的了解和认识，向其出具诉讼权利义务告知书等法律文书，增强其认罪认罚的自愿性、真实性。

(2)宣读言词证据、勘验笔录、书证等内容。对于以文字形式记载的证人证言等言词证据，以及勘验、检查笔录、鉴定意见等相关书证的内容，向犯罪嫌疑人、辩护人、值班律师进行宣读，宣读时应重点介绍其来源、拟证明的事实等信息。

(3)出示物证等实物及图片。实物证据主要是指与犯罪有关的物品以及作案工具等物证，能够证明犯罪事实的证据。对于大型物品或者不宜保存的挥发性物质、不方便移送的违禁品等，展示实物确有困难的，可以通过图片的形式向犯罪嫌疑人进行展示。

(4)借助多媒体技术进行展示。对证明案件事实具有关键作用的视听资料和电子数据等证据，向犯罪嫌疑人进行播放和展示。此外，为保障证据的安全性，防止证据被毁坏，可以考虑借助多媒体技术手段展示证据，如展示案卷复印件或者电子卷宗等。

在证据开示过程中，被追诉方存在疑惑的，尤其是一些专业性较强的证据材料，检察人员应及时作出解释和说明。

最后,坚持双向开示原则。在控方全面开示证据时,作为次要的证据开示义务主体,辩方根据我国刑事诉讼法的规定对于掌握的有利于犯罪嫌疑人的证据①,也应制作证据开示清单,如实提供给检察机关,否则应承担不利的法律后果。

第二阶段,控辩双方互相展示各自所掌握的证据材料后,彼此之间应围绕证据材料发表意见,对于存在争议的证据可以展开辩论、释疑,根据需要,双方均可对对方的证据材料进行查阅、摘抄和复制。通过证据展示和辩论,进一步明确、归纳案件的焦点和争点所在。同时应做到证据开示留痕,证据开示后,检察人员及时制作"认罪认罚证据开示笔录"(样本如下),对于证据开示的过程、基本情况、双方存在的争议焦点、存在异议的证据、没有异议的证据等开示内容予以详细记录。② 控辩双方签字确认后,连同起诉书、认罪认罚具结书、认罪认罚证据开示清单等文书一并移送法院。法官在审判中,重点围绕双方有争议的证据材料组织进行调查和辩论,对于控辩双方没有异议的,可以简化庭审程序。

认罪认罚证据开示笔录样本:

××××人民检察院

犯罪嫌疑人×××认罪认罚证据开示笔录

犯罪嫌疑人姓名、性别、年龄:

涉嫌案由:

证据开示时间:××××年××月××日××时××分至××时××分

证据开示地点:(××检察机关或者××看守所)

辩护人:

值班律师:

检察人员:

证据开示情况:(主要包括诉讼权利告知情况、相关制度的法律性质、法律后果,向犯罪嫌疑人展示证据开示清单情况,双方是否提出意见、展开辩论情况,并详细列明有异议的证据和无异议的证据等情况)

---

① 《刑事诉讼法》第42条规定:"辩护人收集的犯罪嫌疑人不在犯罪现场、未达到刑事责任年龄、属于依法不负刑事责任的精神病人的证据,应当及时告知公安机关、人民检察院。"

② 谢英莲、刘英军:《刑事证据开示程序的正当性理念与构建设想》,载《人民检察》2009年第5期。

检察人员:(签名)
犯罪嫌疑人:(签名)
辩护人(值班律师):(签名)
××××年××月××日

制作说明:

(1)本文书供人民检察院办理犯罪嫌疑人认罪认罚案件时使用。

(2)本文书共一式三份,一份由检察机关附卷,一份交犯罪嫌疑人,一份随案移送法院。

4. 开示救济

无救济即无权利,为切实发挥认罪认罚案件中证据开示制度的价值作用,确保该制度的顺畅运行,应提供必要的制裁和保障措施。

(1)驳回起诉。检察机关在办理认罪认罚案件中,若根据现有证据材料,能够证明犯罪嫌疑人不构成犯罪或者虽构成犯罪但罪行较轻的,对此类证据材料应当开示而不开示的,或者经犯罪嫌疑人申请后仍不开示的,法院经依法审查后发现不开示的理由不能成立的,应强制检察机关开示,经强制开示而拒不开示的,法院应推定该证据存在并依法驳回起诉。

(2)排除证据。根据“不开示禁止出示原则”,在适用认罪认罚从宽制度中,检察机关或者辩方未履行相应的证据开示义务,在法庭审判中突然出示了未经开示的证据,那么为保护权利受损方的利益,法院可以裁定对该证据依法予以排除。

另外,由于实践中被告人认罪认罚后又反悔上诉的情况时有发生,对此法院应高度重视,依法审查反悔的原因。若经审查发现,应进行而未进行证据开示并签署认罪认罚具结书,致使犯罪嫌疑人对案件信息掌握不全面,对认罪认罚的性质和法律后果认识不透彻,对控辩双方的量刑协商存在模糊化认识,因此对于判决后反悔上诉的,法院应认定该签署具结书的行为无效,由此形成的口供随之丧失证据能力,依法予以排除。

(3)追究刑事责任。这是一种最为严厉的惩罚措施,在适用认罪认罚程序中,为避免开示证据而故意隐瞒、毁灭证据或具有其他严重情形,构成犯罪的,应依法追究其刑事责任。

二、具结书的证据效力

(一)具结书基本概述

1. 具结书的概念

从词源来看,具结书在我国古代虽用法不同但早已有之。“具结”一词的意思主要有两种:一是指旧时对官署提出表示负责保证的文件;二是指一种意思表示,承认自己的行为并自愿承担相应的责任。具体来说,在中国古代刑事诉讼中,“具”是一种准备告状公文的活动,简称“具状”,而“结”字的含义则是判决和知罪,所以古代用语中的“具结”一词实际上是具状人对于自己的行为具有明确的认知,并向官府表示自愿承担相应的法律责任。在古代司法中,人治居于主导地位,在此影响下,具结书对于整个案件尤其是民事案件的处理、进展和走向具有十分重要的作用,它以自书文书的方式呈现,对双方当事人均具有一定的约束力,为裁判者提供重要的参考。

虽然我国现行《刑法》和《刑事诉讼法》等法律规范未对“具结书”的含义作出明确规定,但在现代司法实践中,具结书却是一种重要的要式文书。具结作为一种非刑罚处置措施,根据我国《刑法》的相关精神,对于某些不需要判处刑罚的特殊情形,法院视情况可以责令具结悔过,以示教育。另外,我国一些行政法律和民事法律中均有关于“具结悔过”的规定,虽适用情形和适用目的不同,但都一定程度上具备“承认错误”“真诚悔过”的含义。

在认罪认罚从宽制度推行和落实过程中,具结书作为犯罪嫌疑人、被告人认罪认罚内心活动的一种外在行为表现,真正将认罪认罚从宽制度落实在书面文本上,为将来争取从宽处理提供一定的前提条件。其在审查起诉阶段将犯罪嫌疑人、被告人与检察机关双方之间关于涉嫌罪行、责任承担和程序适用问题的协商内容予以固定,同时具结书记载的内容及其真实性、合法性将在后续阶段中,被法院予以重点核实,该文书在诉讼活动中具有承上启下的作用。不可否认,在案件进入刑事诉讼程序以后,被追诉人向司法机关如实供述自己的罪行,并发自内心地自愿承担法律责任的行为无疑会成为认罪认罚具结内容的重要部分,并与上述“具结悔过”在内涵上具有一定的关联性。根据我国相关法律规定精神以及上述对“具结”一词的论述,笔者认为,可以将认罪认罚具结书定义为:涉嫌犯罪的行为人,承认司法机关的犯罪指控,自愿如实供述自己的罪行,同意拟被适用的刑罚并愿意承担相应刑事责任而签署的法律文书。

2. 具结书的特征

(1)法定性

认罪认罚从宽制度由最初在部分地区试点到目前全面推开,在我国理论界和司法实务界引起了广泛关注和探讨,与之“备受关注”程度相比,关于认罪认罚具结书的研究却显得“门可罗雀”。但不容忽视的是,认罪认罚具结书却是法律明文规定用语,在刑事诉讼法等相关规范性文件中,出现频率较高。究其根源,其最早出现在《关于在部分地区开展刑事案件认罪认罚从宽制度试点工作的办法》(以下简称《试点办法》)中,且在现行《刑事诉讼法》中也有较多体现,如具结书如何签署、不需要签署的三种例外情形,同时对于认罪认罚具结书应随案移送到法院,法院应对其签署的自愿性和内容的真实性、合法性进行审查,也予以明确规定。

另外,在《指导意见》中,“具结书”一词更是被频繁提及,其签署应当具备哪些条件、如何进行和由谁进行审查、签署之后被撤销或者反悔的应当如何处理等。围绕具结书的一系列问题,该意见均作出了详细规定,进一步凸显出在认罪认罚从宽制度推进过程中,该文书居于举足轻重的地位,进一步明确了具结书是我国法律明文规定的一种法律文书。犯罪嫌疑人、被告人认罪认罚是签署具结书的前提,而获得从宽处理是签署具结书所欲实现的法律后果,但无论在协商的主体、内容方面,还是在量刑建议或不起诉决定方面,均需坚持法定标准,在法律框架内进行。

(2)职权性

关于认罪认罚具结书的法律性质,法律没有做出明确规定,在学术和理论界,大多数学者认为,它是一种“合意契约”,即是检察机关与犯罪嫌疑人、被告人之间就诉讼有关事项,在法律规定的范围内,为实现双方法律效果的最大化而达成的一种合意。但是这种合意不等同于民事契约中的合意,因为双方不具有完全对等的法律地位,这种合意的形成具有明显的职权性。

首先,从认罪认罚协商的启动来看,根据《刑事诉讼法》第 174 条的规定,案件进入审查起诉阶段以后,控辩双方围绕案件主要量刑问题进行协商,在达成一致意见的基础上,由被追诉方签署认罪认罚具结书。对于控辩双方事先未进行协商或者协商不成,不能够达成一致意见的,其后随着诉讼进程的推进、认识的加深,控辩双方重新又达成了合意。此种情况下,笔者认为,在征得法官同意后,在第一审法庭辩论终结前或者简易程序判决前,控辩双方仍可以进行认罪认罚协商与沟通[①],但

① 相关内容参见《刑事司法指南》,法律出版社 2018 年版。

法官不得参与具结协商,而是依法承担对具结书签署的自愿性、合法性以及检察官量刑建议合理性等进行审查职责,协商应当限于检察官与辩护律师之间,由检察机关承担主导和启动职责。

其次,从具结书的形成过程来看,先是由控方依法履行告知义务,使被追诉方知晓有选择适用认罪认罚从宽程序的权利,然后由其签署相应的告知书,控方视案情调整制定具结书内容,经控辩双方协商一致后,犯罪嫌疑人在具结书上签名确认。从具结书的整个成立过程来看,检察机关的主导作用凸显,告知权利、程序适用、量刑建议的主体均为检察机关,尽管犯罪嫌疑人具有自由选择权,但双方地位和作用的不完全对等,决定了认罪认罚具结书成立的基础即控辩双方的合意具有受限性。

最后,从具结书的内容来看,被追诉方自愿认罪,愿意接受处罚的,方可签署该文书,但所认之罪、罪行的性质以及罪数的认定,均不属于控辩双方可以协商或沟通的范围,必须由检察机关严格依法审查认定。另外,在量刑建议方面,无论是量刑从宽的幅度还是不起诉决定,均由检察机关在法律框架内依法进行。一言以蔽之,在认罪认罚具结书签署过程中,必须坚守客观公正原则,坚持证据裁判,被追诉人能否获得从宽处罚以及获得多大程度的从宽处罚,均由检察机关依职权单方面把握。其与国外的辩诉交易制度不同,在辩诉交易中关于罪名、罪数以及量刑处罚上,控辩双方均可以进行广泛的协商甚至讨价还价,只要被告人作出认罪答辩,即可定罪判刑,从宽幅度随意性较大。与之相比,我国的认罪认罚具结书具有较强的职权性。

(3)自愿性

具结书是控辩双方围绕案件事实和量刑问题,经共同协商一致后,依法签署的一种要式文书,而该文书的成立必须尊重当事人意思自治原则,即须具备自愿性这一前提,它是维护被追诉方正当权益的必然要求,也是防范刑讯逼供、非法取证等冤假错案的重要途径。

但当事人的自愿性绝不是孤立存在的,它与主观上的明知性和内容上的真实性具有紧密的联系,三者有机统一、缺一不可。明知性是认罪认罚自愿性的前提,它要求被追诉人明确知道与充分理解其涉嫌犯罪的性质、可能面临的法律后果,在权衡利弊后,对于是否适用认罪认罚制度作出理性选择。真实性能够为实现当事人的自愿性提供一定的基础和有效保障,被追诉人认罪认罚必须具有事实和证据基础,在犯罪事实清楚,证据确实充分的基础上对自己的犯罪行为供认不讳,真诚悔改,自愿接受法律制裁。当然,犯罪嫌疑人为达到认罪认罚后获得从宽处罚的目的,需以放弃某些诉讼权利(如无罪辩护、普通程序审理)为代价并承担不利法律后果,因而认罪认罚的自愿性具有相对性。

3. 签署具结书时的保障措施

为保障具结书的真实性,促进控辩双方依法协商,提高检察工作的透明度和公信力,减少不必要的反悔和撤回,遏制无正当理由的上诉,笔者认为,有必要借助现代技术手段——同步录音录像,对具结书的签署过程实施全程留痕。审查起诉时对控辩协商过程全程录音录像,检察机关在技术和实践层面均已经积累了一定的经验。因而,建议在有条件的地方先行展开试点,总结经验或条件成熟后再予全面推开,使控辩协商制度设计更加完善。

(1)认罪认罚从宽具结程序同步录音录像的必要性

一是程序正义的要求。程序正义是刑事诉讼的基石,认罪认罚具结过程,涉及当事人的重大利益——认罪和量刑,规范的程序是保证当事人利益实现的根本途径,如果缺乏程序保障,认罪认罚有可能流于形式。司法实践中,存在个别检察官在办理认罪认罚案件时,告知权利不充分,具结程序不清晰,有的将很多文书放在一起签署,没有认罪认罚的独立程序,致使部分犯罪嫌疑人认识不到位或理解不彻底。通过同步录音录像确保程序独立公正,有利于保障犯罪嫌疑人的诉讼权利。

二是确保认罪认罚自愿性的要求。作为签署具结书的前提和基础,自愿性的保障至关重要。但是认罪认罚中,当事人是否自愿,经常在事后出现一些争议,特别是在一些案件的后期辩护当中,很多当事人以认罪认罚不自愿为由予以否认,而检察机关又无法举证当时当事人是否自愿,同步录音录像能有效还原当事人认罪认罚的全过程,大大减少上述争议。

三是责任划分的需要。具结书签署以后,具结人反悔或者提出异议的情况时有发生,对此需要进行责任划分。如果以承办检察官没有行使必要的告知,或者采取引诱欺骗方式,迫使自己签署了认罪认罚具结书为由,这将很可能涉及检察官的办案责任即司法责任。同步录音录像可以有效证明认罪认罚具结书签署的过程,一旦反悔情况出现,可以借此明确双方责任。由此可见,同步录音录像对控辩双方既具有约束力,又能提供有效保障。

(2)同步录音录像技术的规范要求

一是同步录音录像,应当保证进入具结场所以后,犯罪嫌疑人、被告人、律师和检察官的行动轨迹被有效、清晰记录,及时存盘并长期保存。

二是具结过程要全程同步录音录像，包括犯罪嫌疑人诉讼权利的告知、证据开示、控辩双方协商、签署具结书等都应当全程同步录音录像，并且刻盘保存。为保护隐私权，涉及律师和当事人隐私的，在会见场所可以设置只录像不录音。最后，将录音录像资料随案移送法院。

（二）具结书与有罪供述的关系

1. 具结书的内容

认罪认罚具结书作为控辩双方沟通协商后形成的书面文本，是双方诉讼合意的体现。《指导意见》在一定程度上指出了具结书应具备哪些要素，但该规定仅对认罪认罚具结书的大致范围作出了原则性概括，缺乏具体内容和模板。2020 年 1 月，最高人民检察院对刑事诉讼法律文书格式样本进行了修订，其中亦对《认罪认罚具结书模板》进行了规范，实践中多数检察机关在办理认罪认罚案件时均按此模板进行制作。从其发布的认罪认罚具结书模板来看，主要包括如下内容：一是个人基本信息，即对犯罪嫌疑人的姓名、性别、住址等情况进行简单描述；二是权利知悉，主要证明在前期对犯罪嫌疑人进行了权利告知，使其对认罪认罚从宽制度能够理解，并自愿同意适用该制度；三是认罪认罚内容，作为具结书的关键和重要组成部分，理应对指控的犯罪事实是什么，犯罪嫌疑人的行为触犯了何种罪名，控方拟建议判处何种刑罚，适用哪种程序进行审判等予以明确，犯罪嫌疑人对上述内容知悉并认可；四是自愿签署声明和现场见证证明，该部分主要用来表明犯罪嫌疑人认罪认罚的自愿性、明知性和真实性。即对认罪认罚及其相应的法律后果主观上是明知的，客观上具有理解能力，系在没有受到任何非法影响情况下的自愿接受。

然而，现下存在对此模板不同的声音。有人指出该模板内容相对简单，如未包括控方的基本信息、控辩双方的权利义务、具结书的法律效力以及控方的签名等。笔者认为，随着认罪认罚从宽制度的逐步完善，具结书的内容将渐趋合理化，但其核心内容仍在于认罪和认罚两个方面，且二者须同时具备。

2. 具结书与有罪供述的对比

犯罪嫌疑人、被告人供述和辩解是指在刑事诉讼过程中，犯罪嫌疑人、被告人就有关案件情况，向侦查人员、检察人员和审判人员所作的陈述。涉嫌犯罪行为人既可以如实供述自己有罪，也可以对自己不构成犯罪或者罪行较轻进行辩解。有观点认为，具结书应等同于言词证据中的有罪供述。笔者认为，二者具有相似性，如均须建立在被追诉人自愿的基础上，在某种程度上是行为人认罪态度的体现和反映;均受犯罪嫌疑人、被告人主观因素的影响较大,具有随时被推翻或否定的不稳定性;在认定事实方面,均需要结合其他材料或证据情况来综合认定,单凭其一,不能完全认定犯罪事实成立等。但若将认罪认罚具结书看作是犯罪嫌疑人、被告人的有罪供述则有待商榷,二者并不能完全等同。

第一,具结书与有罪供述的内容和侧重点不同。如前文所述,具结书不仅包括认罪认罚内容,即犯罪行为人既要认罪也要认罚,还包括权利知悉、自愿签署声明、辩护人或者值班律师见证声明等内容,侧重点在于罪行的自认和量刑的接受,没有涉及犯罪的相关证据和犯罪过程。① 而有罪供述则是对涉嫌犯罪的事实和经过的详细供述,侧重点在于收集证据,挖掘案件事实细节,还原案件真相,但并不涉及量刑问题。

第二,具结书的签署与有罪供述的获得过程不同。自愿性是签署具结书的前提和基础,被追诉人与检察机关经过协商,达成合意之后,便可签署认罪认罚具结书。同时为保障犯罪嫌疑人的自愿性,法律还规定了相关配套保障措施,如权利告知、辩护人或值班律师在场审查、见证、提供法律帮助等。而有罪供述则强调获取证据和程序的合法性,如刑事诉讼法对讯问的时间、地点、人员、方式等作出了具体规定,同时明确了非法证据排除规则,即对于以刑讯逼供等侵害公民人身权利或其他合法权利的方法取得的言词证据,可能对司法公正造成损坏和影响的,应当依法予以排除。

第三,具结书与有罪供述的性质和作用不同。在形式上,具结书是犯罪嫌疑人、被告人的单方声明,是认可控方指控的犯罪事实、量刑建议和适用审理程序的声明。实质上体现的是控辩双方的诉讼合意,是检察机关与被追诉方均愿意遵守和认可的法律文书,其自愿性、真实性和合法性也是司法机关审查的重点。但关于具结书有无证据属性,是否可以作为证据使用,法律没有明确作出规定,学术界和理论界存在不同的观点和争议。而犯罪嫌疑人的有罪供述则是法律明确规定的证据种类之一,属于言词证据,当有罪供述与其他证据能够相互印证,形成证据法上独立完整的证据链条,法院可以据此对被追诉人作出有罪判处。

第四,具结书与有罪供述所涉法律主体不同。具结书的形成和签署过程中,参与的法律主体既有犯罪行为人,也有作为见证人的值班律师,同时还包括作为控方的检察机关,且前两者均须在具结书上签字确认,后者未在具结书上直接体现。对

① 陈烽:《论认罪认罚从宽制度中的“具结书”》,载《嘉兴学院学报》2017 年第 3 期。

比之下,有罪供述的参与主体更少,仅有司法机关和涉嫌犯罪行为人本人。

(三)撤回认罪认罚后具结书的证据效力界定

被反悔或撤回以后,具结书的效力如何,能否在本案或者其他案件中当作证据使用,目前法律法规没有作出明确规定,在理论界和实务界存在不少困惑和争议。笔者认为,上述问题的解决,首先需要厘清以下两个方面的问题:

1. 认罪认罚的撤回

为激励被告人作出有罪答辩,降低程序对抗性,提高诉讼效率,国家专门设置了认罪认罚从宽制度,促使控辩双方协商并通过签署认罪认罚具结书的形式将这种合意予以固定。但司法实践中,被告人认罪认罚后反悔并要求撤回认罪认罚的情况屡见不鲜,被告人反悔的情形主要有两种:一是不认罪,即在签署认罪认罚具结书后又予以否定法律意义上的认罪;①二是认罪但不认罚,即被告人仍然承认具有犯罪事实,但因企图获得更轻的刑罚或为达到留所服刑等目的,而对之前的量刑协商内容予以反悔。根据诉讼阶段的不同,被告人反悔的表现方式也不同,如在庭前反悔并撤回有罪答辩、庭审中反悔当庭表示不认罪和判决后反悔并提起上诉三种情形。②

关于被追诉人在认罪认罚后是否有权撤回,刑事诉讼法并未明确规定。《指导意见》对认罪认罚的反悔和撤回虽有所提及,但对撤回的原因,撤回后的证据效力等问题语焉不详。对此,学界观点异彩纷呈,有的观点认为,认罪认罚从宽作为有利于被追诉人的一种制度,法律应赋予被追诉人反悔权,犯罪嫌疑人、被告人有权利选择适用,也有权利放弃或者反悔,此为"肯定说"③;有的观点认为,认罪认罚一般不允许反悔,但在非自愿认罪认罚、控方违背承诺、法官不认可具结书或认罪认罚可能导致错案的情况下允许反悔,此为"限制说"④;还有的观点认为,一审判决后,被告人有权上诉,但若无正当理由上诉的,如仅以量刑过重为由上诉的,检察机关

---

① 黄博儒:《被告人认罪认罚反悔现象探究——以 100 份二审刑事裁判文书为分析样本》,载《江西警察学院学报》2019 年第 1 期。

② 黄博儒:《被告人认罪认罚反悔现象探究——以 100 份二审刑事裁判文书为分析样本》,载《江西警察学院学报》2019 年第 1 期。

③ 顾永忠、肖沛权:《"完善认罪认罚从宽制度"的亲历观察与思考、建议》,载《法治研究》2017 年第 1 期。

④ 秦宗文:《认罪认罚案件被追诉人反悔问题研究》,载《内蒙古社会科学(汉文版)》2019 年第 3 期。

原则上应当提起抗诉[①]。笔者认为,被告人认罪认罚后,应享有依法撤回的权利。这是因为,首先,在依法区分犯罪事实和情节的基础上,该宽则宽,当严则严,是我国的一项重要刑事司法政策。为当事人带来实实在在"量刑优惠"的认罪认罚从宽制度便是贯彻该政策的重要表现,这也是国家从制度层面赋予犯罪嫌疑人、被告人真诚悔罪、改过自新的一种权利。权利主体具有自己可以选择行使或者放弃的自由,即所谓的权利自治原则。其次,根据不得强迫自证其罪原则,犯罪嫌疑人、被告人有权拒绝回答自陷其罪的提问,在其认罪认罚意愿发生改变或者有其他事由出现的情况下,若不允许撤回,无疑违背了上述原则。最后,允许撤回,有利于降低司法机关对"认罪认罚"供述的依赖性,减少刑讯逼供等非法取证甚至冤假错案的发生,消解或规避此类制度的风险,倒逼司法机关提升办案质量。基于上述理由,被追诉人在认罪认罚后应具有撤回权,但权利应在正确范围内行使,不得被滥用和肆意行使,否则将承担相应的不利法律后果。

2. 具结书的证据属性

在我国《刑事诉讼法》等相关法律规范性文件中,尚未对具结书的法律地位予以明确,尤其是在当事人基于各种事由事后反悔或者要求撤回的,该文书的效力如何,是一个亟待解决的问题。

学界围绕具结书的证据属性存在不同的看法,第一种观点认为,具结书更多地体现出控辩双方的诉讼合意,因而签署双方均应受其约束,事后又反悔或者撤回的,合意的基础便不复存在,在此情形下形成的具结书也不能作为其认罪认罚的依据,但其仍具有被当作曾作有罪供述证据的可能性,以便快速及时惩治犯罪。[②] 第二种观点认为,具结书本身并没有关于犯罪事实(时间、地点、行为等)的任何具体描述,不符合证据所具有的还原案件事实的基本功能和要求,不能将其直接作为口供来用,更不能径直以具结书作为认定案件事实的证据。[③] 第三种观点认为,认罪认罚具结书作为法院审查的对象,其本身并不具有自证及证他的功能,故不能作为证据材料纳入证明被告人有罪的证据体系。[④] 第二种和第三种观点,虽然具体表述不同,但均反对将具结书作为证据使用。第四种观点认为,虽然具结书不是严格意义上的法定证据种类,并且不能够直接证明犯罪的主体、客体等构成要件,但它体

---

① 参见苗生明:《认罪认罚后反悔的评价与处理》,载《检察日报》2020 年 2 月 20 日,第 3 版。

② 刘浩:《未成年人认罪认罚具结的反思与重构 ——兼评〈刑事诉讼法〉第 174 条第 2 款之规定》,载《四川警察学院学报》2019 年第 5 期。

③ 万毅:《认罪认罚从宽程序解释和适用中的若干问题》,载《中国刑事法杂志》2019 年第 3 期。

④ 汪海燕:《被追诉人认罪认罚的撤回》,载《法学研究》2020 年第 5 期。

现了控辩双方形成认罪认罚合意的过程，实质上已经具备了证据的功能，可以作为证据使用。[①] 综合上述观点，不难看出其主要分歧在于，在证明案件事实过程中，具结书的属性如何，能否被作为证据使用。

笔者认为，证据能够证明案件事实，借此还原案件的本来面目，须具备客观性、真实性、合法性三个基本特征，且其在形式上必须符合法律的要求，并按照法定程序收集、提供和运用数据。根据我国法律规定，证据种类包括物证、书证等八种情形。而具结书更多体现的是犯罪行为人的认罪认罚声明，是控辩双方的诉讼合意，在很大程度上反映犯罪行为人的主观意愿，缺乏对案件事实的详细描述不具备客观性这一证据的法定特征，具结书不属于法定证据种类，不能当作实质证据使用。但具结书又具有其特殊性，它是在依法自愿的前提下签署，体现了犯罪嫌疑人对犯罪事实和罪名的认可，且法律为此专门规定辩护人或值班律师现场见证，进一步保障具结书签署的自愿性。因而，建议将具结书作为一种辅助性证据使用，赋予其对应的法律效力。在进入审判环节以后，最终由法官对其自愿性、真实性、合法性进行审查认证，并注意与其他事实情况和证据材料相结合，综合认定案件事实。

由于认罪认罚基于控辩双方的合意形成，具有相对不稳定性，一旦被撤回，认罪认罚具结书的效力如何，笔者认为，尽管撤回的原因各不相同，但无论是因犯罪嫌疑人、被告人受胁迫或因为认识错误等并非真实自愿等原因签署认罪认罚具结书撤回的，还是事后随着情势变更或者思想认识发生变化等原因又撤回认罪认罚的，具结书一旦被撤回，控辩双方适用认罪认罚的基础自然不复存在，理应恢复到最初的状态。倘若在撤回以后，被追诉人曾经所作的供述仍有可能被当作指控其犯罪的工具和有力证明，那么将会使被追诉人陷入进退两难的尴尬境地，也会增加被追诉人签署认罪认罚具结书时的思想顾虑，不利于该制度的推进和落实，无疑对犯罪嫌疑人、被告人显失公平。

三、污点证人作证制度

污点证人作证豁免制度是一个舶来词[②]，它是指本身涉嫌犯罪行为的人，因其与被指控的犯罪嫌疑人的犯罪行为具有某种关联或掌握其他重要证据，为突破案件，检察机关与其达成协商，对其进行追诉免责，促使其如实提供证言的一种特殊

---

① 刘少军：《性质、内容及效力：完善认罪认罚具结书的三个维度》，载《政法论坛》2020 年第 5 期。

② 污点证人，在我国台湾地区被称为“窝里反证人”，在英国和我国香港特别行政区称为“边缘被告人”。

证人。

世界上多个国家、国际组织都规定了污点证人作证豁免制度。譬如,日本《刑事诉讼法》第157条规定,检察官预计对证人可能受到刑事追诉等事项进行询问时,考虑到证言对该事项的重要性,可以向法院请求刑事免责,法院的刑事免责只能基于检察官的请求作出。[①] 又如,《联合国打击跨国有组织犯罪公约》第26条第3款规定:"对于本公约所涵盖的犯罪的侦查或起诉中予以实质性配合者,各缔约国均应考虑根据本国法律基本原则规定允许免予起诉的可能性。"[②]再如,《联合国反腐败公约》第37条第3款规定:"对于在根据本公约确立的犯罪的侦查或者起诉中提供实质性配合的人,各缔约国均应当考虑根据本国法律的基本原则就允许不予起诉的可能性作出规定。"[③]本质上,该制度的产生源于一定的司法环境,"不得强迫自证其罪"和"沉默权"是域外刑事诉讼赋予犯罪嫌疑人、被告人用以自卫的重要诉讼权利,在保障人权的同时,客观上也给检察机关突破证人口供带来了不少困难和阻力,尤其是在办理职务犯罪案件时,由于此类案件隐蔽性强,存在获取证据受阻甚至无法查证的情况。为确保国家刑罚权的顺利实现,依法追诉某些严重罪行或获取关键性证据,对一些罪行较轻的犯罪嫌疑人、被告人,通过给予其刑事责任豁免、转化为污点证人的方式,促使其对所知的事实予以指认和证明,从而获得重要的犯罪证据,因而,污点证人制度应运而生。从一定意义上说,"不得强迫自证其罪"是催生污点证人制度产生的土壤。

实际上,污点证人作证制度也归属于认罪认罚从宽的制度体系。[④] 这是因为,其一,两者具有相同的运行逻辑。认罪认罚是指被追诉人本人通过向检察机关如实供述、承认指控的犯罪事实、表示愿意接受惩罚而获得不起诉等从宽处理;而污点证人是指具有较轻罪行的被追诉人通过向控诉机关提供其他被追诉人犯罪的有力证据,而为自己获取较为轻缓的处理。可见,虽然两者的具体运作方式不同,但都是"在合作与互惠的基础上对案件的处理达成共识"[⑤],即以合作性司法理念为基础。其二,两者具有相同的价值追求。一方面,都有利于贯彻宽严相济的刑事政策。

---

① 参见[日]田口守一:《刑事诉讼法》(第七版),张凌、于秀峰译,法律出版社2019年版,第225页。

② 董坤:《认罪认罚从宽中的特殊不起诉》,载《法学研究》2019年第6期。

③ 彭新林:《中国特色腐败犯罪污点证人作证豁免制度构建要论》,载《法治研究》2014年第11期。

④ 汪海燕:《职务犯罪案件认罪认罚从宽制度研究》,载《环球法律评论》2020年第2期。

⑤ 马明亮:《刑事审判前的合作模式——以污点证人作证豁免制度为讨论范例》,载《当代法学》2006年第3期。

认罪认罚的被追诉人一般都能够获得相应的从宽处理；而污点证人在提供证据之后也将会获得“一定程度的司法豁免，体现了从宽”①。另一方面，都有利于提高诉讼效率。两者都通过提供宽宥的处理结果，激励相关被追诉人提供相应的线索，从而降低案件证明难度，提升诉讼效率。

2018 年《刑事诉讼法》初步尝试构建了“中国化”的污点证人作证豁免制度——认罪认罚特殊不起诉制度。但客观而言，特殊不起诉制度的适用条件苛刻，作用十分有限。司法实践样态对此予以了充分印证，诚如学者所言：“自 2018 年《刑事诉讼法》规定了特殊不起诉制度以来，截至 2019 年 10 月底，司法实践中还未出现一例经最高人民检察院核准，检察机关作出特殊不起诉决定的案件。”②基于此，笔者认为，为完善认罪认罚从宽体系，降低检察机关的证明难度，有必要对我国的污点证人作证豁免制度予以明确。

（一）污点证人作证豁免的制度价值

污点证人作证豁免制度的多元价值不仅与认罪认罚从宽制度相契合，各个价值之间还体现了动态平衡性。这无疑是在认罪认罚从宽体系中探讨构建污点证人作证豁免制度的正当性所在。

1. 有利于实现惩罚犯罪与保障人权的并重

惩罚犯罪，是指在刑事诉讼活动中，通过依法查明案件事实，运用国家公权力对构成犯罪的行为人公正适用刑法，以打击犯罪的活动。保障人权，则是指在依法惩罚犯罪的过程中，保障公民实体权利和程序性权利不受非法侵犯。惩罚犯罪与保障人权具有密切联系，共同构成刑事诉讼活动的两大价值目标。在刑事诉讼程序中，为体现对人权的保障，确保犯罪嫌疑人的合法权益不受侵害，不得强迫自证其罪原则应运而生，这一原则在西方国家得到广泛认同。随着现代法治理念的更新，“尊重和保障人权”成为我国一项重要的宪法原则，在此理念和原则指引下，“非法证据排除规则”和“不得强迫任何人证实自己有罪”的原则逐渐以法律形式固定下来，写进我国的《刑事诉讼法》，充分体现了保障人权的价值③，顺应了国际法律发展的潮流。

---

① 彭新林：《可确立腐败犯罪污点证人作证豁免制度》，载《检察日报》2015 年 5 月 6 日，第 3 版。

② 董坤：《认罪认罚从宽中的特殊不起诉》，载《法学研究》2019 年第 6 期。

③ 高一飞、聂子龙：《打击犯罪与保护人权的艰难平衡——评刑诉法修正案中侦查程序部分中的争议问题》，载《河北法学》2012 年第 2 期 。

但不容忽视的是，在注重保障人权的同时，客观上也提升了司法机关搜集证据的难度，特别是贿赂犯罪等职务犯罪，此类案件呈现明显的隐蔽化、复杂化、智能化特征，并且多依赖于言词证据。该类案件多为对合型犯罪，当事人双方很容易订立攻守同盟，若犯罪嫌疑人再以不得强迫自证其罪原则为由拒绝提供相关证据，此类案件就很难被侦破，无疑会加大侦查取证工作的难度，也容易导致追究犯罪职能的弱化，影响国家刑罚权的实现。为获取口供，一些办案人员甚至铤而走险，采取暴力、胁迫等手段强迫当事人如实供述，最终很可能陷入超期羁押、刑讯逼供、暴力取证等违法违纪办案之中，甚至会导致冤假错案的发生，这显然与保障人权的理念相悖。因而，赋予污点证人一定的刑事责任豁免，使其作出承诺，同意与司法机关配合，有利于缓解司法机关追究犯罪职能与保障人权的矛盾，提高职务犯罪案件的成案率。

2. 有利于实现效率价值与公正价值的有机统一

公正与效率是刑事诉讼中的两大价值目标，关于二者的关系，学界存在不同的声音，一种观点认为，公正优先。公正是法律的最高价值追求，不得以强调效率而损害公正。另一种观点认为，效率优先。在市场经济体制下，效率属于经济的范畴，经济基础决定一切，效率有助于引导社会资源的个体配置，应当是法律的首要价值目标，当效率和公正发生冲突时，应优先选择效率。笔者认为，二者相互独立又相辅相成，公正主要着眼于过程和结果，效率则主要着眼于速度和效益，单纯追求或过度强调任何一方面都是对司法价值的损害。

根据实体公正的要求，所有的犯罪行为都应当被追究，且能够体现罪责刑相一致原则。然而，现实情况并非如此，以职务犯罪为例，尤其是重大职务犯罪案件，犯罪手段和方式多样化，组织性强、隐蔽性较强，犯罪网络错综复杂，很难从中搜集关键证据，致使一些重大案件难以侦破。如有些涉案金额较大的贪污贿赂案件，因为缺乏重要的指控犯罪证据，最终只能被以巨额财产来源不明罪追究刑事责任，一定程度上损害了实体公正的司法价值。反对强迫自证其罪原则作为程序公正的重要体现，在保护被追诉人诉讼权利的同时，也给实体公正目标的实现带来了不少阻力。作为反对强迫自证其罪原则的产物，污点证人作证制度则有利于兼顾实体公正和程序公正的实现。检察机关对于罪行较轻且认罪认罚的犯罪嫌疑人、被告人，通过释法说理，使其转化为污点证人如实提供掌握的重要证据，虽然在一定程度上放纵了一些罪行较轻的犯罪嫌疑人，但更利于快速查明案件尤其是重大案件，使重大犯罪嫌疑人得以被依法追究刑事责任。总体而言，有助于司法机关将更多精力投入打击新的犯罪案件中，节约司法资源，避免诉讼拖延，在实现公正价值的同时，亦体现了诉讼效率的重要价值。

3. 有利于实现权力与权利的均衡

权力与权利是两个不同的概念，具备的政治色彩不同，在英文中分别被称为power和right，两者的主体不同、内容范围不同，但都以追求一定的利益为目的，都在法律层面被予以明确和规范。在适用法律的过程中，当二者追求的利益存在冲突时，就需要进行利益权衡，作出一定的价值选择和取舍。

利益权衡原则是污点证人作证制度产生的理论基础。对于行使国家公权力的司法机关来说，搜集和掌握犯罪嫌疑人、被告人的犯罪证据，据以定罪处罚，实现国家刑罚权，是维护国家利益的需要。对于污点证人来说，保持沉默并避免进行自我归罪，获得减轻或免除处罚是维护自身利益的需要。当二者之间存在不一致或者矛盾时，就需要国家公权力机关作出价值衡量和取舍，以放弃对一些罪行较轻犯罪嫌疑人的求刑权为代价，即通过放弃局部利益来获取更大的国家利益，依法严厉打击严重犯罪，最大限度地实现国家刑罚权。

(二)污点证人作证豁免制度与特殊不起诉的关系

检察机关的特殊不起诉与污点证人豁免制度“具有一定的相似性，都是免除了国家追诉，等同于刑事免责，在终局效果上是一致的。”①因此，有学者将污点证人作证豁免制度视为特殊不起诉的“制度归宿”②。但并不能以此为由将污点证人作证豁免制度完全等同于特殊不起诉制度，毕竟在我国，只有符合较为“严苛”的条件时，检察机关才能适用特殊不起诉，这导致其制度价值并无法得到充分发挥。通过对污点证人作证制度与特殊不起诉制度的异同鉴别后，可以发现在我国构建污点证人作证豁免制度的必要性。

1. 特殊不起诉概述

检察机关在严格依照法律规定追诉犯罪的前提下，享有一定的检察裁量权，如作出酌定不起诉、附条件不起诉等决定；除此之外，随着刑事诉讼法的修改以及认罪认罚从宽制度的推进和落实，还新增设了特殊不起诉制度。③特殊不起诉制度被

---

① 陈光中：《认罪认罚从宽制度实施问题研究》，载《法律适用》2016年第11期。

② 董坤：《认罪认罚从宽中的特殊不起诉》，载《法学研究》2019年第6期。

③ 关于特殊不起诉，《刑事诉讼法》第182条第1款：“犯罪嫌疑人自愿如实供述涉嫌犯罪的事实，有重大立功或者案件涉及国家重大利益的，经最高人民检察院核准，公安机关可以撤销案件，人民检察院可以作出不起诉决定，也可以对涉嫌数罪中的一项或者多项不起诉。”

视为一种审前的从宽类型。

从法律条文规定的内容来看,特殊不起诉的适用条件有三:一是需犯罪嫌疑人自愿认罪。作为认罪认罚从宽制度的具体表现和关键一环,特殊不起诉的适用必须建立在犯罪嫌疑人承认犯罪事实的基础上,而且该供述必须具备自愿性和合法性。若犯罪嫌疑人的供述是在受到暴力、恐吓、威胁、引诱等情况下作出的,或者是在对认罪认罚的性质和法律后果不了解、不清楚的情况下作出的,都不得适用特殊不起诉。二是需具备"重大立功"或者"案件涉及国家重大利益"两个实质要件。其中,国家重大利益应指与国家安全、国防、外交和其他政治等方面有关的内容。[①] 因"重大立功""国家重大利益"以"或"字连接,则也应当达到相近似的程度。三是需经最高人民检察院批准。与法定不起诉、酌定不起诉等其他不起诉相比,国家对特殊不起诉设置了更加严格的条件、持更加审慎的态度。即,对其设置了特殊的批准程序,未经最高人民检察院批准,不得适用特殊不起诉。

2. 污点证人作证制度与特殊不起诉的比较

(1)两者的相似点

在某种意义上,污点证人作证豁免制度是犯罪嫌疑人、被告人与国家之间达成的一种司法协商或交易。纵观已经建立该制度的英美法系和大陆法系国家,该制度在一些犯罪领域,尤其是贪腐犯罪、毒品犯罪、走私犯罪、涉黑犯罪等案件中发挥着举足轻重的作用。该制度之所以能够在世界范围内成为一种潮流和趋势,主要原因有三:一是有利于提高诉讼效率。以贪腐类犯罪案件为例,将行贿人转换为污点证人,通过对行贿人证言的收集从而减低受贿案件的证明难度,将有利于加快案件推行的进度。二是有利于打击严重、疑难犯罪。国家在追诉和打击某些严重犯罪时,往往难以获取有效且关键的证据,通过妥协、让步的形式来获取某些重要证据,将有利于成功实现对重罪案件的追诉。三是有利于贯穿宽严相济的刑事政策。以共同犯罪案件为例,有些共犯对追诉犯罪的贡献较大且本身并不具备太大的社会危险性,可以放弃对其进行追诉,以此为条件实现对重罪案件的追诉,这显然是"当宽则宽""该严则严"的具体体现。

反观我国的特殊不起诉制度,其与污点证人作证豁免制度殊途同归,仍然是利益权衡的结果。特殊不起诉实质上是检察机关和认罪认罚的犯罪嫌疑人协商一致后达成的结果,本应追究犯罪行为人的刑事责任,但因其真诚悔过,愿意接受处罚,

---

① 参见陈光中、[德]汉斯·约格·阿尔布莱希特:《中德不起诉制度比较研究》,中国检察出版社2001年版,第85页。

且有重大立功或者涉及国家重大利益，所以国家经过利益权衡，为保护更重要的法益，维护国家安全等重大国家利益和公共利益，而作出放弃对此类人员的刑事追诉权的一种选择。

可以说，二者虽然源于不同的国家或法系，但仍具有一定的相似性，是国外类似制度在我国的一种特殊体现。

（2）两者的差异

在肯定特殊不起诉与污点证人作证豁免制度相通性的同时，也不能无视两者的制度差异。总体而言，特殊不起诉制度的适用更加严格于污点证人作证豁免制度，主要表现为：

首先，适用条件不同。污点证人作证制度主要是检察机关在查办案件过程中，对于一些案件的侦破存在困难，难以取得关键性的定罪证据时，对于掌握关键证据的犯罪嫌疑人作出承诺，只要能够如实供述，自愿提供所掌握的证据和线索，国家即对其赋予一定的刑事责任豁免权，对其不予起诉或从宽处罚。换言之，只要犯罪嫌疑人掌握其他重要同案犯或其他严重罪行的关键证据，愿意如实提供并自愿转为污点证人的，便可适用污点证人制度，享受刑事责任豁免，无须该污点证人必须具备"重大立功"表现。

相比污点证人作证制度，特殊不起诉的适用条件更为严格，除了需要具备犯罪嫌疑人自愿认罪的前提条件外，还必须具备"重大立功"或"案件涉及国家重大利益"的实质要件。对于此种情形中的"重大立功"的内涵和外延是否完全等同于最高人民法院司法解释中规定的"重大立功"①，有学者持不同意见，指出从条文含义和法律设置特殊不起诉的初衷、实践适用情况来看，特殊不起诉中的"重大立功"与"案件涉及国家重大利益"的重要程度应当处于同一水平，比司法解释中的"重大立功"外延更为狭窄，应做限缩解释，应将其限定为"重大立功"的顶格部分——特别重大立功。② 笔者赞同这种观点，在我国已经具备"重大立功"制度的情况下，又设置特殊不起诉制度，且特殊不起诉需经最高人民检察院批准，适用条件更为严格，关于"重大立功"的要求自然更高，宜作限缩解释。

其次，适用范围不同。由于二者的适用条件不同，其适用范围亦存在明显区别。

---

① 1998 年最高人民法院发布《关于处理自首和立功具体应用法律若干问题的解释》第 7 条规定，"重大立功"包括：犯罪分子有检举、揭发他人重大犯罪行为，经查证属实；提供侦破其他重大案件的重要线索，经查证属实；阻止他人重大犯罪活动；协助司法机关抓捕其他重大犯罪嫌疑人（包括同案犯）；对国家和社会有其他重大贡献等表现。

② 董坤：《认罪认罚从宽中的特殊不起诉》，载《法学研究》2019 年第 6 期。

通过对实行污点证人作证制度的国家和地区的研究发现,作为国外普遍存在的一种制度形式,其具体的适用案件范围各异,各国之间不完全等同。但总体来说,污点证人作证豁免制度是有案件范围限制的。如我国香港特别行政区主要适用于黑社会性质组织犯罪、毒品犯罪等严重犯罪等。我国法律虽然没有明确规定污点证人制度,但实践中却污点证人作证的案例主要发生于职务犯罪案件中,如重庆“綦江虹桥塌垮案”,实践中并不鲜见。相较于污点证人作证制度,特殊不起诉的适用并没有案件适用范围限制,只要符合《刑事诉讼法》第 182 条的规定即可。

最后,核准程序不同。与污点证人作证制度相比,国家对特殊不起诉持有更加严格谨慎的态度,必须经过最高人民检察院核准,才能适用特殊不起诉,否则不得适用。而污点证人作证制度,则不需要最高检或其他顶层司法机关批准,不同国家根据其不同的国情,由不同的机关决定,如美国大多数州规定由控诉机关向法院提出申请,法院签发豁免令,而我国香港特别行政区则是由检控机关决定适用该制度。

(三)污点证人作证豁免制度的构建

虽然检察机关的特殊不起诉制度为引入污点证人作证豁免制度带来了新的希望和期盼。但囿于适用条件与核准程序的严格,此作用是较为有限的。基于此,笔者认为,应当在检察机关全力推进认罪认罚从宽制度过程中,大胆尝试构建适合我国国情的污点证人作证制度。

1. 适用案件

综观世界上建立污点证人作证豁免制度的国家,在该制度适用案件范围方面存在不同做法,有的国家对案件范围没有明确作出规定,不加限制,如美国、加拿大等。有的国家对该制度的案件范围加以明确限制,如德国等,主要适用于危害国家安全、公共秩序和公共安全、毒品、洗钱犯罪等重大刑事案件中。在我国构建该制度,必须结合我国的国情和现实状况,在目前法律没有对该制度作出明文规定的情况下,我国又面临打击犯罪的严重态势,该制度的适用案件范围应有所限制,不宜扩大适用。笔者认为,我国司法实践中,部分案例中已经出现了污点证人的影子,通过对其分析,不难发现,此类情形多数出现在贿赂犯罪案件中,因为贿赂犯罪案件犯罪对象多为一对一的关系,犯罪人之间容易互相包庇,作案手段较为隐蔽,不宜被发觉,关键证据难以获取。故而,在目前情况下,建议先将职务犯罪特别是贿赂犯罪案件作为构建我国污点证人制度的“试验田”,随着该制度的逐渐成熟,在借鉴有关国家制度的基础上，结合我国司法实际，逐步扩大适用案件范围，尤其是一些高科技犯罪、有组织、有关联等侦破难度大、证据收集难的犯罪案件。

2. 适用对象

在认罪认罚从宽制度语境下构建污点证人作证豁免制度，污点证人应当具备以下特征：

首先，污点证人应具有较好的认罪悔过态度，自愿认罪认罚。这是适用污点证人制度的前提条件，因为实质上污点证人制度是一种积极的、可以预估的司法交易，若污点证人本身悔过态度较差，不愿认罪甚至抗拒认罪，那么无疑增加了其如实提供证言的可能性和难度，不利于后续工作的开展。

其次，污点证人本身涉嫌犯罪，理应承担刑事责任，但是其罪行较轻，在共同犯罪中起次要或辅助作用，或者在其他严重犯罪案件中处于边缘地段。换言之，虽然污点证人是犯罪案件的参与者或实施者，但相较于其他共同或者关联犯罪嫌疑人，所实际起到的作用较小或者仅为他人犯罪提供便利条件，主观恶性和社会危险性不大，并没有造成严重的危害后果。相反，即使共同犯罪中的主犯或者其他罪行较重的犯罪嫌疑人进行了认罪认罚，因其是刑事犯罪打击的重点，并不能将之转换为污点证人。

最后，污点证人能够提供的证据应当是关键性证据，对侦破案件具有决定性作用。在污点证人同时进行认罪认罚从宽的情况下，为了防止污点证人作证豁免制度的滥用，以及对认罪认罚与污点证人提供其他证据的情节进行重复评价，应当对污点证人所提供的证据设定一定的要求。举例来说，在一些重大、疑难、复杂的案件中，一些重要的或关键性证据凭借现有的技术、手段难以获取，但根据污点证人提供的证据或线索，使定罪的证据最终能够形成完整的链条，实现成功指控犯罪的目的，则可认定其所提供的证据是具有关键性作用的。

3. 豁免模式

污点证人作证后的豁免模式主要有以下三种：一是罪行豁免模式，如德国和我国台湾地区均采用这种模式。罪行豁免模式又可分为完全豁免和部分豁免①，完全豁免是指对污点证人的全部罪行予以豁免，不予起诉或者免除刑事责任；部分豁免是指司法机关根据污点证人提供的证据情况予以衡量，仍对其追究刑事责任但会从轻或减轻处罚。二是证据使用豁免模式，如英国、加拿大、美国均采用此种模式，

① 何家弘主编：《证人制度研究》，人民法院出版社 2004 年版，第 273 页。

它是指污点证人被赋予豁免权以后，检察机关不得提供不利于污点证人的证据，即使提供，也不得再被用作追诉其刑事责任的依据。① 三是折中模式，即将罪行豁免模式和证据使用豁免模式兼收并蓄，以“证据豁免为主，罪行豁免为辅”。②

笔者认为，结合本国现实国情，在我国应采取罪行豁免的模式。具体而言，应从构建污点证人制度的初衷和其具备的制度价值考虑，污点证人是国家在进行利益权衡后，为了实现对严重犯罪的打击和追诉，维护更高程度的利益，以放弃对较轻犯罪的刑罚权的一种“司法交易”或“司法承诺”。为实现上述目标，要尽可能地打消污点证人的思想顾虑，使其提供关键证据时无后顾之忧，从而放心大胆地如实供述，采取罪行豁免模式无疑对污点证人最为有利，也最容易瓦解当事人内部的攻守同盟，获得定罪的关键性证据。当然，在采取罪行豁免模式时，检察机关应区分情况，对于认罪认罚的且涉嫌犯罪行为轻微、人身危险性较小的犯罪嫌疑人，在转化为污点证人后，可依法酌情作出不起诉决定；对于在共同犯罪或关联犯罪中，虽然与主犯或其他罪犯相比罪行较轻，但尚达不到情节轻微的程度，可以提出从宽处罚的建议，从轻或减轻处罚。

4. 适用程序

一是启动程序。在构建污点证人作证制度过程中，如何启动、由谁启动十分关键。笔者认为，检察机关应享有启动权。作为国家的追诉机关，在对犯罪嫌疑人审查起诉时，对案情有较为全面的了解和掌握，对于认罪态度较好，涉嫌犯罪行为轻微，危害不大的犯罪嫌疑人，检察机关积极进行政策引导和释法说理，消减犯罪嫌疑人的思想顾虑，在其放下包袱表示愿意做污点证人时，检察机关自然可以启动该程序。同时，侦查机关如公安机关、监察委员会在对案件进行侦查过程中，对行为人涉嫌犯罪情况、危险性等已经有了比较清晰的认识，侦查机关认为符合适用污点证人范围和条件的，可向同级检察机关建议或申请启动该程序。另外，对于罪行较轻的犯罪嫌疑人，如行贿人、介绍贿赂人等，自愿做污点证人的，也应赋予其申请启动权。

二是决定程序。污点证人程序应由哪个机关行使决定权，目前主要有以下观点：一种观点认为，应由检察机关来行使，如我国香港特别行政区；另一种观点认为，启动权和决定权应该由不同的机关分别行使，检察机关只能享有启动权，是否适用

---

① 李国莉、曾赛刚：《比较法视野中的证人豁免制度之考察与评析》，载《云南社会主义学院学报》2012 年第 5 期。

② 许晓蕊：《试论污点证人制度的合理构建》，载《研究与探索》2011 年第 11 期。

污点证人程序应由检察机关事先提出申请，由法院依据案件事实和法律最终决定，如美国。笔者认为，由检察机关决定是否适用污点证人程序较为合理。理由有两点：其一，检察机关是我国宪法规定的法律监督机关，在地位上较为客观中立；其二，污点证人，实质上是控诉机关在办理案件过程中，为获取突破案件需要的关键性证据，对一些犯罪行为较轻的嫌疑人作出承诺，有条件豁免其刑事责任，进而换取所需证据的一种“司法交易”。若检察机关在适用认罪认罚办理案件过程中，对有可能转化为污点证人的犯罪嫌疑人事先作出“承诺”，但承诺能否兑现，却由法院来决定，即“承诺”处于一种不确定状态，必然难以取得拟作为污点证人的犯罪嫌疑人的完全信任，在获取如实供述、实现分化瓦解的目的方面难免受影响。

检察机关在收到启动污点证人程序的申请后，应当围绕以下方面进行认真审查，第一，可能转化为污点证人的犯罪嫌疑人的成长经历、教育程度、性格特征等个人和家庭因素，必要时进行社会调查；第二，涉嫌的罪名、犯罪行为的轻重、在犯罪中发挥了怎样的作用；第三，认罪悔罪态度，能够如实作证的可能性；第四，对其他犯罪嫌疑人的定罪证据的了解和掌握程度等。围绕上述内容进行全面审查以后，检察机关决定启动污点证人程序的，应经检察长或者检察委员会决定，并报省级检察机关批准，案情重大复杂或有重大社会影响的，应报最高检批准。如果认为涉嫌犯罪行为轻微，可不予起诉的，制作《不起诉决定书》；虽然与其他共犯或关联犯相比，罪行较轻，但不足以全部豁免可以从宽处罚的，制作《从宽处罚建议书》。经审查，认为不符合污点证人条件的，不予适用该制度，应及时回复申请人并说明不予适用的理由。

三是救济程序。首先，申请复议程序。侦查机关或者犯罪嫌疑人申请启动污点证人程序，但检察机关不予启动的，侦查机关或者犯罪嫌疑人可以向检察机关申请复议一次，复议应以书面形式提出。经复议，检察机关仍不同意的，应对申请人作出书面回复，详细说明不予启动该制度的理由。其次，法院审判程序。案件提起公诉，进入审判阶段以后，法院对污点证人进行全面审查，经审查，法院认为污点证人的适用存在问题，不应启动而启动的，可以要求检察机关说明理由或者追加起诉；法院认为符合污点证人条件，检察机关应当启动而未启动污点证人制度的，法院在依法查明的基础上，应对污点证人作出从宽处罚判决，以确保刑罚适用的均衡性，保障污点证人的合法权益。

5. 配套机制

在构建污点证人制度过程中，应注重建立健全相应的配套机制，确保该制度的顺利实施。

第一，污点证人保护制度。实践中，证人因作证受到打击报复的现象屡见不鲜，污点证人因其身份的特殊性，更容易因作证受到报复和伤害，极有必要对污点证人提供全面、及时、特殊的保护。具体而言，一是可以确立专门的证人保护机构。可借鉴国外做法，明确由公安机关提供专门专责保护，但由于证人保护是一项复杂的、综合性的工作，还需要其他机构（如检察机关、法院、财政部门）和社会各界的配合和帮助，形成保护合力。二是制定保护措施。对污点证人及其亲属的个人信息予以保密，严禁泄露；对于已经暴露身份的污点证人，有可能面临严重威胁甚至生命危险的，可借鉴美国做法，为污点证人变更身份、迁移居住地址、更换工作地点；对于仍需要承担刑事责任的，可以调监进行异地服刑等。三是明确保护范围。除了对污点证人的人身安全进行保护外，对其财产安全也提供必要的保护。若污点证人因出庭作证，致使本人遭受财产损失或侵害，甚至因此支出一定的费用的，国家应根据情况，给予其一定的经济补偿或者提供一定的经费支持，减轻污点证人的负担，消除其后顾之忧。

第二，污点证人惩戒制度。国家通过让渡一定的刑罚权，换取污点证人所掌握的某些重要或关键的证据，从而实现成功追诉犯罪的目的，并使污点证人获得免受或减轻刑事处罚的"优惠"。但这种权力让渡并不是无条件、无节制的，污点证人享受刑罚"优惠"的同时，必然要承担一定的作证义务，包括如实提供证言，如实供述所掌握的重要证据或线索等。若其在享受刑事责任豁免待遇以后，无故出尔反尔，拒不履行作证义务，不如实提供相关证据或线索，那么自然丧失了转化为污点证人的条件，并且将不再享受因作证而取得责任豁免权，检察机关不必再继续兑现其承诺，可撤销之前对其作出的《不起诉决定书》《从宽处罚建议书》等。对于行为性质恶劣，情节严重，构成犯罪的，应依法追究其刑事责任。

第七章

检察机关适用认罪认罚从宽制度之监督机制

立足宪法定位,检察机关要处理好诉讼监督与诉讼活动的关系,做到办案与监督相统一。认罪认罚从宽制度,作为司法体制改革下的一项重大制度创新,依然面临诸多风险和不确定因素,为确保制度推广不走样、不变形,案件处理不背离制度设计初衷,检察机关要强化监督工作。在本章,笔者拟从程序正义、权力制约、实体公正的角度,深入分析检察机关构建认罪认罚办案监督机制的必要性,有针对性地提出检察机关在认罪认罚办案中强化侦查监督、审判监督以及执行监督的优化路径,然后重点结合认罪认罚从宽制度下检察自由裁量权运行中面临的多重风险,从内部监督与外部监督相结合,办案主体责任与监督管理责任相结合,追责与豁免相结合等多个维度和层面,具体提出完善和强化检察权运行内控机制的建设性意见。

一、监督机制的必要性分析

国外辩诉交易制度下,检察官在罪名、罪数、量刑、是否提起指控等方面均享有较大的权力,这便容易滋生腐败或者为达成辩诉交易而罔顾事实处理案件。我国认罪认罚从宽制度实施中,控辩协商出现类似问题也在所难免。检察机关在对大量案件判断是否适用认罪认罚从宽的同时,还要进行量刑建议,并且这种建议要趋于精准化。没有制约的权力必然导致腐败,借鉴国内外实践经验,为防止检察官违反客观公正义务适用认罪认罚程序办理案件,必须要有一定的程序制约。目前看我国这种程序制约还是粗线条的,检察官仍有较大的自由裁量权,所以建立一套规范有效的认罪认罚监督程序,在检察环节尤为必要。检察机关要发挥法律监督作用,在推进认罪认罚从宽制度中坚持办案与监督相结合,提高证据审查能力,确保犯罪嫌疑人认罪认罚的自愿性、合法性和控诉精准性,以期在实现繁简分流、提高效率的制度价值的同时,兼顾犯罪嫌疑人权利保障和个案公正,维护司法公正。

（一）保障认罪认罚的自愿性

对认罪认罚案件，要重点监督辩护人或者值班律师是否在场，犯罪嫌疑人认罪认罚意愿是否真实，签署具结书是否具备理解基础，检察官提出或者调整量刑建议是否有事实依据，是否符合法律规定等内容，严格防范假认罪真从宽等情况发生。重点对检察机关处理结果与同类案件明显失衡的案件，与侦查机关、审判机关、被追诉方以及值班律师在事实认定、犯罪定性、量刑建议等方面存在重大意见分歧的案件，以及一审判决后被告人以“量刑过重”或者“认罪认罚具结并非自愿”为由提起上诉的案件等加强监督①。

（二）落实程序正义的现实要求

检察机关要突出管理、监督、制约，建立健全认罪认罚案件公开审查、公开听证、公开答复等制度机制，特别是要保障人民监督员参与司法、监督司法的充分履职，让检察权在阳光下运行。对认罪认罚各类案件的审查逮捕、起诉工作，要作出明确规定或指引，对适用刑事速裁程序的案件细化流程图。对拟作出相对不起诉案件，特别是危险驾驶、交通肇事以及轻伤害等常见轻微犯罪，按照“一般应当作”“可以作”和“一般不应当作”等三层法细化标准和操作规范②。严格执行认罪认罚具结、捕诉合一、退回补充侦查或自行补充侦查、发出检察建议或者提出抗诉等法律规定，严格办案期限的流程监控。依法保障律师依法及时会见犯罪嫌疑人、有效阅卷，认真审查律师收集、调取证据的申请并提出意见加以回复。严格贯彻落实《人民检察院司法办案廉政风险防控工作指引》，围绕检察改革后面临的新形势新任务，坚持预防为主、防治结合，依据检察改革后检察官权力清单明细，排查认罪认罚从宽办案关键节点的廉政风险，及时消除司法办案廉政风险隐患。通过廉政宣传教育，引导检察人员深刻认识自身面临的廉政风险，提高防范意识，主动加强文书和案件公开，自觉接受检察机关内部和人民群众监督。坚持把廉政教育、廉政考核贯穿于检察人员日常学习、绩效管理、等级晋升以及干部提拔全过程，突出警示教育，结合岗位特点把廉政教育做实，真正防微杜渐，促进检察人员司法理念、司法行为、司法作风进一步改进，司法公信力、群众满意度进一步提升。

---

① 参见《人民检察院办理认罪认罚案件监督管理办法》第 8 条。

② 参见孙谦、张相军：《认罪认罚从宽制度实务指南》，中国检察出版社 2018 年版，第 226 页。

(三)防止自由裁量权的扩张

1. 羁押问题的自由裁量

批准或者决定逮捕过程中,检察官在对犯罪嫌疑人社会危险性进行判断时,主要考虑犯罪嫌疑人是否具有逃避追诉的可能,或者有进一步危害社会的可能①。例如,按照山东省检察机关检察官权力清单的规定,检察官可以自行决定行使批捕权和“无社会危险性”不捕权。我国社会危险性的证明标准还存在模糊性,即使是犯罪嫌疑人认罪认罚后,在司法实践中也并不容易把控,法律多用“可能”“企图”或者“现实危险”等模糊的字眼表述,证明标准不够明确,这就会给检察官自由裁量留下空间,一旦掺入非案件相关因素,判断公正性就会面临质疑。羁押必要性审查制度,为降低审前羁押率提供了法治基础②。在认罪认罚语境下,非羁押诉讼的趋势越来越明显。然而如上文所述,检察官在考量犯罪嫌疑人的社会危险性时面临困境,这就容易导致,一方面基于服务办案的考虑,变更羁押性措施的积极性不高;另一方面滥用审查权违规变更强制措施,出现权力寻租空间或者带来社会风险。

2. 起诉环节的自由裁量

相对不起诉是以行为人构成犯罪为前提,只是情节轻微,依照刑法规定不需要追究刑事责任,起诉与否由检察机关根据案件情况自由裁量,相对于法定不起诉与存疑不起诉具有很大的“操作空间”③。日本刑事诉讼法明确规定了起诉便宜主义,赋予了检察官很大的起诉裁量权。有统计,日本检察机关提起公诉的犯罪嫌疑人约占半数,其余半数大多属“起诉犹豫”④。实践中,我国检察机关相对不起诉率偏低,以S省H市为例,2017年至2020年6月,H市检察机关共审结刑事案件20,000件24,700人,不起诉689人,不起诉率为2.8%,其中相对不起诉573件667人,相对不起诉率为2.7%。经过对基层检察机关相对不起诉适用证据和数据分析,发现

---

① 《刑事诉讼法》第81条规定:“对有证据证明有犯罪事实,可能判处徒刑以上刑罚的犯罪嫌疑人、被告人,采取取保候审尚不足以防止发生下列社会危险性的,应当予以逮捕:(一)可能实施新的犯罪的;(二)有危害国家安全、公共安全或者社会秩序的现实危险的;(三)可能毁灭、伪造证据,干扰证人作证或者串供的;(四)可能对被害人、举报人、控告人实施打击报复的;(五)企图自杀或者逃跑的。”

② 《刑事诉讼法》第95条规定:“犯罪嫌疑人、被告人被逮捕后,人民检察仍应当对羁押的必要性进行审查。对不需要继续羁押的,应当建议予以释放或者变更强制措施。”

③ 《刑事诉讼法》第177条第2款规定:“对于犯罪情节轻微,依照刑法规定不需要判处刑罚或者免除刑罚的,人民检察院可以作出不起诉决定。”

④ 赵靖:《日本不起诉制度对完善我国不起诉制度的启示》,载《西南大学学报(社会科学版)》2011年第5期。

相对不起诉适用率偏低的原因在于：一方面立法、司法以及理论界将检察机关的职能主要定位为追诉犯罪，而在一定程度上忽视了检察机关客观公正立场及对犯罪嫌疑人权利的保障；另一方面被害人在参与诉讼时往往存在抵触情绪，在双方不能质证的情况下，检察机关为避免裁量困难，更倾向于选择起诉，从而不利于认罪认罚制度落实，更不利于诉讼程序价值的实现。

（四）实现案件实体的准确性

认罪认罚案件多为一些轻微刑事案件，社会关注度低，值班律师对案件证据审查较弱。在嫌疑人对自己行为性质认识不清的情况下，有的案件嫌疑人有可能基于非真实意愿认罪认罚，加之开庭程序的简化和辩护缺失，个别不构成犯罪的案件有被犯罪化处理的风险。检察机关通过监督程序的设置，一方面，强化对认罪认罚办案程序的合规性审查，解决程序瑕疵和错误；另一方面，发现无罪案件及时纠正，有效避免冤错案件发生。

二、认罪认罚案件的适用程序监督

（一）认罪认罚案件中侦查程序监督

侦查机关主要任务是调查取证，全面固定事实证据，不能实质处置控辩双方认罪认罚协商问题。侦查机关贯彻落实认罪认罚从宽制度的职责，就主要体现在诉讼权利告知、认罪认罚口供的自愿性保障和规范适用强制措施等方面。检察机关可以通过提前介入、审查办案等方式，监督认罪认罚制度下的侦查活动。

第一，诉讼权利保障方面。侦查机关应保障犯罪嫌疑人有关认罪认罚从宽制度的知情权。侦查机关提请批捕犯罪嫌疑人时，就应当对其认罪态度等情况予以说明。对拟移送起诉的案件，在《起诉意见书》中，侦查机关应注明犯罪嫌疑人是否具有认罪认罚意愿，有和解、积极退赃、挽回损失等情况的，应一并载明。随着以审判为中心的司法改革推进，侦查办案的难度系数增加，侦查机关受办案压力影响或出于完成办案任务的目的，可能出现以非法取证方式迫使或误导犯罪嫌疑人认罪认罚，进而造成冤错案件。检察机关在捕诉阶段应重点审查侦查机关是否告知犯罪嫌疑人认罪认罚的法律规定和权利保障，确认口供的自愿性、真实性、合法性，重点审查犯罪嫌疑人认罪认罚时的认知能力和精神状态是否正常，是否具备对认罪认罚性质和法律后果的基本理解能力，是否受到了暴力、威胁、引诱或欺骗。要特别重视监督侦查机关是否存在刑讯逼供、滥用强制措施等非法取证行为，对有可能存在以上情形的，要通知侦查机关作出合法性说明；经核实确认存在非法取证情形的，要提出纠正违法意见，督促侦查机关纠正，并视情节轻重启动非法证据排除程序。对严重侵犯当事人诉讼权利构成犯罪的责任人员，要严肃按照侦查机关自侦案件办理程序立案查处，追究其刑事责任。要注重被害人权益保障，检察机关要重点监督犯罪嫌疑人是否如约履行和解协议。

第二，强制措施适用方面。侦查机关在考量适用强制措施时，犯罪嫌疑人社会危险性是主要影响因素。根据《刑事诉讼法》第 81 条规定和《指导意见》第 19 条规定，认罪认罚的情况直接影响侦查机关对于犯罪嫌疑人社会危险性的判断。根据《指导意见》第 20 条的规定，侦查机关在是否将犯罪嫌疑人提请检察机关逮捕方面有一定的自由裁量权，特别是对轻微犯罪，自由裁量权空间更大。如有的轻伤类的故意伤害认罪认罚案件，犯罪嫌疑人获得被害人谅解，或者双方达成了刑事和解的，在进行社会调查基础上进行危险性评估后，侦查机关可以决定是否适用非羁押措施。检察机关要坚持羁押的必要性要求，坚持最小损害原则，在非羁押性强制措施可以实现诉讼目的的情况下，应优先选择适用。批捕后，检察机关应跟踪开展羁押必要性审查，重点审查是否有再次犯罪和妨碍诉讼的危险性①。检察机关要深入调查了解犯罪嫌疑人所在基层组织意见，认真评估犯罪行为的危害后果，综合判断犯罪嫌疑人的社会危险性，不存在危险性的，就应当决定或者建议变更强制措施。

第三，提前介入方面。实践中，侦查机关根据案件情况可以邀请检察机关提前介入，检察机关也可以依据职权主动介入处在侦查环节的案件，了解案情及侦查进度，提出引导侦查取证的意见和建议，特别是引导、监督侦查机关一并搜集指控证据和有利被追诉人的证据。介入引导侦查要贯彻“以审判为中心”的司法理念，以认罪认罚庭审证据标准引导侦查机关，保证侦查取证的效果，提高案件办理质量。检察机关提前介入侦查，有助于强化事前监督和事中监督，有利于避免赵某海案等类似错案的发生②。检察机关可以通过下列方式开展工作：听取案件侦查经过、案件事实及证据情况，查阅卷宗和同步录音录像等证据材料；参与侦查机关案件讨论会、现场分析会等会议，对现有证据的客观性、合法性、关联性发表意见，对证据收集提出意见建议；参与犯罪现场勘验检查、侦查实验、搜查、辨认、技术侦查等侦查活

---

① 参见童建明：《正确理解与适用新刑事诉讼法提升检察工作能力的几个问题》，载《中国刑事法杂志》2012 年第 4 期。

② 参见周新萍、郑雨舟：《完善死刑案件侦查程序检察监督的建议》，载《河南社会科学》2015 年第 12 期。

动，审查现场勘查工作报告、有关鉴定结论，并提出指导性意见；旁听讯问、询问，提出合理化建议，但是不得参与讯问、询问，也不得在笔录中署名；查看在案的各项证据以及侦查笔录。

（二）认罪认罚案件中审判程序监督

有研究指出，“认罪认罚从宽制度对诉判关系的改革是结构性的”①。为进一步落实监督效果，检察机关应形成以抗诉为中心、多种监督手段综合运用以及实时跟踪督促的立体化、动态化审判监督体系，在双赢理念下推进审判监督工作质效的再提升。

第一，不采纳量刑建议的抗诉。认罪认罚案件中，检察机关提出的量刑建议，经过多方协商程序，体现了控辩双方的意志，也尊重被害人的诉求。“在诉审关系中，除法律规定的例外情形，检察机关的指控罪名和量刑建议对于法院具有拘束力。”②检察机关应当监督量刑建议采纳情况，人民法院如果无充分理由不采纳量刑建议，检察机关可依法提出抗诉。实践中，多地法检机关主动进行座谈沟通，在常见犯罪证据采纳与量刑指引上形成了统一标准。

第二，对被告人反悔的抗诉。实践中，部分案件被告人认罪认罚，在检察机关提出量刑建议并被法院依法采纳后，以“量刑过重”为由，不服判决提出上诉，在这种情况下，检察机关能否一并提出抗诉，目前观点不尽一致。有的认为，被告人认罪认罚换取法院从宽判决后，再利用“上诉不加刑”原则，无正当理由提出上诉以谋取更轻处理，是重复获利的投机行为。上诉后，被告人已不具备认罪认罚自愿性，不具备从宽适用前提，检察机关应当提出抗诉，实践中已经有数量不少改判加重的案例。还有意见认为，认罪认罚制度下被告人的上诉权依然受到保障，检察机关以被告人反悔上诉为由提起抗诉，有侵权之疑。

笔者认为，对确定刑量刑建议，法院一审采纳后，被告人无正当理由，无新事实证据，仅以量刑过重为由上诉的，检察机关应当提出抗诉，因为被告人违背认罚承诺，引起本不必要的二审程序，浪费司法资源，与认罪认罚制度初衷背离。对幅度刑量刑建议，在法院进行顶格或者接近顶格判决后，被告人提出上诉，笔者赞同检察机关不宜抗诉的意见。鉴于认罪认罚案件的特殊性，可以探索赋予二审法院上诉审查权，即要求被告人上诉时提供合理的上诉理由及相关证据或者线索，法院经审

---

① 高松林：《认罪认罚从宽制度中的刑事诉判关系解构》，载《检察日报》2020 年 9 月 2 日，第 3 版。

② 汪海燕：《认罪认罚从宽制度中的检察机关主导责任》，载《中国刑事法杂志》2019 年第 6 期。

查后，再决定是否受理案件。

第三，检察建议的运用。检察建议作为一种监督手段，相较于抗诉，更具协商性、灵活性，在认罪认罚审判监督中也有独特价值。一是再审检察建议，具体适用于下述案件：检法容易达成一致意见的，显而易见的犯罪未遂、累犯等事实认定错误；对赃款赃物、犯罪工具的认定以及处理不正确，或未明确退赔被害人损失等。二是一般检察建议，针对明确的审判瑕疵，损害当事人的法定诉讼权利的；违规采取、变更强制措施的；审判程序有违法情形的；违规司法拘留、罚款的；法律文书中被告人真实姓名、羁押折抵、判决日期起算等存在技术性错误的；生效裁判送达程序违法的。三是类案检察建议，对一定时期内，人民法院同类问题适用法律不一致、标准不统一或者同类违法问题反复出现，可能造成严重后果的，可以依法提出检察建议，进行类案监督。检察机关因履行法律监督职责需调阅卷宗，检察人员持工作证、调阅卷通知书，可以直接调阅；需要调查核实的，人民法院相关部门及人员有义务配合。人民法院对检察建议一般逐案、书面回复，检察建议所指问题属实的，应依法纠正并回复；无法立即纠正的，应当将整改措施及时回复，并及时通报进展情况；检察建议内容核实不清或者存在错误的，应将调查过程、事实和结论等回复检察机关。

（三）认罚认罚案件中执行程序监督

第一，对看守所执行的监督[①]。在认罪认罚案件中，上诉成为了谋取留所服刑的重要方式，留所服刑的被告人不在少数。因此，对看守所执行的监督十分重要。当前，看守所的硬件设施和人力配备有了明显进步，人权保障状况有明显进步，体罚虐待在押人员的情况明显减少，但实践中仍存在一些不容忽视的问题，主要表现在：(1)劳动管理问题。个别看守所违规强令在押人员超时超强度劳动。这类现象虽经各级检察机关多次提出纠正违法或检察建议，但看守所出于自身利益考虑往往只在纸面上予以整改实际上不予纠正，有的干脆直接束之高阁不予理睬。(2)经济问题。有的挤占在押人员经费，有的代购品销售价格畸高，严重侵害在押人员财产权利。(3)医疗管理问题。根据规定：在押人员医疗费包含在人犯给养费中，应当以看守所经费全额支付。实践中，部分看守所为弥补经费，将应由看守所承担的

① 按照我国现行法律，刑罚执行主体主要包含以下几类：公安机关，执行拘役（看守所执行）、有期徒刑（余刑3个月以下的由看守所代为执行）、剥夺政治权利等；人民法院，执行无罪、免除刑罚、死刑立即执行、罚金、没收财产；监狱，执行死刑缓期二年执行、无期徒刑、有期徒刑；社区矫正机构，执行管制、缓刑、假释、暂予监外执行；未成年犯管教所，执行对未成年人的刑罚。根据《刑事诉讼法》第264条的规定，对于判处有期徒刑的罪犯，在被交付执行刑罚前，剩余刑期在三个月以下的，由看守所代为执行。

在押人员医疗费转嫁给在押人员个人承担。(4)监督乏力问题。部分驻看守所检察室在与看守所的关系上协调有余监督不足,无法对看守所执法活动予以深层次、全方位的监督。笔者建议,充分借鉴监狱巡回改革经验,完善看守所巡回检察机制,对看守所监督机制进行进一步健全和完善,以最大化发挥对看守所巡回检察之功效。一是明确检察目的。为纠正看守所执法及其监督过程中存在的违法违规之处,维护在押人员合法权益,提升检察监督权威,巡回检察干警应突出问题意识,善于发现问题及其背后原因,从根本上改进看守所执法行为。如发现看守所强令在押人员超时超强度劳动现象后,就要深入了解行为背后的利益原因,在根本上斩断其背后的利益链条,使看守所干警不能从非法行为中获取个人私利。二是健全机制。制定统一的看守所巡回检察标准,对巡回检察的人员、内容、程序和责任等以书面形式明确界定,确保各巡回检察单位能配齐配强巡回检察力量,以充裕的力量、认真严谨的工作机制来保障巡回检察效力。如对看守所巡回检察人员的规定,不仅要包括巡回检察人员的最低数量,还要对其工作经验、专业能力等作出明确界定,以保证巡回检察力量能够满足实践需要。三是强化监督刚性。明确监督责任人、加大督促力度,将巡回检察列入考核的范围,将看守所巡回检察的内容依照重要性和效果赋以不同的分值,将考核内容量化。在适当的时候,借鉴监狱巡回检察中交叉巡回检察经验,以交叉巡回的方式加大巡回检察督促力度。

第二,对社区矫正的监督。相较于其他案件,认罪认罚案件中,被告人被判处管制、宣告缓刑,以及被裁定假释、暂予监外执行的比例相对较高,进入社区矫正环节的不在少数。目前,检察机关在监督社区矫正问题上还存在突出短板:一是交付执行的信息获取困难。实践中,检察机关难以及时掌握交付执行的完整信息。二是检察监督力量仍旧薄弱。“重配合、轻监督”的思想依然存在,刑事执行检察人员更倾向于从事为社矫人员普法工作,或者协调解决社矫人员家庭、生活困难,深入一线调查了解问题的主动性不高,加之力量相对不足,监督基本停留在文书审查层面。三是监督刚性不足。实践中,属于检察机关直接侦查范围内的职务犯罪查办还没有充分开展,有的即使调查了部分线索也存在成案率低的情况。检察机关纠正违法通知书往往不能真正触及被监督人员履职实际,问题查找不够精准,不能产生实效。笔者认为,检察机关强化认罪认罚被告人社区矫正监督,要全面介入社区矫正全程,通过交叉结合运用文书核查、实地检查和信息数据核查的方式开展监督。要建立健全社区矫正法律监督机构,配齐配强主责人员特别是检察官。要重视对符合检察机关职务犯罪侦查管辖范围线索的自行查办,突出震慑作用。要细化社区矫正检察内容,建立从交付执行到解除矫正、终止执行等全环节监督流程[①]。

第三,探索建立前科封存制度。对于认罪认罚从宽制度中判处管制、宣告缓刑以及拘役六个月以下的微罪案件,如果被告人主观恶性相对较小,为了消除标签效应,帮助其回归社会并降低再犯罪率,建议确立前科封存制度。规定判决执行完毕后,经过一定期限,罪犯若没有再犯新罪,即封存其适用认罪认罚从宽制度作出判决的刑事前科。检察机关强化对前科封存制度落实情况的监督,确保对认罪认罚从宽制度的推广适用起到积极作用。

三、检察机关的司法责任承担机制

司法责任制改革背景下,检察官办案主体地位得以彰显。随着认罪认罚从宽制度、捕诉一体办案机制等系列改革举措的落地落细,检察官手中的权力更大、责任更重,被腐蚀围猎的客观风险也相应增加。习近平总书记、最高人民检察院领导多次提到严防"灯下黑"问题,加强对检察机关在认罪认罚从宽案件中的司法责任承担机制研究,有其现实意义。为防范廉政风险和案件质量风险,重庆市检察院在全国省级检察院中率先制定《监督规定》[②],纪律监督是一方面,更多的是从程序和实体上进行制约。2020 年 5 月,最高人民检察院印发《人民检察院办理认罪认罚案件监督管理办法》,具体规定了认罪认罚案件监督的范围、责任主体、监督程序、问责处理等内容,为强化认罪认罚检察办案廉政风险防控,监督、规范检察官自由裁量权,提供了保障机制。

(一)错误适用认罪认罚从宽制度的风险

1. 违反职业道德的风险

认罪认罚制度的适用使检察官与律师、辩护人、被害人及其诉讼代理人等的接触、沟通大幅增加,如果在非工作时间、办公场所接触,存在检察官暗箱操作、与案件当事人达成私下协议、妨害案件的公正处理的风险。案件当事人基于个人利益考虑,担心受到不公正对待,千方百计地通过各种"渠道"接触检察官。很多当事人误认为通过私下渠道会见了检察官,检察官肯定会尽力帮着自己一方着想,犹如病人

---

① 参见南通市通州区人民检察院课题组:《检察机关监督社区矫正的实践、问题和对策》,载《中国检察官》2016 年第 24 期。

② 《重庆监督规定》共 6 章 30 条,围绕监督主体、监督重点、监督方式、责任追究构建起了较为完备的监督网络。

家属手术前都想给大夫塞上“红包”。极个别律师不仅将私下会见检察官当成自身实力和能力的体现,还认为私下与检察官的沟通才能保证案件处理过程中委托人利益最大化,甚至依此作为向委托人炫耀的资本,标榜自己的能力与水平。在此错误观点的指引下,检察官不得不面对律师不正当邀约中的风险。

2. 不捕、捕后缓刑发生的风险

一方面,对“无社会危险性”情形不捕案件掌握的执法尺度、标准不统一,可能存在滥用不捕权的风险。根据山东省检察机关检察官权力清单的规定,检察官可以自行决定行使“无社会危险性”不捕权。被告人进行了认罪认罚,是否达到“无社会危险性”的程度,在一定程度上由检察官自由裁量决定。因此,可能滋生以下情况,检察官基于人情干扰等原因而滥用不捕权,作出不批捕决定。

另一方面,捕后变更强制措施可能成为当事人刑事和解的筹码。在适用认罪认罚从宽制度过程中,检察官为了顺利高效完成刑事诉讼,过高估计诉讼风险,误判部分轻微刑事案件社会风险。对一些可能判处三年以下有期徒刑的轻微刑事案件,担心不捕会影响案件正常诉讼,或者出现涉法上访问题,从而做出批捕决定,导致羁押率上升。犯罪嫌疑人正式被逮捕后,被害人以出具谅解书为谈判内容,要求犯罪嫌疑人一方足额甚至超额赔偿,得到赔偿后出具谅解书。检察官因刑事和解对犯罪嫌疑人变更强制措施,法院也往往据此作出缓刑判决,产生捕后缓刑的可能。

3. 人为降低证据标准的风险

在适用认罪认罚制度办案实践中,各地不同程度存在撤回起诉案件。部分办案人员综合审查、判断证据的素质不强,口供补强意识较弱。证据标准掌握不准、审查不细是撤回起诉案件中的主要问题。部分办案人员在审查时没有发现证据瑕疵和违法情况,案件起诉后,审判人员以及对这些证据提出了质疑。撤回起诉属于办案质量存在重大瑕疵的情形,极易产生犯罪嫌疑人或者被害人对办案不满的信访风险。这是因为,在有被害人的案件中,一旦对犯罪嫌疑人撤回起诉,极易造成被害人认为犯罪嫌疑人不能得到应有的惩罚,而出现信访风险;在没有被害人的案件中,因检察官的工作失当而使犯罪嫌疑人承受了无必要的程序负担,检察机关也易面临犯罪嫌疑人一方的信访。

4. 不起诉增多带来的被围猎风险

认罪认罚从宽办理的相对不起诉案件逐渐增加,罪名高度集中在危险驾驶、交通肇事、轻伤害、盗窃,有利于及时落实宽严相济刑事政策,节约司法资源的同时,也带来了检察官因拥有相对不起诉自由裁量权而被辩护人或者当事人利益围猎的风险。辩护人介入案件后，一旦发现犯罪嫌疑人符合可以相对不起诉的条件，势必与委托方一道，全力说服检察官行使相对不起诉权，检察官继而可能成为被围猎的对象。

（二）检察机关承担司法责任的具体程序

加强对检察环节办理认罪认罚案件监督管理，应当坚持检察官办案主体职责与分类监督职责相结合，内部监督与外部监督共建，程序监督与实体监督并重。

1. 检察官报告制度的建立

第一，履行报告义务。检察官办理认罪认罚案件，案件处理可能有争议有影响的，应当向上一级领导报告，包括处理结果可能与同类案件明显不一致的案件，与侦查机关、人民法院及被追诉方存在重大意见分歧的案件，被告人以量刑过重或认罪认罚并非自愿等理由提出上诉的案件等。部门负责人、分管副检察长承办案件，遇有上述情况，也应当执行报告义务。对于犯罪嫌疑人罪行较轻，适用认罪认罚从宽制度，检察官拟作出不批准逮捕或者不起诉决定的案件，应当报请检察长决定①。

第二，执行"三个规定"。最高检高度重视，明确要求全国各级检察机关严格贯彻落实关于领导干部干预、插手、过问案件，以及司法人员不正当接触交往记录报告的"三个规定"，坚决做到应报尽报。"三个规定"的落实目前处于一种纪律要求层面，实践中已经取得较好效果。未来可以考虑将过问案件登记制度法治化，作为监督检察官和其他司法人员公正执法的一项法律制度。检察官如果遇到司法机关内部人员、外部领导干部或者亲属朋友干预、插手、过问办案活动的情况，或者与当事人、律师、诉讼代理人等接触交往不当的，应及时记录并及时报告本院检务督察部门。检察长、分管副检察长和部门负责人按法定程序监督、指导检察官办案，不需要按照"三个规定"记录报告，以口头、电话、短信等非书面形式对案件提出指导或办理意见的，检察官应当记录入卷，并录入检察机关统一业务办案系统，依程序办理案件，确保在办案过程中不受任何干扰。

2. 内部监督职责细化

第一，纵向监督方面。明确检察委员会、检察长（副检察长）、部门负责人以及上级检察院的层级监督职责。根据《人民检察院办理认罪认罚案件监督管理办

---

① 参见《人民检察院办理认罪认罚案件监督管理办法》第8、9条。

法》,检察长(副检察长)有权审核主管范围内的认罪认罚案件,如果不同意检察官处理意见,可以要求其复核,也可以直接改变检察官决定,也可以要求检察官按程序提请检委会研究。据此,可以设置两级核阅制度,即一般检察官办理的认罪认罚案件,决定作出前,至少部门负责人核阅,部门负责人办理的案件,由分管检察长或者检察长核阅。确保案件决定作出前,有一个上级检察官进行复核。弥补认罪认罚轻微刑事案件检察官一人决定,意见偏颇无法纠正的问题。另外,为了构建良性关系,可以"给予检察官对检察官助理更大的管理权"①。

上级对下级检察机关要强化领导与监督,对辖区内办案整体情况加强分析通报,通过案件监控、规范备案、执法督察、提办交办等方式,对下级检察机关办理的认罪认罚案件进行监督,形成一个地区认罪认罚案件适用的类案统一标准。建立错误纠正机制。上级对下级人民检察院案件处理明显失衡或者司法行为不规范,要坚决提出纠正意见,或者直接纠正。要对错案深入进行责任倒查,需要追究司法责任或者违纪违法责任的,按照管辖权限分流办理。

第二,横向监管方面。业务部门加强自身案件和人员管理,案件管理部门通过流程监控、数据分析、组织案件评查等进行监督,重点评查法院宣告无罪案件、改变罪名案件、不采纳量刑建议案件以及被告人反悔上诉案件,对评查中发现的重要情况及时向检察长报告。检务督察部门通过执法督察、追责惩戒等方式对认罪认罚案件办理活动实施监督管理,发现有关单位、办案检察官违反检察职责线索的,及时研判分析,对有可能立案调查的及时初核,对调查结果及时提出处理意见,提请院党组决定后,上报省检察官惩戒委员会审核或者作出其他组织、纪律处理。

另外还可以通过定期报告制度,统一认罪认罚的适用标准。部门负责人可以听取或者要求检察官报告办案情况,必要时可以直接调取、审阅案卷,调阅案件有关事实证据材料,要求检察官作出说明,要求检察官复核案件,补正证据。部门负责人应当全面掌握、分析本部门认罪认罚办案情况,指导部门内部检察官均衡把握捕诉政策、量刑建议尺度等问题。检察长应当听取部门负责人相关报告和情况分析,必要时按议事程序提请检察委员会审议,或者依据重大事项请示报告制度向上级检察院汇报。

3. 外部监督制约体系的多元化

第一,被追诉一方的制约。检察官应当在办公场所和工作时间依法听取并记

---

① 杨春磊、王斌:《司法改革背景下员额检察官与检察官助理关系探析》,载《江汉大学学报(社会科学版)》2017 年第 2 期。

录被追诉方或者值班律师的意见，对其提交的书面意见，应当一并附卷。对于听取或者书面附卷的意见，检察官审查提出意见，在案件审查报告中体现。同时，对被追诉一方意见的听取也是切实开展量刑协商工作的基础。在协商具结时，主要是进行权利的再次告知，在确保犯罪嫌疑人被告人获得律师帮助的下，自愿作出认罪认罚的决定，然后签署认罪认罚具结书。具结协商的过程，应当全程录音录像。认罪认罚从宽场所建设，目前司法机关没有标准，可以与现有的办案工作区进行结合进行改造，场所应确保安全。

第二，被害人一方的制约。被害人是当事人，其意见对办案程序和案件处理结果均能产生实质上的影响①。被害人参与协商程序是程序正义的重要因素，其诉讼地位在刑事诉讼中常被忽视或者弱化，在认罪认罚办案中应当予以强化和规范，推动矛盾的实质性化解，体现司法办案的恢复性、协商性。被害人的程序参与也是实现监督的重要途径，这是因为，一方面，被害人既可以说明赔偿是否已经到位、自己是否谅解被追诉人，也可以表达对被追诉人量刑的意见，从而制约量刑建议的提出。另一方面，被害人对于案件的发生过程较为了解与熟悉，其参与有利于防止认罪认罚的不当使用。为了提高被害人的协商能力，除本人参与外，其可以委托律师或者一般诉讼代理人参与协商。犯罪嫌疑人认罪认罚后，检察机关拟作出相对不起诉处理的，应当及时将文书送达被害人一方，保障被害人的申诉权和上诉权②。应赋予被害人一定的程序选择权，被害人提起刑事附带民事诉讼的案件，如果在程序进行中赔偿不到位，或者被害人希望作为当事人参与庭审的，人民法院应当按照普通程序进行审理，以保障被害人的程序参与权。

---

① 《指导意见》第 16 ~ 18 条规定，办理认罪认罚案件，应当听取被害人及其诉讼代理人的意见，并将犯罪嫌疑人、被告人是否与被害方达成和解协议、调解协议或者赔偿被害方损失，取得被害方谅解，作为从宽处罚的重要考虑因素。应当向被害方释明认罪认罚从宽、公诉案件当事人和解适用程序等具体法律规定，符合司法救助条件的，应当积极协调办理。犯罪嫌疑人、被告人认罪认罚，但没有退赃退赔、赔偿损失，未能与被害方达成调解或者和解协议的，从宽时应当予以酌减。

② 《人民检察院刑事诉讼规则》第 377 条规定："不起诉决定书应当送达被害人或者其近亲属及其诉讼代理人、被不起诉人及其辩护人以及被不起诉人所在单位。对犯罪嫌疑人决定酌定不起诉的，检察机关应当向被害人及时送达不起诉决定书，并说明不起诉的理由。送达时，应当告知被害人或者其近亲属及其诉讼代理人，如果对不起诉决定不服，可以自收到不起诉决定书后 7 日以内向上一级人民检察院申诉；也可以不经申诉，直接向人民法院起诉。"

第三,推进案件公开、检察听证。[①] 阳光是最好的防腐剂,应按照检务公开要求,及时公开重要案件信息和法律文书,接受群众监督。“公开听证程序能够增加案件处理实体结果的权威性和可信度”[②]。对有争议或者有普法教育意义的认罪认罚案件,要依托完备的常态化的听证制度,规范的听证程序,在办理案件过程中,引入案件参与人、人民监督员、人大代表等多方参与检察程序,公开审查核实案件情况,充分听取各方意见。这不仅有利于展现检察官的良好形象,顺应公民参与司法的法治发展要求和趋势,还有利于有效地化解社会矛盾与提升司法公信力。地方实践对公开听证的积极作用予以了印证。如笔者所在的 S 省 H 市检察机关利用互联网直播听证的段某等三人非法经营食盐拟不起诉案,侦查机关本来对不按犯罪处理有异议,通过听证现场各方陈述举证询问,听证员一致同意对嫌疑人作不起诉处理,侦查人员不仅弄清了现行法律变化带来的法律适用的变化,也准确理解了嫌疑人行为的实际危害程度,当场表示同意拟绝对不起诉意见。有参与这次听证的人民监督员向笔者表示:“第一次参与这样的检察听证,话讲当场,证举当面,公开透明,是一场一览无余的听证会,更是一场优质法治公开课,收到了‘听证一案,教育一片’的效果。”

第四,其他办案机关监督。检察机关不仅要严格执法、公正司法,强化对检察办案活动的内部监督,还要注重听取其他办案机关对认罪认罚案件的意见建议。以认罪认罚不起诉为例,要保障侦查机关的复议、复核权[③]。检察官针对个案提出的量刑建议,应当与本地区人民法院对类型、情节类似案件的判决尺度保持基本均衡。围绕量刑建议,起诉书应当阐明事实证据和法定缘由。审判机关应严格遵守《刑事诉讼法》第 201 条规定,以采纳检察机关提出的量刑建议为原则,不采纳为例外,且法定的例外情形范围狭窄,主要包括案件事实、罪名认定不一致等情形。但是,如果法院审理认定证据不足不构成犯罪,情节轻微不需要追究刑事责任,或者审理认定构成他罪,或者发现被告人认罪认罚并非真实自愿导致认罪认罚从宽失

---

① 《人民检察院办理认罪认罚案件监督管理办法》第 10 条规定:“对于下列拟作不批捕、不起诉的认罪认罚从宽案件,可以进行公开听证:被害人不谅解、不同意从宽处理的;具有一定社会影响,有必要向社会释法介绍案件情况的;当事人多次涉诉信访,引发的社会矛盾尚未化解的;食品、医疗、教育、环境等领域与民生密切相关,公开听证有利于宣扬法治、促进社会综合治理的;具有一定教育意义的。”

② 张晨、杨珍、林竹静:《检察环节认罪认罚从宽制度的构建与完善》,载《法治论丛》2017 年第 2 期。

③ 《刑事诉讼法》第 179 条规定:“对于公安机关移送起诉的案件,人民检察院决定不起诉的,应当将不起诉决定书送达公安机关。公安机关认为不起诉的决定有错误的时候,可以要求复议,如果意见不被接受,可以向上一级人民检察院提请复核。”

去前提要件,法院均可不采纳检察机关的量刑建议。

第五,检察官惩戒委员会的监督。按照最高人民检察院《人民检察院司法责任追究条例》有关规定,对检察官存在故意违法违规办案情况,或重大过失导致案件出现错误,需要追究司法责任的,按照有关检察官惩戒工作程序办理。与惩戒事项有关的事实和证据,由检察机关提供,也就是通过执法督察对相关事实和证据查明,然后提请惩戒委员会,由其审议认定是否违反检察职责的意见①。认为需要追责的,按照干部管理权限和职责分工交主管单位办理。

第六,纪律监察机关的监督。接受监察监督是我国监察体制改革的新构建,司法机关工作人员在司法活动中违法违纪行为,应当受到追究,认罪认罚工作也不例外。检察人员在办理认罪认罚案件中存在违法违纪行为的,有关当事人既可以向检察机关反映问题,也可以向纪检监察机关控告投诉。检察机关自行发现办案人员问题线索的,统一移交检务督察部门,按照干部管理权限及时移送纪检监察机关处置。移送问题线索主要包括对于在履行职责中发现的有关人员涉嫌违纪、职务违法犯罪的线索,包括案件当事人的问题线索、当事人案件事实之外的问题线索以及当事人以外其他党员、监察对象的问题线索。移送方式上,发现问题线索的部门应当将移送问题线索材料密封后一并移交检务督察部门,检务督察部门负责登记、盖章,然后向纪检监察机关移送,检务督察部门不能拆阅密封的问题材料。检察机关向纪检监察机关移送问题线索,不对问题线索所涉人员提出具体处理意见。除依照法律规定属于行使法律监督职权范围的,不对问题线索进行调查核实。

(三)检察环节认罪认罚办案责任追究与豁免

1. 追责的情形。“只要法官在工作时真诚地相信他做的事是在他自己的法律权限之内,那么他就没有受诉的责任”②。同样,检察人员出现工作失误的原因多样,并不会不分轻重、一概对其追究责任。司法责任追究一直在沿用这一主观心态界定方法③,在认罪认罚办案中,只有检察人员故意违反法定职责,或者存在重大过失,严重不负责任,导致案件处理错误或造成恶劣影响的,才应当进行追责。具体而

---

① 《人民检察院司法责任追究条例》第 24 条规定:“调查终结后,认为检察官存在违反检察职责的行为需要追究司法责任的,按照检察官惩戒工作程序,报检察长批准后提请检察官惩戒委员会审议,由其提出构成故意违反职责、存在重大过失、存在一般过失或者没有违反职责的意见。”

② [英]丹宁勋爵:《法律的正当程序》,李克强等译,群众出版社 1984 年版,第 55 页。

③ 参见汪国平:《检察人员司法责任追究与免责范围的文本分析及完善建议》,载《西南政法大学学报》2018 年第 4 期。

言,“故意”情形主要包括:毁灭、伪造、变造证据,违规采信证据,歪曲事实的;存在诱骗、胁迫等违法行为的;包庇、故意放纵被追诉人,或故意使无辜者受追诉的;对非法证据不依法排除的;违反规定侵犯诉讼参与人行使诉讼权利的;违法违规处理或冻结查封涉案财物的等情形。“重大过失”情形主要包括:认定事实、适用法律明显错误的;遗漏罪行或同案犯的,或者不当追诉的;提出的量刑建议相比类案判决明显失衡的;案件审查中发现的重大违法犯罪线索未能及时移送的;违规采取羁押措施的;对明显属于采取非法方法收集的证据未予排除造成错案的;发生涉案人员安全事故、泄露办案秘密或者在案材料、涉案款物损坏、丢失的等情形。实践中,只有在所发生错误可能导致严重后果的情况下才追究相关人员司法责任。如此规定的原因在于,减少检察人员的心理负担,提升其工作积极性。

2. 责任区分的原则。对员额和辅助人员,检察官与检察长、检委会,要对照权力清单,严格按照职责分工,明确确定责任。检察官对承办决定的事项负责,检察长不同意检察官意见,改变检察官决定的,对改变的部分,由检察长负责,检察官不承担责任。检委会委员应依法履职,对上会讨论的案件,对其个人意见负责。检察官依职权作出决定,案件法律文书需要报请检察长签发的,检察长不对签发行为承担司法责任。检察辅助人员作为办案重要力量,对检察官负责,在检察官指导下承担工作,不对检察官决定承担责任,但对其分工承担相应责任①。例如,在接受检察官指派参加讯问、阅卷,收集、调取、核实证据,协助出庭,送达、告知等活动中,检察辅助人员有故意或者重大过失造成严重后果的,应当承担司法责任,检察官承担审核把关责任。

3. 追责处理的方式。根据检察人员过错轻重,笔者认为可以分三个层次来问责:第一,认罪认罚办案中,检察人员存在一般过失的,党组可以采取批评教育并责令检讨的方式,或者进行廉政谈话,也可以采取书面方式诫勉。检察办案过程中出现的司法瑕疵,在并不损害当事人诉讼权利和案件结论的正确效力的前提下,不需追究司法责任,党组可以视情节对其进行批评教育或者予以诫勉。第二,检察人员因故意或者重大过失造成严重后果,需要追究司法责任的,由检务督察部门立案调查,提出处理意见,报检察官惩戒委员会审核后,党组可以采取停职检查、调整职务岗位等组织处理,或者延期晋职晋级、降低等级、退出检察官员额等组织措施,需要追究纪律责任的,移送纪检监察机构处理。对单位、部门、办案组织的追责,可以采

---

① 参见《人民检察院司法责任追究条例》第14条。

取书面检查、通报批评等方式。第三，刑事责任调查。在认罪认罚案件办理过程中，检察工作人员利用职权实施的贪污贿赂犯罪，由监察委员会立案调查；办案中检察工作人员涉嫌侵犯公民权利、损害司法公正的职务犯罪，由检察机关立案侦查，一般由设区的市级检察院管辖，市级以上检察院发现犯罪线索的，可以自行决定立案侦查，也可以向下级院交办。检察机关立案侦查职务犯罪线索时，要处理好与监察委员会的管辖关系，特别是发现案件线索互涉的，一般由监察委员会主导调查，如果经沟通认为分开管辖更适宜，也可分别立案侦查①。

4. 免责事项与方式。国外，司法豁免权最初仅为法官创设，后来检察机关在刑事司法体系中日益居于枢纽地位，检察官亦被赋予等同于法官的司法豁免权②。当前，我国学者对于司法责任体系的逻辑关系存在认识分歧，有的持“两要件”说，认为检察官司法责任主要包括故意或重大过失的主观过错，以及不当的司法办案行为；有的持“三要件”说，判断检察官的司法责任，除了应考量主观过错与客观行为不当要件之外，还应考量是否存在责任豁免的因素③。笔者赞同“三要件”说，责任与豁免一体两面，共同界定了司法责任的范围。如认罪认罚办案中存在错误后果，但系因法律法规不明确，理解和认识不一致造成的，或者因当事人故意虚假陈述、伪造证据等过错造成的，或者因证据发生变化而影响案件定性或者处理决定的，或者因技术条件限制等客观原因致使履职错误的，检察人员尽到了必要的注意义务，不存在故意或者重大过失主观过错的，免于追究司法责任。责任人员主动报告，积极采取措施挽回损失或者避免影响扩大，未造成严重后果的，可以从轻或者减轻处理。责任人能够如实记录报告干预司法活动、插手具体案件处理、违规过问案件、不当接触交往等情况，未造成严重后果的，可以从宽处理。

5. 对失实控告举报做好澄清工作。检察机关对受理的涉及检察人员违反办案职责的控告举报线索，经调查认定控告举报失实的，应当坚持严管厚爱结合、激励约束并重的原则，突出激励检察人员担当作为的鲜明导向，为受到不实举报的检察人员做好澄清工作。特别是被控告举报人在正常工作、选拔任用、表彰先进等方面

---

①　《关于人民检察院立案侦查司法工作人员相关职务犯罪案件若干问题的规定》第 3 条规定：“检察机关立案侦查时发现犯罪嫌疑人同时涉嫌监察委员会管辖的职务犯罪线索的，应当及时与同级监察委员会沟通，一般应当由监察委员会为主调查，检察机关予以协助。经沟通，认为全案由监察委员会管辖更为适宜的，检察机关应当撤销案件，将案件和相应职务犯罪线索一并移送监察委员会；认为分别管辖更为适宜的，检察机关应当将监察委员会管辖的相应职务犯罪线索移送监察委员会，对依法由检察机关管辖的犯罪案件继续侦查。”

②　参见林竹静：《检察官司法责任豁免的规则构建》，载《国家检察官学院学报》2017 年第 2 期。

③　参见于猛：《检察官司法责任豁免与追责的契合》，载《人民检察》2018 年第 20 期。

可能受到不当影响的，或者其人身、财产权利或者个人正常生活等可能受到不良影响的，或者是在一定范围内或者在社会上造成不良影响的情形，应当予以澄清。澄清方式上，应当书面制作澄清函并向澄清对象送达，载明澄清事项、组织结论等，抄送澄清对象所在部门、单位主要负责人，并存入干部廉政档案。必要时，还可以结合使用当面澄清、会议澄清、通报澄清等方式。要建立健全教育指导和宣传引导机制，引导广大检察人员学习澄清制度文件，同时选取澄清案例，予以适度宣传和通报，营造严管厚爱、激励担当的良好氛围。

结 论

检察机关是认罪认罚从宽制度实施过程中最重要的参与者之一。毋庸置疑，只有对检察机关适用认罪认罚从宽制度的重要性、正当性以及现存问题形成体系化、理论化与科学化的认知，才能推动认罪认罚从宽制度的顺利运转，并实现认罪认罚从宽制度构建的预设目标与价值期待。

基于此，本书以检察机关这个重要的适用主体为“研究基点”，先从宏观层面概括出了统摄检察机关为何以及如何适用认罪认罚从宽制度的基本理论，主要包括客观公正理论、合作性司法理论、控审分离理论、程序正当理论四个方面，这是检察机关适用认罪认罚从宽制度时所不能动摇的根基，为中观层面上的控辩、控审关系研究以及微观层面的具体制度完善提供了基本方向。再者，控辩关系与控审关系因检察机关在认罪认罚从宽制度中的主导作用而发生了转变。其中，控辩关系的转变主要表现为由对抗转为合作，为了实现双方的合作，必须通过一系列程序的构建来实现控辩平等；而控审关系的主要转变则表现为“以审查起诉为重心”诉讼格局的出现，但这并不意味着与“以审判为中心”的冲突，只有实现控审关系的调和，才能实现认罪认罚从宽制度的设立初衷以及减少司法实践中的乱象。

除此之外，证据制度也是检察机关适用认罪认罚从宽制度不容忽视的一环。基于检察机关所处的诉讼阶段，本书着重对证据开示制度、具结书效力以及污点证人作证制度展开了剖析，厘清了证据开示的具体程序、明确了具结书不等于有罪供述，分析了引入污点证人制度的必要性，这不仅有利于检察官实现案件事实的还原，还有利于防止检察机关为了办案便利而滥用认罪认罚从宽制度。需要注意的是，并不能仅依赖证据制度实现对检察机关权力的制约。因此，本书还对检察机关在适用认罪认罚从宽程序中的监督程序提出了设想，使监督程序贯穿于各个阶段，以进一步防止权力的滥用。

毋庸讳言，完善检察机关对认罪认罚从宽制度的适用任重而道远。仅囿于上述制度、理念层面的构建与细化是远远不够的。在司法实践中，还要为检察机关适用认罪认罚从宽制度营造适宜的运行空间,以及努力转变具体办案检察官的相关观念并促使其个人素质的提升。唯有此,才能使认罪认罚从宽制度成为诉讼制度发展史上浓墨重彩的一笔,并为最终实现国家治理能力的现代化提供切实的支撑!

参考文献

一、著作类

1. [美]乔治·费希尔:《辩诉交易的胜利——美国辩诉交易史》,郭志媛译,中国政法大学出版社2012年版。
2. [美]斯蒂芬诺斯·毕贝斯:《庭审之外的辩诉交易》,杨先德、廖钰译,中国法制出版社2018年版。
3. [英]麦高伟、杰弗里·威尔逊主编:《英国刑事司法程序》,姚永吉等译,法律出版社2003年版。
4. [英]齐树洁:《英国司法制度》,厦门大学出版社2007年版。
5. [英]约翰·斯普莱克:《英国刑事诉讼程序》,徐美君、杨立涛译,中国人民大学出版社2006年版。
6. 林钰雄:《刑事诉讼法》(上册),中国人民大学出版社2005年版
7. 李昌柯:《德国刑事诉讼法典》,中国政法大学出版社1995年版。
8. 龙宗智:《检察官客观义务论》,法律出版社2014年版。
9. 最高人民检察院组编:《国家治理现代化与认罪认罚从宽制度》,中国检察出版社2020年版。
10. 孙道萃:《认罪认罚从宽制度研究》,中国政法大学出版社2020年版。
11. 狄小华、李志刚主编:《刑事司法前沿问题——恢复性司法研究》,群众出版社2005年版,第46页。
12. [美]约翰.罗尔斯:《正义论》,何怀宏等译,中国社会科学出版社1988年版。
13. 陈瑞华:《程序正义理论》,中国法制出版社2010年版。
14. 谢佑平、万毅:《刑事诉讼法原则:程序正义的基石》,法律出版社2002年版。
15. 冀祥德:《控辩平等论》,法律出版社2008年版。
16. [美]戈尔丁:《法律哲学》,齐海滨译,三联书店1987年版。
17. [美]波斯纳:《法律的经济分析》,汪祖兴译,法律出版社2000年版。

18. [意]贝卡里亚:《论犯罪与刑罚》,黄风译,北京大学出版社 2008 年版。
19. 童建明、万春等:《人民检察院刑事诉讼规则理解与适用》,中国检察出版社 2020 年版。
20. 张思之、王英:《中国律师制度与律师实务》,辽宁人民出版社 1985 年版。
21. 宋英辉、孙长永、朴宗根等:《外国刑事诉讼法》,北京大学出版社 2011 年版。
22. 宫晓冰:《外国法律援助制度简介》,中国检察出版社 2003 年版。
23. 胡云腾主编:《认罪认罚从宽制度的理解与适用》,人民法院出版社 2018 年版。
24. 罗大华、何为民、解玉敏:《司法心理学》(第二版),人民教育出版社 2007 年版。
25. 孙谦、张相军:《认罪认罚从宽制度实务指南》,中国检察出版社 2019 年版。
26. 苏惠渔等:《论量刑方法的科学化》,复旦大学出版社 1991 年版。
27. 郑兢毅编著:《法律大辞书》(上卷),商务印书馆 1936 年版。
28. 顾培东:《社会冲突与诉讼机制》,法律出版社 2004 年版。
29. 张建伟:《刑事诉讼法通义》,北京大学出版社 2016 年版。
30. 王爱立、雷建斌:《〈中华人民共和国刑事诉讼法〉释解与适用》,人民法院出版社 2018 年版。
31. [日]田口守一:《刑事诉讼法》,张凌、于秀峰译,中国政法大学出版社 2010 年版。
32. 孙长永:《探索正当程序——比较刑事诉讼法专论》,中国法制出版社 2005 年版。
33. 孙谦主编:《认罪认罚从宽制度实务指南》,中国检察出版社 2019 年版。
34. 何家弘主编:《证人制度研究》,人民法院出版社 2004 年版。
35. [英]丹宁勋爵:《法律的正当程序》,李克强、杨百揆、刘墉安译,法律出版社 1999 年版。

二、论文期刊类

1. 张建伟:《认罪认罚从宽处理:内涵解读及技术分析》,载《法律适用》2016 年第 11 期。
2. 陈卫东:《认罪认罚从宽制度研究》,载《中国法学》2016 年第 2 期。
3. 吕泽华、杨迎泽:《认罪认罚从宽的制度的根基、困惑与走向》,载《国家检察官学院学报》2019 年第 3 期。
4. 马克昌:《宽严相济刑事政策的演进》,载《法学家》2008 年第 5 期。

5. 王新建:《认罪认罚从宽制度下相对不起诉的司法适用》,载《国家检察官学院学报》2021 年第 1 期。
6. 赵恒:《认罪认罚案件检察机关主导责任的域外镜鉴》,载《中国检察官》2019 年第 9 期。
7. 宋洋:《我国引进辩诉交易制度的可行性》,载《中国刑事法杂志》2004 年第 4 期。
8. 袁建刚:《量刑的逻辑:量刑差异、刑量分布和量刑基准》,载《中国刑事法杂志》2011 年第 8 期。
9. 彭文华:《美国联邦量刑指南的历史、现状与量刑改革新动向》,载《比较法研究》2015 年第 6 期。
10. 裴炜:《英国认罪协商制度及对我国的启示》,载《比较法研究》2017 年第 6 期。
11. 郑曦:《英国被告人认罪制度研究》,载《比较法研究》2016 年第 4 期。
12. 陈超:《权利主导模式下的意大利刑事特别程序研究》,载《河南财经政法大学学报》2015 年第 3 期。
13. 孙志伟:《意大利认罪协商程序及其对刑事案件速裁程序的启示》,载《河北法学》2016 年第 4 期。
14. 李倩:《德国认罪协商制度的历史嬗变和当代发展》,载《比较法研究》2020 年第 2 期。
15. 曾友祥、杨丽梅:《认罪认罚从宽的实践研究》,载《政法学刊》2018 年第 3 期。
16. 李昌盛:《德国刑事协商制度研究》,载《现代法学》2011 年第 6 期。
17. 王秀梅、陈志娟:《认罪认罚案件的精准量刑探究》,载《中国人民公安大学学报(社会科学版)》2020 年第 2 期。
18. 庄乾龙:《论认罪认罚从宽制度中精准化量刑建议》,载《政法学刊》2020 年第 3 期。
19. 曹东:《论检察机关在认罪认罚从宽制度中的主导作用》,载《中国刑事法杂志》2019 年第 3 期。
20. 沈威、徐晋雄:《公正或效率:关于我国认罪认罚从宽制度探索的冷观察——以台湾地区认罪协商制度之实务运作为镜鉴》,载《海峡法学》2017 年第 2 期。
21. 赵恒:《论检察机关的刑事诉讼主导地位》,载《政治与法律》2020 年第 1 期。
22. 张军:《关于检察工作的若干问题》,载《人民检察》2019 年第 13 期。
23. 樊崇义、何东青:《刑事诉讼模式转型下的速裁程序》,载《国家检察官学院学报》2020 年第 3 期。

24. 陈瑞华:《司法过程中的对方与合作——一种新的刑事诉讼模式理论》,载《法学研究》2007 年第 3 期。
25. 谭世贵:《论刑事诉讼模式及其中国转型》,载《法制与社会发展》2016 年第 3 期。
26. 陈瑞华:《刑事诉讼的私力合作模式——刑事和解在中国的兴起》,载《中国法学》2006 年第 5 期。
27. 杨立新:《认罪认罚从宽制度理解与适用》,载《国家检察官学院学报》2019 年第 7 期。
28. 陈瑞华:《论量刑协商的性质和效力》,载《中外法学》2020 年第 5 期。
29. 赵恒:《认罪认罚与刑事和解的衔接适用研究》,载《环球法律评论》2019 年第 3 期。
30. 谢佑平、万毅:《刑事控审分离原则的法理探析》,载《西南师范大学学报》2002 年第 5 期。
31. 马运立:《控审分离原则之法律探析》,载《政法论丛》2012 年第 1 期。
32. 陈卫东:《"以审判为中心"视角下检察工作的挑战与应对》,载《学习与探索期刊》2017 年第 5 期。
33. 汪海燕:《认罪认罚从宽制度中的检察机关主导责任》,载《中国刑事杂志》2019 年第 6 期。
34. 吴宏耀:《论认罪认罚从宽制度》,载《人民检察》2017 年第 5 期。
35. 叶剑泉:《程序正义理论的价值及其实现》,载《中共山西省委党校学报》2016 年第 5 期。
36. 陈瑞华:《论协商性的程序正义》,载《比较法研究》2021 年第 1 期。
37. 钱文杰:《刑事诉前会议制度刍议》,载《学习论坛》2017 年第 11 期。
38. 孙长永:《认罪认罚从宽制度实施中的五个矛盾及其化解》,载《政治与法律》2021 年第 1 期。
39. 钱文杰:《论认罪认罚从宽中的程序正义及其实现》,载《北京理工大学学报》2018 年第 3 期。
40. 祁建建:《"认罪认罚从宽制度中的律师"研讨会综述》,载《中国司法》2016 年第 7 期。
41. 樊崇义:《从对抗到协商——认罪认罚从宽制度下控辩关系的转型及功能发挥》,载《研究生法学》2020 年第 2 期。
42. 龙宗智:《完善认罪认罚从宽制度的关键是控辩平衡》,载《环球法律评论》2020

年第 2 期。
43. 汪海燕:《被追诉人罪认罚的撤回》,载《法学研究》2020 年第 5 期。
44. 谢登科、周海东:《被告人认罪认罚自愿性及其实现机制》,载《法学研究》2018 年第 4 期。
45. 林涛:《论认罪认罚程序中的被追诉人同意》,载《法学杂志》2020 年第 9 期。
46. 郭烁:《认罪认罚背景下屈从型自愿的防范》,载《法商研究》2020 年第 6 期。
47. 陈瑞华:《论被告人的阅卷权》,载《当代法学》2013 年第 3 期。
48. 杨波:《被追诉人阅卷权探究——以阅卷权权属为基点的展开》,载《当代法学》2012 年第 1 期。
49. 韩旭:《刑事诉讼中被追诉人及其家属证据知悉权研究》,载《现代法学》2009 年第 5 期。
50. 董林涛:《论认罪认罚程序中的被追诉人同意》,载《法学杂志》2020 年第 9 期。
51. 叶青:《以审判为中心的诉讼制度改革之若干思考》,载《法学》2015 年第 7 期。
52. 赵恒:《论检察机关的刑事诉讼主导地位》,载《政治与法律》2020 年第 1 期。
53. 闵丰锦:《检察主导抑或审判中心:认罪认罚从宽制度中的权力冲突与交融》,载《法学家》2020 年第 5 期。
54. 苗生明、周颖:《认罪认罚从宽制度适用的基本问题——〈关于适用认罪认罚从宽制度的指导意见〉的理解和适用》,载《中国刑事法杂志》2019 年第 6 期。
55. 吴思远:《我国控辩协商模式的困境及转型》,载《中国刑事法杂志》2020 年第 1 期。
56. 谢佑平、万毅:《理想与现实:控辩平等的宏观考察》,载《西南师范大学学报(人文社会科学版)》2004 年第 3 期。
57. 卞建林:《审判中心视野下的诉审关系》,载《人民检察》2019 年第 6 期。
58. 孙长永:《珍视正当程序,拒绝辩诉交易》,载《政法论坛》2002 年第 6 期。
59. 杨宗辉:《论我国侦查权的性质——驳"行政权本质说"》,载《法学》2005 年第 9 期。
60. 龙宗智:《检察官客观公正义务的理解与内容》,载《人民检察》2020 年第 13 期。
61. 朱孝清:《深入落实认罪认罚从宽制度的几点建议》,载《人民检察》2020 年第 13 期。
62. 丰怡凯:《认罪认罚具结书研究》,载《研究生法学》2019 年第 8 期。
63. 卞建林:《刑事强制措施的功能回归与制度完善》,载《中国法学》2011 年第 6 期

64. 陈瑞华:《"认罪认罚从宽"改革的理论反思——基于刑事速裁程序运行经验的考察》,载《当代法学》2016 年第 4 期。
65. 郭烁:《认罪认罚背景下屈从型自愿的防范——以确立供述过失权规则为例》,载《法商研究》2020 年第 6 期。
66. 陈国庆:《认罪认罚适用八大问题解析——如何适用好认罪认罚从宽制度》,载《国家检察官学院学报》2019 年第 1 期。
67. 孙长永:《认罪认罚从宽制度的基本内涵》,载《中国法学》2019 年第 3 期。
68. 吴宏耀:《我国值班律师制度的法律定位及其制度构建》,载《法学杂志》2018 年第 9 期。
69. 孔冠颖:《认罪认罚自愿性判断标准及其保障》,载《国家检察官学院学报》2017 年第 1 期。
70. 陈凯、董红民、唐晔旎:《刑事案件律师辩护全覆盖的实践和思考——以杭州市为例》,载《中国司法》2018 年第 11 期。
71. 陈瑞华:《认罪认罚从宽制度的若干争议问题》,载《中国法学》2017 年第 1 期。
72. 韩旭:《认罪认罚从宽制度中的值班律师》,载《政法学刊》2018 年第 2 期。
73. 张泽涛:《值班律师制度的源流、现状及其分歧澄清》,载《法学评论》2018 年第 3 期。
74. 朱孝清:《刑事诉讼法实施中的若干问题研究》,载《中国法学》2014 年第 3 期。
75. 龙宗智:《辩护律师有权向当事人核实人证》,载《法学》2015 年第 5 期。
76. 汪海燕:《重罪案件适用认罪认罚从宽程序问题研究》,载《中外法学》2020 年第 5 期。
77. 顾永忠:《关于"完善认罪认罚从宽制度"的几个理论问题》,载《当代法学》2016 年第 6 期。
78. 陈闻高、彭瑞楠:《论口供自愿性价值选择的实践困局》,载《中国人民公安大学学报(社会科学)》2016 年第 1 期。
79. 张云鹏:《捕诉合一背景下诉讼化审查逮捕程序的完善与建构》,载《辽宁师范大学学报(社会科学版)》2020 年第 5 期。
80. 杨波:《论认罪认罚案件中值班律师制度的功能定位》,载《浙江工商大学学报》2018 年第 3 期。
81. 魏东、李红:《认罪认罚从宽制度的检讨与完善》,载《法治研究》2017 年第 1 期。
82. 谢恩芝:《认罪认罚从宽制度视野下权利保障机制研究——以广西南宁市的适

用为样本》,载《南宁师范大学学报》2020 年第 1 期。
83. 冀祥德、李瑛:《律师介入认罪认罚从宽制度研究》,载《人民检察》2016 年第 18 期。
84. 王瑞剑、冀梦琦:《律师帮助权视野下的值班律师权利探析——以认罪认罚案件为视角》,载《山西政法管理干部学院学报》2017 年第 3 期。
85. 陈瑞华:《有效辩护问题的再思考》,载《当代法学》2017 年第 6 期。
86. 韩旭:《辩护律师在认罪认罚从宽制度中的有效参与》,载《南都学坛》2016 年第 6 期。
87. 吴小军:《我国值班律师制度的功能及其展开——以认罪认罚从宽制度为视角》,载《法律适用》2017 年第 11 期。
88. 杨立新:《认罪认罚从宽制度理解与适用》,载《国家检察官学院学报》2019 年第 1 期。
89. 王敏远:《认罪认罚从宽制度疑难问题研究》,载《中国法学》2017 年第 1 期。
90. 向新林、廖红军:《对法律援助立法若干问题的思考》,载《中国司法》2017 年第 4 期。
91. 甘权仕、王中义:《认罪认罚从宽制度中值班律师制度的定位与完善》,载《中国司法》2017 年第 8 期。
92. 曾亚:《认罪认罚从宽制度中的控辩平衡问题研究》,载《中国刑事法杂志》2018 年第 3 期。
93. 陈瑞华:《刑事诉讼的公力合作模式——量刑协商制度在中国的兴起》,载《法学论坛》2019 年第 4 期。
94. 马明亮、张宏宇:《认罪认罚从宽制度中被追诉人反悔问题研究》,载《中国人民公安大学学报(社会科学版)》2018 年第 4 期。
95. 孔令勇:《教义分析与案例解说: 解读刑事诉讼中的"认罪""认罚"与"从宽"》,载《法制与社会发展》2018 年第 1 期。
96. 陈光中、马康:《认罪认罚从宽制度若干重要问题探讨》,载《法学》2016 年第 8 期。
97. 魏晓娜:《完善认罪认罚从宽制度:中国语境下的关键词展开》,载《法学研究》2016 年第 4 期。
98. 熊秋红:《认罪认罚从宽的理论审视与制度完善》,载《法学》2016 年第 10 期。
99. 汪海燕、付奇艺:《认罪认罚从宽制度的理论研究》,载《人民检察》2016 年第

15 期。
100. 王宏玉、张超:《突破与完善:我国社区矫正社会调查制度探析》,载《中国人民公安大学学报(社会科学版)》2013 年第 13 期。
101. 赵恒:《量刑建议精准化的理论透视》,载《法制与社会发展》2020 年第 2 期。
102. 卞建林、陶加培:《认罪认罚从宽制度中的量刑建议》,载《国家检察官学院学报》2020 年第 1 期。
103. 鲍键、陈申骁:《认罪认罚从宽制度中量刑建议的精准化途径与方法——以杭州市检察机关的试点实践为基础》,载《法律适用》2019 年第 13 期。
104. 陈国庆:《量刑建议的若干问题》,载《中国刑事法杂志》2019 年第 5 期。
105. 林喜芬:《论量刑建议制度的规范结构与模式——从〈刑事诉讼法〉到〈指导意见〉》,载《中国刑事法杂志》2020 年第 1 期。
106. 杨宇冠、王洋:《认罪认罚案件量刑建议问题研究》,载《浙江工商大学学报》2019 年第 6 期。
107. 樊崇义:《认罪认罚从宽协商程序的独立地位与保障机制》,载《国家检察官学院学报》2018 年第 1 期。
108. 张军:《关于检察工作的若干问题》,载《国家检察官学院学报》2019 年第 5 期。
109. 石经海:《量刑建议精准化的实体路径》,载《中国刑事法杂志》2020 年第 2 期。
110. 陈闻高、彭瑞楠:《论口供自愿性价值选择的实践困局》,载《中国人民公安大学学报(社会科学版)》2016 年第 1 期。
111. 汪海燕:《认罪认罚从宽制度中的检察机关主导责任》,载《中国刑事法杂志》2019 年第 6 期。
112. 张军:《认罪认罚从宽:刑事司法与犯罪治理“中国方案”》,载《人民论坛》2020 年第 30 期。
113. 董坤:《认罪认罚案件量刑建议精准化与法院采纳》,载《国家检察官学院学报》2020 年第 3 期。
114. 朱孝清:《认罪认罚从宽制度相关制度机制的完善》,载《中国刑事法杂志》2020 年第 4 期。
115. 李奋飞:《论检察机关的审前主导权》,载《法学评论》2018 年第 6 期。
116. 刘少军:《性质、内容及效力:完善认罪认罚具结书的三个维度》,载《政法论坛》2020 年第 5 期。
117. 秦宗文:《认罪认罚案件被追诉人反悔问题研究》,载《内蒙古社会科学(汉文版)》2019 年第 3 期。

118. 万毅:《认罪认罚从宽程序解释和适用中的若干问题》,载《中国刑事法杂志》2019 年第 3 期。

119. 刘少军:《性质、内容及效力:完善认罪认罚具结书的三个维度》,载《政法论坛》2020 年第 5 期。

120. 刘原:《认罪认罚具结书的内涵、效力及控辩应对》,载《法律科学》2019 年第 4 期。

121. 董坤:《认罪认罚从宽中的特殊不起诉》,载《法学研究》2019 年第 6 期。

122. 南通市通州区人民检察院课题组:《检察机关监督社区矫正的实践、问题和对策》,载《中国检察官》2016 年第 24 期。

123. 于猛:《检察官司法责任豁免与追责的契合》,载《人民检察》2018 年第 20 期。

124. 魏小伟:《扩大不起诉的思考》,载《暨南大学学报(哲学社会科学版)》2015 年第 11 期。

125. 李奋飞:《以审查起诉为重心:认罪认罚从宽案件的程序格局》,载《环球法律评论》2020 年第 4 期。

126. 董坤:《认罪认罚案件量刑建议精准化与法院采纳》,载《国家检察官学院学报》2020 年第 3 期。

127. 闵丰锦:《检察主导抑或审判中心:认罪认罚从宽制度中的权力冲突与交融》,载《法学家》2020 年第 5 期。

三、网上来源及其他

1. 周强:《最高人民法院、最高人民检察院关于在部分地区开展刑事案件认罪认罚从宽制度试点工作情况的中期报告》,中华人民共和国全国人民代表大会常务委员会第三十一次会议,2017 年 12 月 23 日。

2.《最高人民检察院关于人民检察院适用认罪认罚从宽制度情况的报告》,载最高人民检察院官网,最后访问日期:2020 年 10 月 17 日。

3. 朱孝清:《检察机关在认罪认罚从宽制度中的地位和作用》,载《检察日报》2019 年 5 月 13 日。

4. 陈国庆:《认罪认罚检察应履行主导责任平等沟通协商》,载《法制日报》2019 年 11 月 27 日,第 9 版。

5. 李占州:《司法实践中的认罪认罚从宽制度》,载《学习时报》2019 年 12 月 4 日,第

2 版。
6. 杨先德:《21 世纪以来英国皇家检察署有四大发展》,载《检察日报》2015 年 12 月 22 日,第 3 版。
7. 龙宗智:《认罪认罚制度实施所面临的两重矛盾及其应对》,“国家治理现代化与认罪认罚从宽制度”研讨会,2020 年 9 月 4 日。
8. 线杰、高翼飞:《认罪认罚应贯彻客观公正义务》,载《检察日报》2019 年 11 月 12 日,第 3 版。
9. 胡云腾:《正确把握认罪认罚从宽　保证严格公正高效司法》,载《人民法院报》2019 年 10 月 24 日,第 5 版。
10. 卞建林:《认罪认罚从宽制度赋予量刑建议全新内容》,载《检察日报》2019 年 7 月 29 日,第 3 版。
11. 杨艺、王华永:《从“孟广虎案”浅谈辩诉交易》,载 http://www. doc88. com/p - 0087227115829. html,最后访问日期:2020 年 11 月 10 日。
12. 熊秋红:《解读“辩诉交易”第一案》,载中国法学网,http://www. iolaw. org. cn/faxuexi/shownews. asp? id = 598,最后访问日期:2020 年 11 月 1 日。
13.《海南“检察蓝”坚守“生态绿”》,载北青网,http://t: ynet. cn/baijia/29583601. html,最后访问日期:2020 年 10 月 15 日。
14.《如何让嫌疑人在证据面前自愿认罪认罚》,载微信公众号“苏州检察”2020 年 11 月 3 日。
15.《浙江慈溪:证据开示制度力促犯罪嫌疑人认罪认罚》,载正义网,最后访问日期:2020 年 5 月 12 日。
16. 朱孝清:《坚持客观公正原则　保障制度正确落实——以认罪认罚从宽制度适用为视角》,载《检察日报》2020 年 8 月 10 日,第 3 版。
17. 蒋安杰:《认罪认罚从宽制度若干争议问题解析(中)——专访最高人民检察院副检察长陈国庆》,载《法制日报》2020 年 5 月 6 日,第 9 版。
18.《最高人民检察院、司法部、中国律师协会座谈会会议纪要》,载《检察日报》2021 年 1 月 27 日,第 2 版。
19. 司法部:《截止 2019 年底,律师数量已突破 47 万》,载 http://www. xuefa. com/article - 13955 - 1. html,最后访问日期:2020 年 6 月 22 日。
20. 孙冰洁:《专访张玉环案再审辩护律师:刑讯逼供者必须要承担相应的法律责任》,载 https://www. 360kuai. com/pc/9ffc6ec1faeb52cd0? cota = 3&kuai_so =

1&sign = 360_57c3bbd1&refer_scene = so_1,最后访问日期:2020 年 8 月 6 日。
21. 陈卫东:《刑诉中检察官主导地位:形成、发展与未来——评〈美国和欧洲的检察官〉》,载《检察日报》2019 年 8 月 21 日,第 3 版。
22. 龚云飞:《值班律师:检察办案环节要格外重视其作用》,载《检察日报》2019 年 8 月 26 日,第 3 版。
23. 每周社评:《在认罪认罚从宽制度中发挥主导作用》,载《检察日报》2019 年 5 月 20 日,第 1 版。
24. 刘卉:《认罪认罚量刑建议精准化的理解与把握》,载《检察日报》2019 年 7 月 29 日,第 3 版。
25. 臧德胜:《科学适用刑事诉讼幅度刑量刑建议》,载《人民法院报》2019 年 8 月 29 日,第 2 版。
26. 张伯晋等:《共同凝聚中国社会治理的"法治智慧"检察机关承担主导责任、推动认罪认罚从宽制度全面深入落实纪实》(上),载《检察日报》2019 年 7 月 12 日,第 1 版。
27. 彭新林:《认罪认罚从宽中量刑建议存在的问题及对策》,载《人民法院报》2020 年 5 月 21 日,第 6 版。
28. 熊秋红:《域外检察机关作用差异与自由裁量权有关》,载《检察日报》2019 年 4 月 22 日,第 3 版。
29. 张伯晋、戴佳、史兆琨、李春薇:《自觉扛起中国社会治理的"检察担当"——检察机关承担主导责任、推动认罪认罚从宽制度全面深入落实纪实》(下),载《检察日报》2019 年 7 月 13 日。
30. 朱孝清:《刑事诉讼法第 201 条规定的合理性》,载《检察日报》2019 年 11 月 7 日,第 3 版。
31. 朱孝清:《如何对待被追诉人签署认罪认罚具结书后反悔》,载《检察日报》2019 年 8 月 28 日,第 3 版。
32. 高松林:《认罪认罚从宽制度中的刑事诉判关系解构》,载《检察日报》2020 年 9 月 2 日,第 3 版。
33. 陈卫华:《量刑建议越明确庭审过程越高效》,载《检察日报》2020 年 10 月 13 日,第 3 版。
34. 刘奕君:《认罪认罚从宽制度与控审分离原则》,载《民主与法制时报》2020 年 1 月 16 日,第 7 版。

附　录

附录1：社会调查意见书

××××人民检察院
社会调查意见书

××检　调意[20××]××号

××××：(侦查机关名称)：

犯罪嫌疑人×××，性别×，出生日期××××年×月×日，籍贯×××××××，居住地×××××××，因涉嫌××××罪，于20××年×月×日由你局移送本院审查逮捕/审查起诉。

本院依法对本案案件事实和证据材料进行了审查，经审查认为，(如犯罪嫌疑人×××自愿认罪认罚，犯罪情节轻微，依法可不予逮捕、不予起诉或者可能适用管制、宣告缓刑等，为评估社会危险性或是否符合社区矫正的条件等，应依法进行社会调查)。

为确保准确适用刑罚，请你局依法对该犯罪嫌疑人的个性特点、成长经历、犯罪原因、监护教育等情况进行社会调查，请于收到本意见书后××日内将调查情况告知我院。

20××年×月×日
(检察院印)

制作说明：

1. 本文书为人民检察院办理认罪认罚刑事案件时，发现侦查机关应进行社会调查但未开展,建议侦查机关进行社会调查时使用。

2. 本文书一式两份,一份送达侦查机关,一份附卷。

附录2:补充社会调查提纲

关于犯罪嫌疑人×××的补充社会调查提纲

(侦查机关或接受委托单位名称):

你　　(侦查机关或接受委托单位简称)于20××年×月×日移交的犯罪嫌疑人×××的社会调查材料,我院经审查认为,为全面、准确地对该犯罪嫌疑人进行危险性评估,你　　(侦查机关或接受委托单位简称)应对该犯罪嫌疑人的有关情况进行补充调查。

一、补充社会调查的方向

本院审查认为,……

二、补充社会调查的主要事项和工作

根据上述情况,请你　　(侦查机关或接受委托单位简称)重点查明以下事项,并做好相关工作:

1. 为查明……,调取(走访、查询、电话联系、发函)……

2. 为查明……,调取(走访、查询、电话联系、发函)……

3. 为查明……,调取(走访、查询、电话联系、发函)……

三、有关要求

补充社会调查中,注意以下问题:

1. ……

2. ……

联系人:×××

联系电话:××××××

20××年×月×日

(检察院印)

制作说明:

1. 本文书为人民检察院办理认罪认罚刑事案件时,监督侦查机关进行社会调查或者检察机关委托有关组织和机构进行社会调查后,检察机关认为应进一步补充社会调查时使用。本文书仅为补充社会调查时提供参考。

2. 在“本院审查认为……”部分,概括写明对本案进行补充社会调查的理由。

3. 补充社会调查事项应当详细、具体,逐一说明需要补充调查的各项材料、补充调查的方法,明确补充调查目的。

4. 本文书一式两份,一份附卷,一份送达侦查机关或者接受委托进行社会调查的有关组织和机构。

附录3:社会调查报告

××××人民检察院

社会调查报告

××检　调查[20××]××号

一、犯罪嫌疑人基本情况

犯罪嫌疑人×××(写明姓名、性别、出生年月、身份证号码、出生地和户籍地、汉族、文化程度、所在学校或者单位、住址等)

犯罪嫌疑人×××因涉嫌×××罪,于20××年×月×日由×××公安局移送本院审查逮捕/审查起诉。

二、原案简要情况和认罪认罚情况

犯罪嫌疑人×××涉嫌犯罪的事实:……。

在侦查阶段/审查起诉阶段,犯罪嫌疑人自愿如实供述自己的罪行,承认指控的犯罪事实,愿意接受处罚。

三、社会调查情况

(一)调查方法

如走访谈话(走访家庭、学校、单位、派出所、居委会、村委会、受害者)、电话联系、查询档案、发送信函等。

(二)调查内容

重点围绕以下内容进行了调查:

(写明和分析犯罪嫌疑人的家庭环境、成长经历、性格特征、所受教育、社会交往、犯罪原因、是否受过刑事处罚或有其他劣迹、是否具备有效帮教条件或社会帮教措施、犯罪前后表现、社区群众或邻居、受害人等对其犯罪行为的评价、回归社会的社会支持条件等)。

调查获取的主要材料:

如调查笔录、谈话记录、××单位出具的证明文件或意见、违法违纪不良记录等。

四、其他需要说明的问题

五、综合评价意见

请用文字对上述四个方面的内容进行阐述,并提供结论性综合评价意见,如涉案原因分析、回归社会的有利因素、回归社会的不利因素等。

调查员:×××　×××

20××年×月×日

(印章)

附:相关调查笔录或谈话记录等社会调查材料(略)

制作说明:

1. 本文书为人民检察院办理认罪认罚刑事案件时,对犯罪嫌疑人直接开展社会调查时使用。有关组织和机构接受人民检察院委托进行社会调查的,可以参照适用。

2. 调查时,调查人员应不少于二人,并在报告中署名。调查人员意见不一致的,应在报告中写明。

3. 本文书一式两份,一份附卷,一份随案移送人民法院。

附录4:社会调查回复函

××××人民检察院
社会调查回复函

××××(接受委托单位名称):

本院于20××年×月×日向贵单位发出了关于犯罪嫌疑人×××的社会调查

委托函，并于20××年×月×日收到贵单位移交的关于犯罪嫌疑人×××的社会调查表、社会调查报告等社会调查材料。

经依法审查，本院对贵单位的社会调查意见予以采纳/不予采纳，理由如下：……

20××年×月×日

（检察院印）

制作说明：

1.本文书为人民检察院办理认罪认罚刑事案件时，对接受委托进行社会调查的组织和机构提交的社会调查结果予以回复时使用。

2.本文书一式两份，一份送达受委托进行社会调查的组织和机构，一份附卷。

附录5：认罪认罚案件证据开示清单样本

××××人民检察院
犯罪嫌疑人×××认罪认罚案件证据开示清单

一、犯罪嫌疑人基本情况

犯罪嫌疑人×××，性别×，年龄××，身份证号码××××，民族×，文化程度××，户籍所在地×××，因涉嫌×××罪，于××××年××月××日被×××拘留/批准逮捕

二、证据情况

1.物证、书证

……（证据名称及页码）

证实……（概述证明内容）

2.勘验、检查及辨认笔录……

3.鉴定意见……

4.证人证言……

5.被害人陈述……

6.犯罪嫌疑人供述及辩解……

7. 嫌疑人、律师提出的证据……（有无三类强制开示证据/目前是否有能力赔偿/目前是否愿意赔偿）

我对上述证据无异议。

犯罪嫌疑人签名：

时间：　年　月　日

本值班律师（辩护人）见证证据开示。

值班律师（辩护人）签名：

时间：　年　月　日

控辩双方存在异议的证据如下：……

制作说明：

（1）本证据开示清单格式供人民检察院办理犯罪嫌疑人、被告人认罪认罚案件时使用。

（2）证据开示清单应当由犯罪嫌疑人、被告人阅读或向其宣读后，由其签名。辩护人或者值班律师应当在场并签字。

（3）辩护人除了同值班律师一样在场见证证据开示外，还需表明其对相关证据是否有意见。

（4）本证据开示清单，一式两份，一份附卷，一份在提起公诉时随同起诉书一并移送法院。

附录6：认罪认罚证据开示笔录样本

××××人民检察院
犯罪嫌疑人×××认罪认罚证据开示笔录

犯罪嫌疑人姓名、性别、年龄：

涉嫌案由：

证据开示时间：××××年××月××日××时××分至××时××分

证据开示地点：（××检察机关或者××看守所）

辩护人：

值班律师：

检察人员：

证据开示情况：（主要包括检察人员告知犯罪嫌疑人诉讼权利以及相关法律规定情况，认罪认罚从宽制度的法律性质、法律后果，向犯罪嫌疑人展示证据开示清单情况，双方是否提出意见、展开辩论情况，并详细列明有异议的证据和无异议的证据等情况）

检察人员：（签名）
犯罪嫌疑人：（签名）
辩护人（值班律师）：（签名）
××××年××月××日

制作说明：

（1）本文书供人民检察院办理犯罪嫌疑人认罪认罚案件时使用。

（2）本文书共一式三份，一份由检察机关附卷，一份交犯罪嫌疑人，一份随案移送法院。